पोखरण

पोखरण

एक रोमांचक उपन्यास

उदय सिंह

प्रभात पेपरबैक्स
www.prabhatbooks.com

वास्तविक घटनाओं और व्यक्तियों से प्रेरित।
नाटकीय प्रभाव पैदा करने के लिए व्यक्तियों, घटनाओं, स्थानों के नामों एवं तारीखों में परिवर्तन किया गया है और वास्तविकता से इसका कोई संबंध नहीं है। वास्तविक व्यक्तियों, घटनाओं, स्थानों या तारीखों से किसी भी तरह का मेल केवल संयोग मात्र है।

प्रकाशक
प्रभात पेपरबैक्स
प्रभात प्रकाशन प्रा. लि. का उपक्रम
4/19 आसफ अली रोड, नई दिल्ली-110002
फोन : 23289777 • हेल्पलाइन नं. : 7827007777
इ-मेल : prabhatbooks@gmail.com ❖ वेब ठिकाना : www.prabhatbooks.com

संस्करण
प्रथम, 2022

अनुवाद
महेंद्र नारायण सिंह यादव

मूल्य
तीन सौ रुपए

मुद्रक
आर-टेक ऑफसेट प्रिंटर्स, दिल्ली

———— ★ ————

POKHRAN
Novel by Shri Uday Singh
(Hindi translation of POKHRAN)

Published by **PRABHAT PAPERBACKS**
An imprint of Prabhat Prakashan Pvt. Ltd.
4/19 Asaf Ali Road, New Delhi-110002
by arrangement with Srishti Publishers & Distributors

ISBN 978-93-5521-171-2

₹ 300.00

अपने प्रिय मित्र

नीरज धोंडी

की स्मृति

को

समर्पित

आभार

हर बार जब भी मुझे कोई नया विचार मिलता है, किसी दिलचस्प अवधारणा के बारे में सुनता हूँ या कोई पुस्तक पढ़ता हूँ तो मैं उसके प्रति बहुत ज्यादा शुक्रगुजार महसूस करने लगता हूँ। मैं आभारी हूँ उन ढेर सारे लोगों का, जिन्होंने तमाम तरीकों से मुझे अपनी जिंदगी आरामदायक और अधिक दिलचस्प बनाने में, साथ ही इनसानियत को आगे बढ़ाने में मदद की।

उन लोगों से जो भी मिला, उसका आनंद उठाते हुए मैंने हमेशा उसे अपनी जिम्मेदारी महसूस की कि मैं इसका बदला चुकाऊँ और हमारी सामूहिक मानवीय चेतना में योगदान करूँ। यह पुस्तक मेरे लिए ऐसा करने का ही अवसर है।

मैं अपने परिवार, मित्रों और गुरुजनों का बेहद शुक्रगुजार हूँ, जिन्होंने मेरी सोच को परिष्कृत करने में मदद की। इन लोगों ने ऐसे नए विचारों और धारणाओं की सराहना का भाव अपने अंदर विकसित करने की राह दिखाई, जो हमारी पूर्ण क्षमता का अहसास करने की हमारी कोशिश में इनसानियत को जोड़ते हैं। इस पुस्तक को अंतिम रूप में देखना मानसिक संतोष की बात है; लेकिन यह कार्य मेरी संपादक की सुरुचि, कड़ी मेहनत और समर्थन के बिना संभव नहीं हो पाता। इसके लिए मैं हमेशा उनका आभारी रहूँगा।

मैं अपने प्रिय मित्र सैम को भी विशिष्ट और हार्दिक धन्यवाद देना चाहता हूँ, जो मेरे इस प्रयास में प्रोत्साहन के निरंतर स्रोत बने रहे। नीरज और सैम के सहयोग के बिना मैं यह नहीं कर सकता था और कठिनाई के बीच मुझे प्रेरित करनेवाले तथा हिम्मत बँधानेवाले नरेश को भी मेरा शुक्रिया।

लेखक की बात

इस उपन्यास को लिखने के पीछे मुख्य उद्देश्य आम लोगों को पैराक्रेसी [Par→ समान (लैटिन) और Kratia→शासन (ग्रीक)] के बारे में बताना है, जो कि सरकार के एक नए स्वरूप के लिए गढ़ा गया है और जो पीढ़ी-दर-पीढ़ी बननेवाले संपत्ति के अंतर को खत्म करने का अच्छा तरीका है।

किसी पैराक्रेटिक समाज में मुक्त बाजार के साथ आज के लोकतंत्र जैसा ही लगभग सबकुछ होगा, लेकिन बस, उसमें नागरिक अपनी संपत्ति अगली पीढ़ी को विरासत में नहीं दे पाएँगे। इक्कीसवीं सदी के लोकतंत्रों के मजबूत कंधों पर बननेवाले शासन के इस नए स्वरूप में हर नागरिक 21 साल की उम्र में अपना जीवन शुरू करेगा और उसे अपने माता-पिता या रिश्तेदार या मित्र से किसी तरह की धन-दौलत विरासत में नहीं मिली होगी। उस शुरुआत के बाद हर नागरिक बिना किसी बाधा के, कानूनी तरीके से, जितना चाहे, धन कमा सकता है और उसकी (या उसके सहयोगियों की) मौत के बाद वह सारी संपत्ति सरकार के पास चली जाएगी। सरकार मरनेवाले नागरिकों की उस धन-दौलत को शिक्षा, अधोसंरचना परियोजनाओं, प्रतिरक्षा, कानून लागू कराने और बीमारों व विकलांगों की देखभाल के लिए सामाजिक सेवाओं में निवेश करेगी।

यह विचार कहाँ से पैदा हुआ?

यह विचार लेखक और उसके कुछ निकट मित्रों के बीच बातचीत की विचार-प्रक्रिया में प्रकट हुआ था।

दुनिया भर के समाजों को देखने के बाद उन्हें यह स्पष्ट हो गया था कि पूँजीवादी लोकतंत्रों का मौजूदा स्वरूप टिक नहीं पाएगा। यह पूँजीवादी लोकतंत्र एक पीढ़ी तक तो ठीक काम करता है, लेकिन जब यह कई पीढ़ियों पर लागू होता है तो इसकी मूल संरचना चटक जाती है।

काफी लंबे समय बाद (लगभग 100 वर्षों से ज्यादा में) अमीर और ज्यादा अमीर

होते जाते हैं तथा गरीब और ज्यादा गरीब होते जाते हैं, जिससे संपत्ति एवं आय में हमेशा बढ़ता जानेवाला अंतर पैदा होता है। अतीत में, इस तरह के चौड़े अंतर खूनी क्रांतियों द्वारा पाट दिए जाते थे। अठारहवीं सदी की फ्रांसीसी क्रांति और उन्नीसवीं सदी की बोल्शेविक क्रांति इसके मजबूत उदाहरण हैं।

संपन्नों एवं वंचितों के बीच हमेशा बढ़ते जानेवाले अंतर और हर नई पीढ़ी के लिए खेल के समतल मैदान के अभाव का मुद्दा लेखक के मन में बहुत लंबे समय से उठता रहा है और 500 ईसा पूर्व (क्लीस्थेनेस ने जब एथेंस में अपनी संपूर्ण सत्ता को सरकार के स्थिरीकरण के लिए संसद् का गठन किया था) के आसपास लोकतंत्र के उद्‌भव, बारहवीं सदी में इंग्लैंड में मैग्नाकार्टा की स्थापना और अठारहवीं सदी में अमेरिका में अधिकार विधेयक पर शोध करने से यह स्पष्ट हो गया कि उनमें से हरेक कदम उस समय की सरकार में स्वतंत्रता और न्यूनतम दमन की मौजूदा स्थिति में इनसानियत शामिल कराने में सहायक रहा।

भारत और वर्तमान पीढ़ी की जिंदगी को भविष्य की पीढ़ियों के लिए बेहतर बनाने के क्रम में हमें 'उत्तराधिकार' को 'बँधुआ मजदूरी' के सिक्के के ही दूसरे पक्ष के रूप में देखने की जरूरत है।

बीसवीं सदी के आरंभ में हमने बँधुआ मजदूरी का खात्मा किया, जिसमें बँधुआ मजदूरों के बच्चे भी जब तक उनका मालिक न चाहे, तब तक के लिए बँधुआ मजदूर बन जाते थे। सभी प्रगतिशील समाजों का यह बहुत अच्छा सामूहिक निर्णय था। हमें 'उत्तराधिकार' के खात्मे के लिए उसी तरह से आह्वान करने की जरूरत है। स्पष्ट करने के लिए बता दूँ, सभी प्रगतिशील समाजों को चाहिए कि 21 साल का होने पर हर नागरिक को साफ स्लेट की तरह अपनी जिंदगी शुरू करने दें। किसी को कोई उत्तराधिकार न मिले और हर कोई अपनी आजीविका खुद कमाए। इस तरह से, सबके लिए खेल का मैदान समान होगा और हर किसी को जन्म से परे, अपनी पूरी क्षमता हासिल करने का अवसर मिलेगा। इसको मंजूरी देने से जन्मजात विषमता एवं बेहतर सामाजिक नेटवर्क की पहुँच जैसी सभी असमानताएँ तो नहीं मिट सकतीं, लेकिन नीति बदलकर सबसे मुख्य विसंगति जरूर दूर की जा सकती है।

'पोखरण' में इसी विचार को कहानी के रूप में प्रस्तुत किया गया है। इसके अलावा, यह पुस्तक लेखक के मूल के साथ-साथ उसके एक निकट मित्र के प्रति श्रद्धांजलि भी है, जो काफी ज्यादा विकलांगता के साथ पैदा हुआ था। डिजाइन के द्वारा पोखरण उत्तराधिकार-रहित समाज के हमारे विचार को उस तरह से प्रस्तुत नहीं करता, जिस तरह से हमारे प्रत्यक्ष प्रस्ताव में बताया गया है।

इसके बजाय, यह सूक्ष्म रूप में प्रस्तुत किया गया है, जिसे पाठकों को खोजना

पड़ेगा। यहाँ उम्मीद है कि इस पुस्तक के पाठकों में कोई एक तो इसे पढ़ेगा और उसे अपनी खोज मानेगा तथा प्रस्तावित प्रशासन में इस तरह के समाज की स्थापना का प्रयास करेगा।

क्या यह कम्युनिज्म का एक और रूप है?

नहीं, पैराक्रेटिक समाज में हर व्यक्ति के पास मुक्त उद्यम करने की स्वतंत्रता होगी और वह जितनी चाहे, धन-संपत्ति अर्जित कर सकता है तथा जमा कर सकता है। बात बस, इतनी है कि वह अपने कमाए धन को अपनी नई पीढ़ी को नहीं दे पाएगा। कम्युनिज्म में तो कोई भी मुक्त रूप से व्यापार नहीं कर सकता है और हर किसी पर किसी अन्य से आगे न निकलने की पाबंदी (पब्लिक सेक्टर इंटरप्राइजेज, नागरिकों के वेतन पर अधिकतम सीमाएँ आदि) लगी होती है।

खेल के मैदान को समतल करना क्यों महत्त्वपूर्ण है?

अगर आप इस जिंदगी को एक दौड़ मानें तो जरूरी है कि हर कोई एक ही रेखा से, एक ही स्तर से शुरुआत करे, अन्यथा दौड़ में शुरू से ही भेदभाव हो जाता है।

सामान्य रूप से उत्तराधिकार से लाभ लेनेवाले लोगों पर इसका क्या असर होगा और उन्हें क्या फायदा होगा?

मानव उद्यम और रचनात्मकता के दमघोंटू समाज में शुरुआती ऊपरी स्तर की आपत्तियों के बावजूद गहन विचार के बाद यह स्पष्ट होता है कि इस तरह का समाज मानवीय क्षमता को मुक्त कर देता है। यह केवल उनके ही साथ नहीं होता है, जो कमजोर पृष्ठभूमि से आए होते हैं, क्योंकि वे तो हमेशा भूखे रहते हैं और इसलिए सफल होने की उनके पास हमेशा प्रेरणा होती है; बल्कि यह उन लोगों के साथ भी होता है, जो संपन्न परिवारों से आए होते हैं, क्योंकि उन्हें भी 21 साल का होने पर शून्य से शुरुआत करनी पड़ती है। इस तरह की शुरुआत यह सुनिश्चित करेगी कि धनी परिवार का बच्चा भी कड़ी मेहनत करने के लिए प्रेरित होगा।

यह संपत्ति कर से किस तरह से भिन्न है?

संपत्ति कर उत्तराधिकार की मात्रा को घटा देगा (मसलन, 10 लाख मुद्रा का 40 प्रतिशत अब भी 4 लाख होता है), लेकिन इसमें सभी के लिए खेल का मैदान अनिवार्य रूप से समान नहीं है।

क्या खेल के मैदान का समतलीकरण जेनेटिक्स, सामाजिक नेटवर्क, सूचना तक पहुँच और नस्ल जैसे अन्य पहलुओं के लिए भी सच साबित होता है?

इसमें इस तथ्य का निवारण नहीं होता है कि जिस तरह से समाज पुनर्गठित होंगे, उनमें जेनेटिक्स, सोशल नेटवर्क, सूचना तक पहुँच और नस्ल समान नहीं किए जा सकेंगे। हालाँकि, ऐसा महसूस हो सकता है कि इस तरह से बहुत कुछ ऐसा रह जाएगा, जिसका समाधान नहीं हुआ होगा; लेकिन फिर भी, पीढ़ीगत संपत्ति का अंतर पाटना इनसानियत के लिए बहुत बड़ा कदम होगा, जैसे कि इनसानियत प्रौद्योगिकीय विकास करता जाएगा तो जेनेटिक्स, सोशल नेटवर्किंग जैसे अन्य पहलुओं को लेकर समतलीकरण का उपाय खोजना भावी पीढ़ियों का काम होगा।

जिन लोगों को इस तरह के मॉडल पर विश्वास है, वे उत्तराधिकार के खात्मे को सबके लिए जरूरी बनाने के बजाय अपनी तरफ से उत्तराधिकार बंद क्यों नहीं कर देते?

ऐसे में, माँ-बाप की संपत्ति उत्तराधिकार में न पानेवाले बच्चों को उस बाकी आबादी की तुलना में घाटा होगा, जिन्हें अपने माता-पिता से विरासत में धन-संपत्ति मिलने वाली है।

इसलिए, समाज के ये नियम या तो सब पर लागू होंगे या फिर किसी पर भी लागू नहीं हो पाएँगे। अपेक्षित परिवर्तन वृद्धि के रूप में या एकतरफा ढंग से नहीं लाए जा सकते।

अनुक्रम

टॉप सीक्रेट स्माइलिंग बुद्धा

(1970-75)

"इतनी देर कैसे लग गई, रणवीर?" दरवाजा खुलते ही चैतन्य ने हलकी सी मुसकान के साथ धीमे स्वर में पूछा।

सामने हाथ में रिवॉल्वर लिये रणवीर खड़ा था। लगभग 30 वर्ष के उम्र का, लंबा, बेतरतीब और मौसम की मार से तपा हुआ। जब वह कमरे में घुसा तो उसके शरीर का रोम-रोम गुस्से से काँप रहा था। चैतन्य वापस अपनी आरामदायक काले चमड़े की कुरसी पर शतरंज के उस ग्रैंडमास्टर की मुद्रा में बैठ गया, जो इस बात से बिल्कुल संतुष्ट था कि बाजी उसी की योजना के अनुसार चल रही है।

"बूम!"

"ठाँय!"

बंदूक से गोली निकली और चैतन्य की दुबली मांसपेशियों में घुस गई। व्हीलचेयर से उसका शरीर लुढ़क गया और सफेद टाइलों के फर्श पर गिर पड़ा। बंदूक की गोली के घाव से धीरे-धीरे खून बहने लगा और फर्श पर किरमिजी मेग का रूप लेने लगा। रणवीर ने चैतन्य के दिल के पास दूसरी गोली मारने के लिए अपना रिवॉल्वर सेट किया, जबकि चैतन्य के चेहरे पर संतुष्टि भरी मुसकान थी। जो हो रहा था, उसे देखकर रणवीर के अंदर कई तरह के भाव आ-जा रहे थे और उसकी नसों में उत्तेजना पैदा हो रही थी। उसका ध्यान उस बदले पर लगा हुआ था, जो आखिरकार उसके उथल-पुथल भरे मन में शांति लाने वाला था। न जाने कब से उसे इस पल का इंतजार था, जब उसे पता चले कि इस सबके पीछे कौन था और कोमल, उसके परिवार तथा उसके दोस्तों को होनेवाले इस दर्द एवं कष्ट के लिए जिम्मेदार व्यक्ति को प्रताड़ित करेगा और उसके टुकड़े करेगा।

वैसे, उसने अपनी क्रूरतम कल्पना में भी यह अपेक्षा नहीं की थी कि यह सब तहस-नहस करनेवाला विलेन कोई ऐसा कमजोर व्यक्ति होगा, जिसका पूरा धड़ लकवे का शिकार होगा और जो मुश्किल से चल-फिर पाता होगा! जैसे ही ये विचार रणवीर के दिमाग में आए, उसकी उँगलियाँ एवं उसका शरीर उसके वश से बाहर हो गए और उसकी उँगलियाँ फिर से ट्रिगर पर दब गईं।

"ठाँय!"

एक और गोली चली और इस बार गोली मेरे सीने व दिल को पार करते हुए दूसरी तरफ निकल गई। गोली मेरे शरीर से गुजरी तो मुझे उसकी गरमी का अहसास हुआ और फिर मैं खुद को उस कमजोर शरीर से बाहर निकलते तथा ऊपर की ओर जाते हुए देखने लगा।

इसके पहले कि आप इस बात के लिए मेरे ऊपर दया करने लगें कि इस कमजोर और विकलांग शरीर में एक अच्छा आदमी रहता था, या बुरा आदमी समझकर मेरी निंदा करने लगें, आपको मेरे बारे में और जानना होगा। चीजें हमेशा उस तरह से काली या सफेद नहीं होतीं, जैसी कि वे पहली नजर में दिखाई देती हैं। मैं अपने निश्चल शरीर के ऊपर अपने को तैरता देख सकता था। उस शारीरिक स्वरूप की ओर देखना हलका-सा उदास कर गया, जो पिछले 45 वर्षों से मेरा हुआ करता था।

इसके पहले कि आप इस बात के लिए मेरे ऊपर दया करने लगें कि इस कमजोर और विकलांग शरीर में एक अच्छा आदमी रहता था, या बुरा आदमी समझकर मेरी निंदा करने लगें, आपको मेरे बारे में और जानना होगा। चीजें हमेशा उस तरह से काली या सफेद नहीं होतीं, जैसी कि वे पहली नजर में दिखाई देती हैं। मैं अपने निश्चल शरीर के ऊपर अपने को तैरता देख सकता था। उस शारीरिक स्वरूप की ओर देखना हलका-सा उदास कर गया, जो पिछले 45 वर्षों से मेरा हुआ करता था। जैसे ही जारा, देवयानी, पापा और दीदी के अतीत के चित्र उभरे, मैं सोचने लगा, क्या मुझे वैसा ही सुविधाजनक स्वागत मिलेगा, जो बिछुड़नेवाली उन प्रिय आत्माओं को जीवनोपरांत मिलता है, या फिर ऐसे किसी अधिक अंधकार में धकेल दिया जाऊँगा, जो कि मेरी जैसी सबसे बुरी इनसानी आत्माओं के लिए होता है?

इसमें कोई संदेह नहीं कि मेरी इस स्थिति के बीज बहुत पहले तभी बोए जा चुके थे, जब दलाई लामा 1950 के दशक के आखिर में, चीनी सरकार की गिरफ्त से बचने के लिए भाग आए थे और उन्होंने भारत में शरण ली थी। भारत के लिए यह उदारता और खुलेपन का बहुत ही स्वाभाविक कार्य था। उसने दूसरी जगह धार्मिक रूप से प्रताड़ित

किए जानेवाले अनेक लोगों को शरण और सुरक्षित स्थान उपलब्ध कराया था, फिर चाहे वे तिब्बत के बौद्ध भिक्षु हों, फारस के पारसी हों, फारस एवं मध्य-पूर्व के इस्माइली, खोजा हों या मिस्र के लोग हों। यहाँ तक कि ओक्टेवियन ने जब मिस्र पर धावा बोला, तब क्लियोपेट्रा ने भी अपने 17 साल के बेटे सीजेरियन को बचाकर भारत भेजने के क्रम में सुरक्षा के लिए बेरेनिस के रेड सी पोर्ट भेजा था। दलाई लामा को दिए गए समर्थन और शरण से जनवादी चीनी गणराज्य के अध्यक्ष माओ नाराज हुए थे और 1960 के दशक के आरंभ में भारत-चीन युद्ध के पीछे अन्य कारणों के साथ-साथ माओ का आहत अहंकार भी एक कारण था।

भारत का मित्र माना जानेवाला सोवियत संघ भी क्यूबा मिसाइल संकट से इतना ज्यादा विचलित था कि भारत-चीन युद्ध के दौरान जरूरत के समय वह भी भारत की कोई मदद नहीं कर सका था। यह सोवियत संघ के साथ मैत्री के अंत की शुरुआत थी और उन विचारों के भी अंत की शुरुआत थी, जिनके तहत नेहरू परमाणु शक्ति का इस्तेमाल केवल शांतिपूर्ण उद्देश्यों के लिए प्रोत्साहित करने की बात करते थे। जहाँ भारत ने अपने परमाणु कार्यक्रम की शुरुआत भारत-चीन युद्ध के तुरंत बाद कर दी थी, वहीं सन् 1971 के भारत-पाकिस्तान युद्ध ने भारतीय परमाणु कार्यक्रम के पुनरुज्जीवन को गति प्रदान कर दी थी। भारतीय संसद् से मिली स्वीकृति ने 'स्माइलिंग बुद्धा' प्रोजेक्ट शुरू करने का रास्ता साफ किया, ताकि हमारी परमाणु क्षमता हथियारों के इस्तेमाल के लिए तैयार की जा सके।

भारत का मित्र माना जानेवाला सोवियत संघ भी क्यूबा मिसाइल संकट से इतना ज्यादा विचलित था कि भारत-चीन युद्ध के दौरान जरूरत के समय वह भी भारत की कोई मदद नहीं कर सका था। यह सोवियत संघ के साथ मैत्री के अंत की शुरुआत थी और उन विचारों के भी अंत की शुरुआत थी, जिनके तहत नेहरू परमाणु शक्ति का इस्तेमाल केवल शांतिपूर्ण उद्देश्यों के लिए प्रोत्साहित करने की बात करते थे।

हो सकता है, यह माओ का आहत अहंकार हो। हो सकता है, यह क्यूबा मिसाइल संकट हो या हो सकता है, इन सब घटनाओं के मेल के कारण भारत इस राह पर चल पड़ा हो और उसने पोखरण में परमाणु परीक्षण को अंजाम दे डाला हो, जिसने मेरी जिंदगी सन् 1974 के विनाशकारी 'स्माइलिंग बुद्धा' परमाणु परीक्षण में जटिल रूप से शामिल करा दी थी। इस तरह की हिंसक वैश्विक घटनाओं को देखते हुए हो सकता है, यही सही रहा हो कि मेरी जिंदगी अंत तक पोखरण और शरणार्थियों से उग्र रूप से उलझी रही।

18 मई, 1974, पोखरण : शुष्क राजस्थानी रेगिस्तान की स्वाभाविक सुबह थी। आम दिनों की तुलना में हलकी-सी ठंडक थी। जहाँ तक आँखें देख पा रही थीं, दूर-दूर तक कोई बादल नहीं दिख रहा था और हवा में नमी तकरीबन शून्य थी, क्योंकि एक दशक से ज्यादा समय से इन इलाकों में बारिश नहीं हुई थी। गाँवों के पगड़ी बाँधे लोग कंधों पर रखे डंडे के सिरे पर अपना खाना बाँधे काम के लिए अपने-अपने घरों से निकलना शुरू कर चुके थे। महिलाएँ पीने का पानी लाने के लिए घड़ों को लेकर 5 मील दूरी के रास्ते पर चल पड़ी थीं।

गाँव में हर 5 साल में नेता अपने वोट बैंक के पास मिलने आने की रस्म-अदायगी करते थे और इस तरह से उन दिनों गरमी बढ़ जाती थी और वाहनों की काफी आवा-जाही होने लगती थी; हालाँकि, यह आवा-जाही बहुत शांत थी और ज्यादातर सेना के ट्रक एवं जीपें ही आ-जा रही थीं। नेताओं और उनके समर्थकों के हुजूम की आवा-जाही से यह एकदम अलग थी, जो पार्टी के झंडे लिये नारे लगाने और कानफोड़ू लाउडस्पीकरों पर भाषण देने आया करते थे। वाहनों की यह नई और अपेक्षाकृत विचित्र तरह की आवा-जाही शांत व उद्देश्यपूर्ण थी और ये वाहन सीधे बालागढ़ में पोखरण किले की ओर जाते थे, जो कि सन् 1952 के बाद से ही इस्तेमाल नहीं हो रहा था। तब चंपावत राठौड़ वंश के अंतिम उत्तराधिकारी भवानी सिंह ने इस जमीन और संपत्ति के राष्ट्रीयकरण के तहत किले का स्वामित्व भारत सरकार को सौंप दिया था।

गाँव में हर 5 साल में नेता अपने वोट बैंक के पास मिलने आने की रस्म-अदायगी करते थे और इस तरह से उन दिनों गरमी बढ़ जाती थी और वाहनों की काफी आवा-जाही होने लगती थी; हालाँकि, यह आवा-जाही बहुत शांत थी और ज्यादातर सेना के ट्रक एवं जीपें ही आ-जा रही थीं। नेताओं और उनके समर्थकों के हुजूम की आवा-जाही से यह एकदम अलग थी, जो पार्टी के झंडे लिये नारे लगाने और कानफोड़ू लाउडस्पीकरों पर भाषण देने आया करते थे।

एक दिन पहले ही करीब दर्जन भर ट्रक किले तक पहुँचे थे, जिनमें सुसज्जित वरदियों में सैन्य अधिकारी थे और सफेद कोट पहने कुछ वैज्ञानिक भी थे। ये सब मिलकर उस जगह चीजें व्यवस्थित कर रहे थे और किसी बड़े काम की तैयारी में लगे

दिख रहे थे। अधिकारियों और वैज्ञानिकों के रोजमर्रा के स्वागत के क्रम में रसोइए, नौकर-चाकर एक दिन पहले ही किले को तैयार करने के लिए पहुँच चुके थे। किले की तीसरी और सबसे ऊँची मंजिल के डाइनिंग हॉल में रात का भोजन लगाया जा चुका था, जहाँ से थार के विशाल रेगिस्तान का स्पष्ट नजारा दिखता था।

शाम के 6 बजे तक सूरज ढलने लगा था और किले की पश्चिम की तरफ की खिड़कियों से गरम नारंगी धूप आ रही थी। जैसे ही बैरे आए, हलके धूल के कण उड़े और धूप में नाचते दिखने लगे। धीरे-धीरे अधिकारी एवं वैज्ञानिक डाइनिंग हॉल में आने लगे और अपनी-अपनी तय सीटों पर बैठने लगे। उनमें से ज्यादातर एक-दूसरे के साथ बीते तीन दशकों से ज्यादा समय से काम कर चुके थे और उन लोगों को अपने परिवार से ज्यादा जुड़ाव अपने इस समूह से हो चुका था।

समूह का कोरम पूरा होते ही डाइनिंग टेबल के मुखिया की सीट पर बैठे नरेंद्र पंत ने खड़े होकर कक्ष में मौजूद लोगों को संबोधित करना शुरू कर दिया। वह करीब 6 फीट लंबा था, उम्र 50 वर्ष पार की ही होगी। क्लीन शेव, हलके सफेद होते बाल उसे शिष्ट और विशिष्ट बना रहे थे। उसके चेहरे पर एक स्थायी मुसकान लगभग हँसी के समान थी, जिससे उसकी वरिष्ठता झलक रही थी, साथ ही उसे आकर्षक और मिलनसार भी बना रही थी। उसकी सफेद शर्ट और भूरे बाल उसके पीछे की दीवार की उस काली पेंटिंग के एकदम विपरीत थे, जिसमें झेलम के युद्ध की तसवीर थी, जहाँ मकदूनिया के राजा सिकंदर को अपेक्षाकृत छोटे भारतीय राजा पोरस को हराने में भारी सैन्य नुकसान उठाना पड़ा था।

"आप लोगों की तालियों के लिए शुक्रिया। लग रहा है कि आप लोग मुझे देखकर सचमुच खुश हैं; हालाँकि, मुझे यकीन है कि आप लोग इस बात से और ज्यादा खुश होंगे कि सबकुछ योजना के अनुसार होता है तो कल से आप लोगों का वास्ता मुझसे नहीं पड़ेगा।" वह बोलते हुए अपनी बात का असर भाँपने के लिए रुका और उसकी निगाहें पूरे कमरे का निरीक्षण करने लगीं।

"आप लोगों की तालियों के लिए शुक्रिया। लग रहा है कि आप लोग मुझे देखकर सचमुच खुश हैं; हालाँकि, मुझे यकीन है कि आप लोग इस बात से और ज्यादा खुश होंगे कि सबकुछ योजना के अनुसार होता है तो कल से आप लोगों का वास्ता मुझसे नहीं पड़ेगा।" वह बोलते हुए अपनी बात का असर भाँपने के लिए रुका और उसकी निगाहें पूरे कमरे का निरीक्षण करने लगीं।

वहाँ मौजूद लोगों के बीच से हलकी-सी हँसी की आवाज उठी। जब कमरे में फिर

से शांति छा गई तो उसने अपनी सिगरेट बुझाई और स्कॉच का एक घूँट पिया। इसके बाद वह अपनी भारी और धीमी आवाज में फिर से बोलने लगा।

"एक बार फिर से आप लोगों का शुक्रिया अदा करने के साथ ही मैं फिर से अपनी बात शुरू करता हूँ। मेरे सबसे अच्छे युद्ध वे रहे हैं, जिनमें मैं कभी लड़ा नहीं। इस मौके पर दो हजार साल पुरानी राजा पोरस और सिकंदर की कहानी पहले से भी कहीं ज्यादा प्रासंगिक है। क्रूर सेना बहुत कम जीत हासिल कर पाती है; जीत तो वीरता, कूटनीति और प्रचार के सही मेल से मिलती है।" यह बोलते हुए उसने अपनी कुरसी को पीछे धकेला और अपने पीछे लगी पेंटिंग की तरफ उसने बढ़ना शुरू कर दिया।

अपनी निगाहें पेंटिंग पर गड़ाए नरेंद्र पंत बोलता गया, "पोरस ने इस युद्ध में अपनी बहादुरी का इस्तेमाल किया था। सेना छोटी होने के बावजूद उसने सिकंदर की मकदूनियाई सेना को सर्वाधिक और इतना ज्यादा नुकसान पहुँचाया, जितना उसने कभी न झेला होगा। चाणक्य ने सिकंदर की सेना के बीच घुसपैठ के लिए कूटनीति का इस्तेमाल किया और चंद्रगुप्त उसमें घुसने में सफल रहा।" धीमी गति से सोच-समझकर वह बोलता जा रहा था। यह स्पष्ट था कि वह चाणक्य की सैन्य रणनीति पर बहुत ज्यादा गर्व कर रहा था।

अपनी निगाहें पेंटिंग पर गड़ाए नरेंद्र पंत बोलता गया, "पोरस ने इस युद्ध में अपनी बहादुरी का इस्तेमाल किया था। सेना छोटी होने के बावजूद उसने सिकंदर की मकदूनियाई सेना को सर्वाधिक और इतना ज्यादा नुकसान पहुँचाया, जितना उसने कभी न झेला होगा। चाणक्य ने सिकंदर की सेना के बीच घुसपैठ के लिए कूटनीति का इस्तेमाल किया और चंद्रगुप्त उसमें घुसने में सफल रहा।"

"एक बार अंदर घुस जाने के बाद चंद्रगुप्त ने नंद वंश की सेना के आकार और शक्ति के बारे में अफवाहें फैलाना शुरू कर दिया, जो कि वैसे भी पोरस की सेना के आकार के लगभग दस गुना थी ही। आखिरकार, इन्हीं अफवाहों के कारण सिकंदर को भारत (तब के नंद साम्राज्य) पर आगे हमला करने से पीछे हटना पड़ा, क्योंकि मकदूनियाई सेना में बगावत हो गई थी। सिकंदर के सैन्य अधिकारियों ने ऐसे आत्मघाती मिशन पर बढ़ने से इनकार कर दिया था।" बोलते-बोलते वह फिर से रुका और कमरे में चारों तरफ देखने लगा।

"प्रभावशाली बचाव का यह बहुत उत्कृष्ट उदाहरण है, जिसमें युद्ध लड़ा ही नहीं जाता और आपकी उपस्थिति मात्र से ही केवल आँखें दिखाकर आप दुश्मन को डरा देते हैं।" बोलते-बोलते उसकी आवाज तेज हो गई और उसका चेहरा जोश में चमकने लगा था।

एकदम सन्नाटा छा गया था और यहाँ तक कि बैरे भी उसका भाषण सुनने के लिए ठहर गए थे। धीरे-धीरे वह टेबल के किनारे की ओर बढ़ा और कमरे के पार देखते हुए बोला, "आज हमारे सामने जो चुनौतियाँ मौजूद हैं, उनसे उसी तरह से बचने के लिए हम इस ऐतिहासिक अवसर पर यहाँ इकट्ठे हुए हैं, ताकि हमें अब और लड़ाइयाँ न लड़नी पड़ें।"

"भारत के भय के नाम!" उसने अपना गिलास उठाया और पूरा कक्ष तालियों से गूँज उठा। हर कोई जाम लेने के लिए उठ खड़ा हुआ।

नरेंद्र पंत टाइमिंग का मास्टर था। उसके बोलने की शैली एकदम संपूर्ण थी और सबसे महत्त्वपूर्ण बात, वह लोगों को जानता था। बैरे से लेकर कमांडर तक—हर स्तर के लोगों से तुरंत जुड़ जाने की उसके पास दुर्लभ काबिलियत थी और जब वह आपसे बात कर रहा होता था तो आपकी निगाहें उससे बँध जाती थीं और आपको लगता था कि आप जो कह रहे हैं, वह उसके लिए सबसे ज्यादा अहम है। इन सबसे बढ़कर, उसकी याददाश्त बहुत शानदार थी। जैसे ही शोरगुल थमा, उसने पूरे कमरे पर निगाह डाली और लोगों के फिर से अपनी-अपनी जगह बैठ जाने का इंतजार करने लगा।

नरेंद्र पंत टाइमिंग का मास्टर था। उसके बोलने की शैली एकदम संपूर्ण थी और सबसे महत्त्वपूर्ण बात, वह लोगों को जानता था। बैरे से लेकर कमांडर तक—हर स्तर के लोगों से तुरंत जुड़ जाने की उसके पास दुर्लभ काबिलियत थी और जब वह आपसे बात कर रहा होता था तो आपकी निगाहें उससे बँध जाती थीं और आपको लगता था कि आप जो कह रहे हैं, वह उसके लिए सबसे ज्यादा अहम है।

"समूचे देश और मेरी तरफ से अपने परिवारों का आभार व्यक्त कीजिए कि देर तक आप लोगों को जागना पड़ा, इस प्रोजेक्ट के लिए ट्रांबे जाना पड़ा और अपने परिजनों व मित्रों से इसे गुप्त रखना पड़ा।"

उसने अपनी दाईं तरफ दस सीट दूर बैठे सुरेश की ओर इशारा किया, जो इस प्रोजेक्ट का क्वांटम भौतिक विज्ञानी था। "सुरेश, तुम्हें अपनी पत्नी का गुस्सा झेलना पड़ा है, क्योंकि उसको लगता है कि तुम्हारा कोई चक्कर है। आखिरकार, कल तुम उसे सच बता सकते हो और अपनी पत्नी एवं अपनी जिंदगी को तुम दोबारा हासिल कर सकते हो।" वह मुसकराते हुए बोला तो सारे लोग जोर से हँस पड़े।

सुरेश ने मुसकराते हुए नहले पर दहला मारा, "मैं इसके लिए कल आपको हॉकी के मैदान में बुरी तरह से मात देकर बदला लूँगा!"

"प्लीज, अपनी-अपनी सीटों पर बैठ जाएँ। मैंने काफी ज्यादा वक्त ले लिया है। मैं सुब्रमण्यम आयंगार को दो शब्द कहने के लिए बुलाना चाहता हूँ, जिनका इस प्रोजेक्ट के पीछे असली दिमाग रहा है।" नरेंद्र बैठ गया और वापस अपनी स्कॉच के पास आ गया; जबकि पूरे कक्ष में एक बार फिर से सीटियों व तालियों का शोर होने लगा।

बाहर अँधेरा हो चुका था और डाइनिंग हॉल से चमकीली रोशनी आने लगी थी। रेगिस्तान की गरम हवा ठंडी हो गई थी, क्योंकि तापमान सूरज ढलने के साथ ही गिर गया था। किले के खुले इलाकों में अब भी अँधेरा था और उनमें रोशनी कम-से-कम रखी गई थी, ताकि अमेरिका और सोवियत संघ के निगरानी उपग्रहों में से किसी का ध्यान इस ओर न जाए। हालाँकि टेबल के चारों ओर मौजूद हर व्यक्ति कल की घटना के अनुमान को लेकर तनाव में था, लेकिन धीरे-धीरे सब लोग मस्ती करने लगे। जब बैरों ने प्लेटें हटाईं और टेबल पर रखे गिलास दोबारा भर दिए तो सुब्रमण्यम बोलने के लिए खड़ा हुआ।

सफेद लैब कोट और भारी काले फ्रेमवाला चश्मा पहने सुब्रमण्यम को देखकर लगता था कि वह तब ज्यादा सहज और अधिक अनुकूल महसूस करता, अगर वह मर्दाने सैन्य अधिकारियों के साथ कंधे टकराने के बजाय किसी विश्वविद्यालय के कैफेटेरिया में अन्य प्रोफेसरों के साथ वैज्ञानिक सिद्धांतों पर बहस कर रहा होता! यह खुद को अपनी बनाई सीमाओं से बाहर निकालने और भारत को अगले स्तर तक ले जाने तथा पाँच अन्य परमाणु शक्ति-संपन्न देशों की कतार में शामिल कराने का उसके पास जीवन का सबसे बेहतरीन मौका था। 24 साल की उम्र में कैंब्रिज में एम.आई.टी. से पी-एच.डी. करने के बाद ही उसे इस कार्यक्रम में शामिल कर लिया गया था। तब उसके पास अमेरिका से बेहद आकर्षक ऑफर आ रहे थे।

सफेद लैब कोट और भारी काले फ्रेमवाला चश्मा पहने सुब्रमण्यम को देखकर लगता था कि वह तब ज्यादा सहज और अधिक अनुकूल महसूस करता, अगर वह मर्दाने सैन्य अधिकारियों के साथ कंधे टकराने के बजाय किसी विश्वविद्यालय के कैफेटेरिया में अन्य प्रोफेसरों के साथ वैज्ञानिक सिद्धांतों पर बहस कर रहा होता! यह खुद को अपनी बनाई सीमाओं से बाहर निकालने और भारत को अगले स्तर तक ले जाने तथा पाँच अन्य परमाणु शक्ति-संपन्न देशों की कतार में शामिल कराने का उसके पास जीवन का सबसे बेहतरीन मौका था।

"मैं नरेंद्र का बहुत ऋणी हूँ, जो उन्होंने मुझे मेरे कॉलेज से निकलते ही इस

कार्यक्रम में शामिल कर लिया और मुझ पर इतना विश्वास किया कि मैं अपने ड्रीम प्रोजेक्ट पर काम कर सकूँ।" सुब्रमण्यम ने धीमे स्वर में कहा, जैसे उसे अपने आप पर यकीन न हो रहा हो।

"यह बहुत जटिल कार्यक्रम रहा है, जिसमें बहुत सारी चीजों के अलावा धातु-विज्ञान, रासायनिक विस्फोटक, क्वांटम भौतिकी, रेडियोधर्मिता और हथियार निर्माण जैसे बहुआयामी विषय शामिल रहे हैं। इस कार्यक्रम को इस स्थिति तक लाने में अभिन्न अंग रहे सुरेश राव, राजेश गर्ग, अंकित रत्नाकर और भाभा परमाणु अनुसंधान केंद्र के अन्य लोगों का बहुत-बहुत शुक्रिया।" सबको शुक्रिया अदा करते समय उसने टेबल के चारों ओर मौजूद लोगों में से एक-एक करके सभी की ओर देखा।

"कल्पना कीजिए, जहाँ इस वक्त मैं खड़ा हूँ, वहीं बम का मूल या केंद्र है, जहाँ सारा विखंडनीय प्लूटोनियम रखा हुआ है और अब सोचिए, सेंटर में मेरी तरफ अलग-अलग दिशाओं से ट्रेनों की बीस पटरियाँ आ रही हैं।" हर कोई साँस रोके सुन रहा था। जब से सुब्रमण्यम ने बोलना शुरू किया था, कमरे में पहली बार इतनी स्तब्धता छाई थी।

जब उसने दोबारा बोलना शुरू किया तो उसकी आवाज में ज्यादा आत्मविश्वास आ चुका था और उसके खड़े होने की स्थिति में बदलाव हो चुका था। "कल काफी कुछ गड़बड़ हो सकती है!" इतना बोलकर वह थोड़ा ठहरा, "वैसे, हमने अपनी प्रक्रियाओं और प्रणालियों का बार-बार परीक्षण किया है, लेकिन फिर भी बहुत कुछ गड़बड़ हो सकती है, क्योंकि यह अंतः स्फोटी बम है और इसकी कार्यविधि आसान नहीं है। परमाणु बम के विस्फोट के लिए एक साथ करीब 20 रासायनिक बमों में विस्फोट होना है।" अब वह अपने पूरे रंग में था। ये सब उसके छात्र थे और वह उनका प्रोफेसर था।

"कल्पना कीजिए, जहाँ इस वक्त मैं खड़ा हूँ, वहीं बम का मूल या केंद्र है, जहाँ सारा विखंडनीय प्लूटोनियम रखा हुआ है और अब सोचिए, सेंटर में मेरी तरफ अलग-अलग दिशाओं से ट्रेनों की बीस पटरियाँ आ रही हैं।"

हर कोई साँस रोके सुन रहा था। जब से सुब्रमण्यम ने बोलना शुरू किया था, कमरे में पहली बार इतनी स्तब्धता छाई थी।

"अब कुछ देर के लिए कल्पना कीजिए कि बीसों पटरियों से बेहद तेज रफ्तार से ट्रेन के इंजन मेरी तरफ चले आ रहे हैं—बिल्कुल वहीं, जहाँ मैं खड़ा हूँ। सभी बिल्कुल एक साथ चले आ रहे हैं।"

खतरा कम करने के अपने स्वभाव को देखते हुए उसने एहतियात के तौर पर कहा, "अगर किसी भी एक इंजन की टाइमिंग या रफ्तार या भार में अंतर हुआ तो सबकुछ उलट-पलट जाएगा और हमें सबकुछ फिर से शुरू करना पड़ेगा। यह सारी तैयारी बेकार हो जाएगी और फिर से इस स्थिति में आने में हमें कम-से-कम एक साल या और भी ज्यादा समय लग सकता है।" इन संयत शब्दों को सुनते ही समूचा कक्ष मौन हो गया, जैसे सारे लोगों के अंदर से सकारात्मक ऊर्जा और मस्ती की भावना एकदम से गायब हो गई। उसकी जगह असफलता का डर छा चुका था।

"आज रात की बात समाप्त करने से पहले, क्या आप लोग कुछ पूछना चाहते हैं, या कोई कुछ कहना चाहता है ?" नरेंद्र ने कमरे में सबकी ओर देखते हुए पूछा।

'टाइम्स ऑफ इंडिया' पत्रिका की संपादक रजनी हेगड़े ने सर्वाधिक मानवीय प्रश्न किया, जो कि उफनते राष्ट्रीय गौरव और राष्ट्रवाद के माहौल में देशद्रोही-सा लग रहा था, "क्या कभी आपने सोचा है कि सफल परीक्षण की स्थिति में होनेवाले परमाणु विकिरण का नतीजा आसपास के मानवीय जीवन पर क्या पड़ेगा ?"

अब नरेंद्र उठ खड़ा हुआ। "बहुत शानदार व्याख्या की, सुब्रमण्यम, और यही कारण है कि आप और भारत के सबसे तेज दिमाग हमारे साथ इस पर काम कर रहे हैं। आपको पता है, मेरी पत्नी कहती है कि जिन दिनों मैं आपसे बात करके आता हूँ तो मैं ज्यादा होशियार लगता हूँ।" उसने माहौल को हलका करने के लिए मजाक किया और सारे श्रोता फिर से हँसने-खिलखिलाने लगे।

"आज रात की बात समाप्त करने से पहले, क्या आप लोग कुछ पूछना चाहते हैं, या कोई कुछ कहना चाहता है ?" नरेंद्र ने कमरे में सबकी ओर देखते हुए पूछा।

'टाइम्स ऑफ इंडिया' पत्रिका की संपादक रजनी हेगड़े ने सर्वाधिक मानवीय प्रश्न किया, जो कि उफनते राष्ट्रीय गौरव और राष्ट्रवाद के माहौल में देशद्रोही-सा लग रहा था, "क्या कभी आपने सोचा है कि सफल परीक्षण की स्थिति में होनेवाले परमाणु विकिरण का नतीजा आसपास के मानवीय जीवन पर क्या पड़ेगा ?"

यह सवाल करने के लिए उसे काफी हिम्मत जुटानी पड़ी थी, क्योंकि कक्ष में मौजूद लगभग हर किसी की प्रतिक्रिया तिरस्कार भरी थी, जैसे कि सफल परमाणु परीक्षण के लिए कोई भी कीमत चुकाना सबको उचित लग रहा हो! सबकी निगाहें उस पर टिक गई थीं। लेकिन उनकी परवाह न करते हुए रजनी दृढ़ रही और उत्तर के लिए

कमरे में मौजूद लोगों की तरफ देखने लगी।

आखिरकार, सुब्रमण्यम खड़ा हुआ और कहने लगा, "हमने करीब 20 किलो टन की क्षमता के विस्फोटक मॉडल बनाए हैं और हमारी सिफारिश पर परमाणु परीक्षण सौ फीट गहरे भूमिगत बंकर में किया जा रहा है। इससे सुनिश्चित होगा कि कोई परमाणु विकिरण नहीं होगा और इसलिए आसपास के इलाकों में इनसान या जीव-जंतुओं के जीवन पर इसका कोई नकारात्मक असर नहीं होगा।"

हिरोशिमा और नागासाकी के परिणामों की पीड़ा भरी तसवीरों और कहानियों को पढ़ चुकी रजनी मॉडलों की सटीकता के प्रति आश्वस्त नहीं थी। लेकिन उसने बात आगे नहीं बढ़ाने का निश्चय किया। इतनी होशियार तो वह थी कि उसके मानवीय सवालों के लिए अब देर हो चुकी थी और ट्रेन इसके पहले ही स्टेशन से छूट चुकी थी।

"अगर कोई और प्रश्न न हों तो जल्द-से-जल्द अपना डिनर और ड्रिंक खत्म कीजिए, क्योंकि कल का दिन हमारे लिए बहुत खास होने वाला है। जैसा कि हमने बताया, 'स्माइलिंग बुद्धा' परमाणु बम टेस्ट बंकर में लाया जा रहा है। हम ठीक 4 बजे सुबह इस किले के बेसमेंट में मिलेंगे, जो कि इस पूरे अभियान का नियंत्रण कक्ष होगा।" "गुड नाइट एंड जय हिंद!"

"अगर कोई और प्रश्न न हों तो जल्द-से-जल्द अपना डिनर और ड्रिंक खत्म कीजिए, क्योंकि कल का दिन हमारे लिए बहुत खास होने वाला है। जैसा कि हमने बताया, 'स्माइलिंग बुद्धा' परमाणु बम टेस्ट बंकर में लाया जा रहा है। हम ठीक 4 बजे सुबह इस किले के बेसमेंट में मिलेंगे, जो कि इस पूरे अभियान का नियंत्रण कक्ष होगा।"

"गुड नाइट एंड जय हिंद!" नरेंद्र ने अपने गिलास की बची स्कॉच खत्म की, अपनी सिगरेट बुझाई और अपने कमरे में चला गया।

सुब्रमण्यम तुरंत अपने कमरे की तरफ नहीं जा पाया, क्योंकि रजनी द्वारा पूछे गए अंतिम सवाल से वह विस्फोटक मॉडलों की सटीकता को लेकर चिंतित हो गया था।

सुरेश उन मॉडलों का मजाक उड़ाया करता था, क्योंकि उनमें बहुत सारी बातों का ध्यान नहीं रखा जाता था। वह अपने कमरे में जाकर बिस्तर पर लेटकर करवटें बदलता रहा, जैसे कि कल उसे मौत की सजा मिलने वाली हो। वह इस भयानक सोच को अपने मन से नहीं निकाल पा रहा था कि कुछ तो ऐसा हो रहा है, जो सही नहीं है।

जहाँ चिंताग्रस्त सैन्य अधिकारी और वैज्ञानिक किले में सोने की कोशिश कर रहे थे, वहीं कुछ किलोमीटर दूर बलबीर बख्शी ने बेहद उत्तेजक गतिविधि शुरू कर दी। छोटे

कद और मोटे डील-डौल वाले बलबीर की उम्र करीब 50 वर्ष की होने वाली थी। वह बहुत ही मिलनसार था और अपनी ब्रिगेड में उसे सब प्यार करते थे। वह अपने जवानों को चिल्ला-चिल्लाकर ऑर्डर दे रहा था और ग्राउंड जीरो की ओर ले जाए जानेवाले एक बेशकीमती कार्गो को सावधानी से ले जाने का निर्देश दे रहा था।

"ट्रैक साफ करना शुरू करो!" बलबीर स्पीकर पर चिल्लाया।

सिपाही हस्तचालित पेट्रोमैक्स लैंप जलाकर रेलवे ट्रैक पर रोशनी कर चुके थे, ताकि कर्मचारी रेलवे ट्रैक को जासूसी निगाहों या उपग्रहों से छिपाने के लिए उन पर डाली गई रेत को साफ कर सकें। कार्गो को एक खुली रेल कार पर रखा गया और मशीन गन लिये हुए 20 से ज्यादा सिपाहियों की कंपनी उसकी सुरक्षा में तैनात थी। इस काम के लिए इन सिपाहियों को खुद नरेंद्र और बलबीर ने अपनी पसंद से चुना था। कार्गो को ट्रांबे से ट्रेन पर लादते समय गार्डों को यह तो बताया गया था कि यह अति गोपनीय है, लेकिन यह नहीं बताया गया कि इसमें है क्या? सार्वजनिक रेल मार्ग के जरिए जैसलमेर होते हुए चंदन स्टेशन पहुँचा। यह न्यूक्लियर कार्गो ग्राउंड जीरो से करीब 10 किलोमीटर दूर था। इसकी यात्रा का आखिरी चरण इसे गुप्त ट्रैक पर तय करना था, जिसे खासतौर पर इसी दिन के लिए तैयार किया गया था। चंदन से ग्राउंड जीरो तक का ट्रैक साफ करने और कार्गो को इसकी अंतिम मंजिल तक पहुँचाने के लिए इसे तैयार करने के लिए कामगारों के पास दो घंटे से ज्यादा का समय नहीं था।

"लाइट बंद!" बलबीर का ऑर्डर रेलवे ट्रैक्स पर गूँजा। तब तक कामगारों को काम शुरू किए एक घंटे से भी कम हुआ होगा। बलबीर के ऑर्डर एकदम स्पष्ट थे और उसके पास अमेरिकी निगरानी उपग्रहों की टाइमिंग की भी पुख्ता खबर थी, ताकि ग्राउंड जीरो और उसके आसपास की गतिविधियों को अंतरराष्ट्रीय निगरानी से परीक्षण के अगले दिन तक छिपाकर रखा जा सके।

"लाइट बंद!" बलबीर का ऑर्डर रेलवे ट्रैक्स पर गूँजा। तब तक कामगारों को काम शुरू किए एक घंटे से भी कम हुआ होगा। बलबीर के ऑर्डर एकदम स्पष्ट थे और उसके पास अमेरिकी निगरानी उपग्रहों की टाइमिंग की भी पुख्ता खबर थी, ताकि ग्राउंड जीरो और उसके आसपास की गतिविधियों को अंतरराष्ट्रीय निगरानी से परीक्षण के अगले दिन तक छिपाकर रखा जा सके।

कुछ सिपाहियों ने सिगरेटें जला लीं और कुछ खुदाई दोबारा शुरू करने के लिए पटरियों के किनारे बैठकर सर्विलांस के क्लियरेंस का इंतजार करने लगे।

"लाइट्स ऑन और ट्रैक्स साफ करना शुरू करो!" करीब 15 मिनट बाद स्पीकर से ऑर्डर सुनाई दिया।

आधी रात तक ट्रैक साफ किए जा चुके थे। बलबीर ने नरेंद्र को कॉल लगाई, "सर, 'स्माइलिंग बुद्धा' ग्राउंड जीरो से चंदन रवाना होने के लिए तैयार है। क्या मुझे अनुमति है?"

"यस, मेरी अनुमति है, बलबीर।" नरेंद्र का जवाब मिला।

"गाड्र्स, ट्रेन पर सवार हो जाओ!" बलबीर स्पीकरों पर चिल्लाया।

"सुमित, तुम्हें आगे बढ़ने की अनुमति है और रफ्तार एक समान 10 किलोमीटर प्रति घंटे रखना, ताकि अचानक ऐसा कोई झटका न लगे, जिससे कि कार्गो को नुकसान पहुँचे।" बलबीर इंजन मास्टर की ओर जाता हुआ बोला। बलबीर को इतना ज्यादा जोश और पूर्वाभास हो रहा था कि वह ठंडी रेगिस्तानी रात में इंजन की भट्ठी की हलकी गरमी तक पर ध्यान नहीं दे पा रहा था। उसने सुमित की पीठ थपथपाई और इंजन से कूदकर कार्गो के पीछे की रेल कारों पर खड़े गार्डों के पास पहुँच गया।

"सुमित, तुम्हें आगे बढ़ने की अनुमति है और रफ्तार एक समान 10 किलोमीटर प्रति घंटे रखना, ताकि अचानक ऐसा कोई झटका न लगे, जिससे कि कार्गो को नुकसान पहुँचे।" बलबीर इंजन मास्टर की ओर जाता हुआ बोला। बलबीर को इतना ज्यादा जोश और पूर्वाभास हो रहा था कि वह ठंडी रेगिस्तानी रात में इंजन की भट्ठी की हलकी गरमी तक पर ध्यान नहीं दे पा रहा था।

इंजन के पहियों से ब्रेक अलग होते ही भाप निकलने की आवाज और तेज खनखनाहट के साथ भारी काला भाप इंजन पोखरण की तरफ बढ़ने लगा। ट्रेन का एक घंटे का सफर बिना किसी मुश्किल के बीत गया। लेकिन बलबीर और उसके गार्डों को यह समय कभी खत्म होने वाला नहीं लग रहा था।

ग्राउंड जीरो के गेट पर पहुँचकर ट्रेन रुक गई। बलबीर ने गेट पर मौजूद गार्डों को अनुमति के कागजात दिए और फिर गेट दोबारा खुल गया और ट्रेन सेंटर तक बढ़ चली, जहाँ एक भारी ड्यूटी क्रेन कार्गो को उतारकर 'स्माइलिंग बुद्धा' के तलघर में ले जाने का इंतजार कर रही थी। यह गड्ढा जमीन में सौ फीट गहराई तक खोदा गया था।

किले की घड़ी में जब सुबह के 3 बजे तो बलबीर ने संतुष्टि के साथ अपनी घड़ी पर नजर डाली। उसे पता था कि वे लोग समय के हिसाब से अपेक्षा से भी ज्यादा बेहतर काम कर रहे थे।

"अनीश, यह 'स्माइलिंग बुद्धा' अब तुम्हारे हवाले है।" बलबीर ने अनीश सक्सेना को अनुमति के कागजात सौंपे, जो कि करीब 50 वर्ष से ऊपर की उम्र का लंबा व पतला आदमी था, जिसकी आँखें धँसी हुई थीं और चेहरा लंबोतरा-सा था। उसके चेहरे एवं नाक पर मास्क लगा था और हाथों में दस्ताने थे, जिससे ऐसा लग रहा था कि वह ऑपरेशन थिएटर में जा रहा कोई सर्जन हो। वह डेटोनेशन क्वाइल्स, सेंसर जोड़ने और युक्ति के विस्फोट से पहले काउंटडाउन चेक करने के काम का कमांडिंग ऑफिसर था।

अनीश और इलेक्ट्रिल इंजीनियरों की उसकी टीम ने एक दिन पहले ही तैयारी करके खाली प्रोटोटाइप के साथ इसकी प्रैक्टिस कर ली थी। वे लोग तैयार थे या कम-से-कम उनके लिए जितना संभव था, उतने तैयार तो थे ही। बम में एक टन टी.एन.टी. भरा था और चूक की उसमें कोई गुंजाइश नहीं थी।

"डेटोनेशन क्वाइल पर बीस डेटोनेटर चढ़ाने और गेज व सेंसर झुकाना शुरू करने के लिए हमारे पास ठीक एक घंटा है। चलो, जाओ!" अनीश ने चिल्लाकर ऑर्डर दिया और उसकी टीम बम को सेंट्रल डिस्ट्रीब्यूशन क्वाइल से जोड़ने में जुट गई, जो कि बालागढ़ किले के तहखाने में स्विच से जुड़ी थी।

"तिरपाल हटाओ।" अनीश ने ऑर्डर दिया और बम पर बलबीर की निगाह पड़ी। बलबीर पहली बार 'स्माइलिंग बुद्धा' देख रहा था, जब उसे करीब चार फीट चौड़े और करीब डेढ़ टन के बम के गोल आकार को समायोजित करने के लिए वक्र सतह के सीमेंट ब्लॉक पर चढ़ाया गया। भारत के इस ऐतिहासिक पल का हिस्सा होने पर बलबीर का सीना गर्व से चौड़ा हो गया।

"डेटोनेशन क्वाइल पर बीस डेटोनेटर चढ़ाने और गेज व सेंसर झुकाना शुरू करने के लिए हमारे पास ठीक एक घंटा है। चलो, जाओ!" अनीश ने चिल्लाकर ऑर्डर दिया और उसकी टीम बम को सेंट्रल डिस्ट्रीब्यूशन क्वाइल से जोड़ने में जुट गई, जो कि बालागढ़ किले के तहखाने में स्विच से जुड़ी थी।

उनका अभ्यास और महारत पूरी तरह से दिख रही थी, क्योंकि टीम अपना काम सहजता से करती जा रही थी। 1,000 से ज्यादा बिजली कनेक्शन उसने घंटे भर से कम समय में कर लिये और घड़ी में सुबह के 4 बजने तक उन सभी ने अपना काम बंद कर दिया। बम पूरी तरह से कनेक्ट हो चुका था और पावर अप होने के लिए तैयार था।

अनीश एवं बलबीर ने काम बहुत अच्छी तरह से करने के लिए धन्यवाद दिया और सेना की जीप पर सवार हो गए, जो उन्हें पोखरण किले के तहखाने में ले जाने के लिए इंतजार कर रही थी।

उधर, किले में अधिकारी और वैज्ञानिक धीरे-धीरे कमांड सेंटर में जाने लगे थे, जो कि तहखाने में बिना खिड़की का एक बड़ा कमरा था, जिसकी दीवारें गुलाबी ग्रेनाइट की थीं और उसमें किसी क्लास की तरह अस्थायी मेज व कुरसियाँ लगाई गई थीं। सब लोग अपनी-अपनी निर्धारित सीटों पर आराम से बैठकर बम विस्फोट के विभिन्न आयामों की निगरानी करने लगे और विस्फोट के पहले तथा बाद के गेज व सेंसर के डाटा कलेक्ट करने लगे। बैरे सभी को कॉफी, चाय एवं स्नैक्स सर्व कर रहे थे, क्योंकि लोग सुबह बहुत जल्दी उठ गए थे।

अस्थायी कमांड सेंटर के सिरे की तरफ दस टी.वी. सेट लगे थे, जिनमें से नौ में ग्राउंड जीरो की सतह के फुटेज विभिन्न कोणों से दिख रहे थे और एक में बम ही दिखाई दे रहा था, जो किसी सीमेंट के बिस्तर पर शान से आराम करता लग रहा था।

कड़क सफेद शर्ट पहने और ढंग से सँवारे गए भूरे बालों में नरेंद्र ठीक से आराम किया हुआ लग रहा था; जबकि पूरी रात बम की डिलीवरी और इंस्टॉलेशन के काम में समन्वय बनाने में लगे रहने के कारण वह मुश्किल से थोड़ा-बहुत सो पाया था।

इसके ठीक विपरीत, नशीली आँखें और बिखरे बाल लिये सुब्रमण्यम था, जो बीती रात में डिनर के समय की तुलना में कुछ ज्यादा ही अनमने प्रोफेसर की तरह दिख रहा था। उसके दिमाग में बम की डिजाइन और विस्फोट के क्रम तथा परीक्षण असफल होने की स्थिति में भावी परिणामों के विभिन्न पहलू लगातार घूम रहे थे; और इससे भी ज्यादा महत्त्वपूर्ण बात यह कि अगर परीक्षण सफल रहे तो क्या परिणाम होंगे, यह भी सोच रहा था!

इसके ठीक विपरीत, नशीली आँखें और बिखरे बाल लिये सुब्रमण्यम था, जो बीती रात में डिनर के समय की तुलना में कुछ ज्यादा ही अनमने प्रोफेसर की तरह दिख रहा था। उसके दिमाग में बम की डिजाइन और विस्फोट के क्रम तथा परीक्षण असफल होने की स्थिति में भावी परिणामों के विभिन्न पहलू लगातार घूम रहे थे; और इससे भी ज्यादा महत्त्वपूर्ण बात यह कि अगर परीक्षण सफल रहे तो क्या परिणाम होंगे, यह भी सोच रहा था!

सुबह के बहुत जल्दी होने के बावजूद कमरे में उत्साह और ऊर्जा को स्पष्ट अनुभव किया जा सकता था। जब घड़ी में सुबह के 4 बजे तो नरेंद्र ने सुब्रमण्यम की तरफ देखते हुए पूछा, "क्या हम परीक्षण शुरू करने के लिए तैयार हैं?"

सुब्रमण्यम ने सहमति में सिर हिलाया और अपनी टीम को परीक्षण शुरू करने का इशारा किया।

"स्ट्रक्चरल इंटेग्रिटी, ओके।" मैकेनिकल इंजीनियरिंग टीम ने रिपोर्ट किया।

"सभी दिशाओं में सीस्मोग्राफ्स, ओके।" भूगर्भ विज्ञानी टीम की आवाज आई।

"डेटोनेशन कॉइल 1, ओके।" और इसी तरह से 'स्माइलिंग बुद्धा' के विभिन्न पहलुओं की विभिन्न टीमों की तरफ से रिपोर्टें आनी शुरू हो गईं।

8 बजे तक गरम सूरज पहले ही ऊपर आ चुका था। ग्रामीण जन अपने सुबह के दैनिक कार्यों में लगने लगे थे और उस चीज से अनजान थे, जो उनकी जिंदगी को हमेशा के लिए बदलने वाली थी। टेस्ट पूरे हो चुके थे और सभी सिस्टम बिल्कुल तैयार थे।

अचानक कमांड सेंटर की शांति और पूर्वाभास में टेलीफोन की तेज घंटी से बाधा पड़ी, जो कमरे के बीच में रखा था। नरेंद्र तो जैसे उस कॉल का इंतजार ही कर रहा था। वह अपनी सीट से उठा और टेलीफोन की ओर चल दिया।

"प्रधानमंत्रीजी, हम एकदम तैयार हैं। क्या आपकी अनुमति है?" उसने फोन पर पूछा।

"बिल्कुल, मेरी अनुमति है। गुड लक और हम सबका गौरव बढ़ाओ। जय हिंद!" तत्कालीन प्रधानमंत्री श्रीमती इंदिरा गांधी की स्पीकर से आ रही विश्वास से भरी आवाज पूरे कमरे में गूँज रही थी।

पूरे कमरे में तालियाँ बजने लगीं और सबने मिलकर उन्हें 'जय हिंद!' कहा।

काउंट डाउन पूरा होते ही नरेंद्र लाल डेटोनेशन बटन के पास जाकर बैठ गया। उसके पास वर्षों का सैन्य प्रशिक्षण और दमदार व्यक्तित्व था; लेकिन इसके बावजूद जब उसने ठीक 8 बजकर 5 मिनट पर बढ़कर बटन दबाया तो उसका हाथ काँपता दिख रहा था। कमरे में अचानक सब थम-सा गया और एकदम चुप्पी छा गई।

"काउंट डाउन शुरू करो!" फोन रखते ही नरेंद्र ने कहा।

काउंट डाउन पूरा होते ही नरेंद्र लाल डेटोनेशन बटन के पास जाकर बैठ गया। उसके पास वर्षों का सैन्य प्रशिक्षण और दमदार व्यक्तित्व था; लेकिन इसके बावजूद जब उसने ठीक 8 बजकर 5 मिनट पर बढ़कर बटन दबाया तो उसका हाथ काँपता दिख रहा था।

कमरे में अचानक सब थम-सा गया और एकदम चुप्पी छा गई।

इंतजार असहनीय हो रहा था, इसलिए कोई अपनी जगह से हिला तक नहीं और तभी—'भड़ाम!'

विस्फोट का तेज झटका उन लोगों को महसूस हुआ। उसकी तीव्रता ने हर किसी को चकित कर दिया था। समूचे किले की नींव तक हिल गई थी। खिड़कियाँ, फानूस,

कुरसियाँ तक भड़भड़ाकर गिर गई थीं। 'स्माइलिंग बुद्धा' की करीब 12 किलो टन की ताकत का तेज झटका रिक्टर पैमाने पर 7 की तीव्रता के भूकंप के बराबर था।

धीरे-धीरे सब सामान्य हुए तो कमरे में मौजूद सारे लोग एक-दूसरे के गले लगकर बधाई देने लगे, सेना के अपने हैट उछालने लगे और एक-दूसरे की पीठ थपथपाकर अपनी उस दिन की उपलब्धि की सराहना करने लगे।

जश्न का शोर थमा तो नरेंद्र ने सारे साजो-सामान पर एक आखिरी नजर डाली।

"हमारे युवा देश के जीवन में यह बहुत महत्त्वपूर्ण मोड़ है, जो इतिहास में दर्ज हो जाएगा। कोलंबस, वास्को डि गामा, हेरोडोटस और अन्य यूरोपीय भारत पहुँचने के छोटे रास्ते तलाशने में लगे रहे; क्योंकि हम मेहनती थे, बुद्धिमान थे और संगठित थे, जो एक समय इस दुनिया में सर्वाधिक बेहतरीन मानव-निर्मित सामान बनाते थे। आज, आप लोगों ने दिखा दिया कि इस विशाल और शांतिप्रिय देश के केवल 75 लोगों के साथ हमने परमाणु बम बना लिया और पोखरण में सफल परीक्षण कर लिया। अमेरिका के लोगों को लॉस अलामॉस में यही काम करने में हजारों लोगों को लगना पड़ा था।"

"आज हमने दिखा दिया कि हमारे पास अंतिम क्षणों का ब्योरा तैयार करने और इस तरह की असाधारण शुद्धता एवं प्रभाव के साथ उसे कर दिखाने की क्षमता है। आज हम अपनी पुरानी उपनिवेशवादी छवि को तोड़कर बाहर निकल आए हैं। आज हम विश्व के मंच पर पहुँच चुके हैं। आज हम 'जय हिंद' कह सकते हैं और अपने देश तथा अपने लोगों के लिए सचमुच गौरव बन सकते हैं!"

हलकी तालियों के बीच नरेंद्र ने बोलना जारी रखा, "आज हमने दुनिया को बिना एक शब्द बोले बता दिया कि हम सीक्रेट रख सकते हैं। यह काम हमने इतने ज्यादा गुप्त तरीके से करके दिखाया कि अमेरिका और सोवियत संघ के अत्याधुनिक उपग्रह तक पता नहीं लगा सके। पिछले कुछ वर्षों में हमारे काम के बारे में या मशीनरी के ट्रांबे से लाने के बारे में कोई पता नहीं लगा पाया और न ही इस कोर टीम से बाहर किसी को कुछ खबर लग पाई।

"आज हमने दिखा दिया कि हमारे पास अंतिम क्षणों का ब्योरा तैयार करने और इस तरह की असाधारण शुद्धता एवं प्रभाव के साथ उसे कर दिखाने की क्षमता है। आज हम अपनी पुरानी उपनिवेशवादी छवि को तोड़कर बाहर निकल आए हैं। आज हम विश्व के मंच पर पहुँच चुके हैं। आज हम 'जय हिंद' कह सकते हैं और अपने देश तथा अपने लोगों के लिए सचमुच गौरव बन सकते हैं!"

जब वह मंच से उतरा तो सब लोग खड़े होकर कई मिनटों तक तालियाँ बजाते रहे। अच्छी तरह से काम करने और भारत के भविष्य के लिए, आशावाद के लिए खुशी और गर्व के कारण सबकी आँखों में आँसू थे। वे सब जानते थे कि उन सबने मिलकर कुछ ऐसा कर दिखाया है, जिसे उनमें से कोई भी अकेले नहीं कर सकता था।

जहाँ तहखाने में मौजूद हर कोई उल्लास में डूबा हुआ था, वहीं सुब्रमण्यम और रजनी की आँखें एक पल के लिए भी टी.वी. सेटों से नहीं हटी थीं, जिन पर ग्राउंड जीरो के फुटेज दिखाए जा रहे थे। विस्फोट के करीब 10 सेकंड बाद एक कैमरे ने छोटे बादल की तरह धुएँ का हलका-सा गुबार दिखाया, जो गड्ढे से निकला और इसके पहले कि किसी की निगाह में आता, वह हवा में गायब हो गया।

जहाँ तहखाने में मौजूद हर कोई उल्लास में डूबा हुआ था, वहीं सुब्रमण्यम और रजनी की आँखें एक पल के लिए भी टी.वी. सेटों से नहीं हटी थीं, जिन पर ग्राउंड जीरो के फुटेज दिखाए जा रहे थे। विस्फोट के करीब 10 सेकंड बाद एक कैमरे ने छोटे बादल की तरह धुएँ का हलका-सा गुबार दिखाया, जो गड्ढे से निकला और इसके पहले कि किसी की निगाह में आता, वह हवा में गायब हो गया। धूल का गुबार जैसे ही उठा और स्क्रीन से गायब हुआ, दोनों ने एकदम डरकर एक-दूसरे की तरफ देखा।

किले के बाहर और आसपास जिंदगी बहुत कुछ वैसी ही थी, जैसी कि एक दिन पहले या उसके पहले थी। फर्क सिर्फ भूकंप के झटकों का था। झटकों से पक्षी डर गए थे। उस इलाके में मुक्त विचरण करनेवाले ऊँट, नीलगायें और हिरण चकित व बेचैन थे। नमक के खेतों में काम कर रहे लोगों को भागकर भगदड़ रोकने के लिए अपनी गाड़ियों के पास आना पड़ा, ताकि अपने ऊँटों को सँभाल सकें। एक बार झटके खत्म हुए तो पोखरण में जिंदगी फिर से सामान्य हो गई। कम-से-कम लगता तो यही था।

परमवीर कुमार आर्किटेक्ट एवं स्ट्रक्चरल इंजीनियर था, जिसका काम ताजा पानी की नहरें बनवाना था, जिनसे पोखरण और आसपास के गाँवों में पेयजल आ सके। उसने पूरी नहर चलकर देखी और उसमें दरारें या लीकेज चेक करने लगा। वैसे तो उसने नहर इस तरह से बनाई थी कि वह तेज शक्ति के भूकंप के झटके सहन कर

सके, लेकिन इसके पहले उसे उसकी क्षमता परखने का मौका नहीं मिल सकता था। नहर का दौरा और प्रत्यक्ष निरीक्षण पूरा हुआ तो वह मुसकराते हुए और गर्व की मुद्रा में बैठ गया।

"भारत परमाणु क्लब में शामिल हुआ।" एक अखबार ने दावा किया।

"सफल परमाणु परीक्षण के लिए फ्रांस ने भारत को बधाई दी।" एक और अखबार ने दावा किया।

"तुम्हें पता है कि कल सुबह जो भूकंप आया था, वह वास्तव में यहाँ से करीब 20 किलोमीटर दूर हुआ परमाणु परीक्षण था?" उसने एकदम से उत्साह में आकर अपनी पत्नी से कहा।

"बहुत डरावना था वो तो, पापा।" रसोई में अपनी माँ की मदद कर रही नौ साल की राधिका मीठी-सी आवाज में बोली।

"उम्मीद है कि अब वे लोग और कोई परीक्षण नहीं करेंगे। पूरा मकान हिल गया था।" राजश्री रसोई से ही बोली।

"पाकिस्तान ने परमाणु परीक्षण को शांतिपूर्ण नहीं माना।" एक और अखबार ने छापा।

"भारत पूरी गोपनीयता के साथ परमाणु विश्व मंच पर पहुँचा।" एक अमेरिकी अखबार की हेडलाइन थी।

अपनी दिनचर्या के अनुसार, अगले दिन ठीक 6 बजे परमवीर एक हाथ में उस दिन का अखबार और दूसरे में चाय का कप लिये कुरसी पर बैठा था; जबकि उसकी पत्नी राजश्री नाश्ता तैयार करने में व्यस्त थी।

"तुम्हें पता है कि कल सुबह जो भूकंप आया था, वह वास्तव में यहाँ से करीब 20 किलोमीटर दूर हुआ परमाणु परीक्षण था?" उसने एकदम से उत्साह में आकर अपनी पत्नी से कहा।

"बहुत डरावना था वो तो, पापा।" रसोई में अपनी माँ की मदद कर रही नौ साल की राधिका मीठी-सी आवाज में बोली।

"उम्मीद है कि अब वे लोग और कोई परीक्षण नहीं करेंगे। पूरा मकान हिल गया था।" राजश्री रसोई से ही बोली।

परमवीर ने अपना सिर हिलाया, जैसे वह उसके भाव-शून्य उत्तर से खीझ गया हो, "तुम समझ नहीं रही हो। भारत के लिए यह ऐतिहासिक क्षण है। यह ऐसी चीज है, जिस पर हम सबको गर्व करना चाहिए और तुम्हें पता है, मेरी नहर की डिजाइन उन झटकों को सह गई।" अपनी आवाज में स्पष्ट उत्साह और गर्व शामिल करके वह बोला, "उन्होंने बताया है कि विस्फोट 7 रिक्टर पैमाने के भूकंप की तीव्रता के बराबर था। नहर की मेरी डिजाइन और कंस्ट्रक्शन बिना किसी दरार या लीक के

उसे आराम से झेल गई। पहली बार मेरी इंटरलॉकिंग टाइल डिजाइन को ऐसी परीक्षा देनी पड़ी और मेरे बिल्डरों ने चेक किया तथा इस बात की पुष्टि की कि ये अच्छे नंबरों से पास हुई है!"

"मुझे पता है कि तुम यहाँ के बेस्ट इंजीनियर हो। मुझे कभी नहीं लगा कि तुम्हारी डिजाइन नहीं टिकेगी।" राजश्री अपने पति की ओर प्यार से देखते हुए बोली और उसने मेज पर पोहे की आकर्षक लग रही प्लेट रख दी। इसके बाद वह उसे गले लगाने के लिए आगे बढ़ी।

□

1

पोखरण में मेरा बचपन

(1975-1985)

लगभग एक दशक के सूखे के बाद वर्ष 1975 के जनवरी के आखिर में विनाशकारी दिन में दोपहर से तेज बारिश शुरू हो गई। जैसे ही सूर्यास्त हुआ और साँझ घिरने लगी, राजश्री को अचानक प्रसव-पीड़ा शुरू हो गई। परमवीर बरामदे की कुरसी पर बैठ शाम की चाय पीते हुए अपना काम कर रहा था कि अचानक राधिका की चीख सुनाई दी और वह किचन की ओर भागा।

परमवीर ने इस अवसर के लिए योजना बना रखी थी; लेकिन उसे मालूम नहीं था कि पोखरण में इतनी भारी बारिश होने लगेगी। बारिश की वजह से निचले इलाकों की सड़कों पर पानी भर गया था और गाड़ियों की आवा-जाही ठप्प हो गई थी। बाढ़ जैसी हालत की वजह से उस रात कोई भी बस या टैक्सी उपलब्ध नहीं थी कि वह राजश्री को नजदीकी शहर जैसलमेर ले जाए, जहाँ ढंग के अस्पताल या नर्सिंग होम हैं। दूसरा तरीका था ऊँट गाड़ी से ले जाने का, लेकिन उसमें लंबा वक्त लग सकता था और उतना वक्त राजश्री के पास नहीं था। तमाम शंकाओं के बावजूद उसके पास गाँव की दाई को बुलाने के सिवा कोई चारा नहीं था। दाई के आने से पहले पड़ोस की कुछ महिलाएँ, राजश्री की सहेलियाँ, पहुँच गईं, ताकि उसे कुछ राहत और दिलासा दे सकें। एक ने कमरे में साफ कपड़े इकट्ठे करने शुरू किए और दूसरी किचन में जाकर पानी गरम करने लगी। राधिका ने अपनी माँ के पास बैठकर उसे तकिए से सहारा दिया और माँ की हथेलियों को अपने छोटे हाथों से थाम लिया। वह अपने छोटे भाई के आने को लेकर उत्साहित तो थी, लेकिन माँ को भयंकर पीड़ा और कष्ट में देखकर भयभीत भी थी। उसने इससे पहले माँ को इतना कमजोर और लाचार कभी नहीं देखा था। परमवीर लगातार कमरे के अंदर-बाहर चहलकदमी करते हुए दाई का इंतजार कर रहा था। उसे समझ नहीं आ रहा था कि ऐसी परिस्थिति में वह क्या और कैसे मदद कर सकता है!

"साहब, आप बाहर बैठिए।" दाई ने आते ही परमवीर को कमरा छोड़ने के लिए

कहा और तुरंत कमान अपने हाथों में ले ली।

"बेटा, आप जाकर कुछ साफ कपड़े लेकर आओ।" उसने दस साल की राधिका को निर्देश दिया।

परमवीर बरामदे के बाहर निकला और बारिश की बूँदाबाँदी से भीगी रेगिस्तान की ठंडी हवा में टहलने लगा। जिंदगी में पहली बार उसे लगा कि काश, कोई ऊपरवाला हो, जो आज की रात सबकुछ ठीक कर दे! वह राजश्री से बहुत प्यार करता था। एक वही थी, जो उसे ठीक से समझती थी।

परमवीर '60 के दशक में पहले-पहल के सिविल इंजीनियरिंग स्नातकों में से एक था। उसके पास देश भर में काम करने के अनेक अवसर मौजूद थे, क्योंकि पंचवर्षीय योजना के तहत उसने देश भर में बाँध और नहरें बनाने की योजनाएँ तैयार की थीं; हालाँकि उसने पोखरण आने का ही फैसला किया, क्योंकि राजश्री यहीं की थी।

कई मामलों में वे दोनों एक-दूसरे के एकदम विपरीत थे। राजश्री पोखरण में पैदा हुई थी, जो पोखरण स्कूल के हेडमास्टर की इकलौती बेटी थी। इकलौती संतान होने के कारण वह बहुत लाड़-प्यार में पली थी और जिद्दी स्वभाव की थी; लेकिन वह अपने परिवार और अपने गाँव के लोगों के लिए काफी सोचती भी थी। दूसरी तरफ परमवीर था, जो पश्चिम बंगाल के सघन हरे-भरे गाँव पायरादंगा गाँव में पैदा हुआ था। उसके पिता मकान बनानेवाले एक अशिक्षित राजमिस्त्री थे। अपने चार भाई-बहनों में सबसे बड़ा परमवीर संकोची था और अपनी कोमल भावनाएँ व्यक्त करने में लगभग असमर्थ ही था।

कई मामलों में वे दोनों एक-दूसरे के एकदम विपरीत थे। राजश्री पोखरण में पैदा हुई थी, जो पोखरण स्कूल के हेडमास्टर की इकलौती बेटी थी। इकलौती संतान होने के कारण वह बहुत लाड़-प्यार में पली थी और जिद्दी स्वभाव की थी; लेकिन वह अपने परिवार और अपने गाँव के लोगों के लिए काफी सोचती भी थी। दूसरी तरफ परमवीर था, जो पश्चिम बंगाल के सघन हरे-भरे गाँव पायरादंगा गाँव में पैदा हुआ था।

जब लड़कियों को स्कूल नहीं भेजा जाता था, तब राजश्री ने दसवीं तक पढ़ाई करने के लिए अपने पिता और बाकी लोगों से लड़ाई की और फिर उसके बाद उसी स्कूल में अध्यापिका भी हो गई। महिला अधिकारों के मामले में वह अपने समय से काफी आगे

थी, क्योंकि उसकी मजबूत सोच थी कि महिलाएँ घर के काम-काज से ज्यादा बहुत कुछ कर सकती हैं। अपने स्तर पर उसने सुनिश्चित किया कि अपने जुनून और शौक को आगे बढ़ाने की स्वतंत्रता उसके पास रहे, चाहे उसके लिए उसे अपने परिवार और आसपास के लोगों का कितना भी विरोध क्यों न सहना पड़े।

बचपन में परमवीर को हमेशा चीजें बनाने में दिलचस्पी रही और जब उसने दसवीं कक्षा पास की तो उसके शिक्षकों ने कलकत्ता इंजीनियरिंग कॉलेज में उसका आवेदन करवाया, जहाँ सीधे ही उसका दाखिला हो गया था। वह बहुत देशभक्त था और कॉलेज से निकलनेवाले सर्वश्रेष्ठ सिविल इंजीनियर बनकर नव स्वतंत्र हुए भारत के निर्माण के बारे में सोचा करता था।

करीब पाँच साल पहले की बात है, जब परमवीर अपने कॉलेज फील्ड वर्क के लिए पोखरण आया था, जिसमें उसे नहर बनाने की व्यावहारिकता का अध्ययन करना था। तभी उसने राजश्री को देखा था। उसे हेडमास्टर के घर पर लंच के लिए निमंत्रित किया गया था, क्योंकि गाँव में एकमात्र वही तो पढ़े-लिखे व्यक्ति थे। हेडमास्टर और ग्रामीण जन उस इंजीनियर पर सबसे अच्छा प्रभाव डालना चाहते थे, जिसके पास नहर की अनुमति देने और काम शुरू कराने का अधिकार था; क्योंकि गाँव को पीने के पानी के लिए नहर की बहुत जरूरत थी। परमवीर हेडमास्टर और ग्रामीणों से बात करने के लिए पूरी तरह से तैयार था; लेकिन किसी रेगिस्तानी नौकरानी से इतने बड़े झटके की उम्मीद कतई नहीं थी।

बचपन में परमवीर को हमेशा चीजें बनाने में दिलचस्पी रही और जब उसने दसवीं कक्षा पास की तो उसके शिक्षकों ने कलकत्ता इंजीनियरिंग कॉलेज में उसका आवेदन करवाया, जहाँ सीधे ही उसका दाखिला हो गया था। वह बहुत देशभक्त था और कॉलेज से निकलनेवाले सर्वश्रेष्ठ सिविल इंजीनियर बनकर नव स्वतंत्र हुए भारत के निर्माण के बारे में सोचा करता था।

"बेटा, ठंडा पानी ले आओ हमारे इंजीनियर साब के लिए।" जैसे ही परमवीर ने गरम धूप भरे दिन में हेडमास्टर के मकान में कदम रखा तो उन्होंने रसोई की तरफ देखते हुए आवाज लगाई।

जब पीला राजस्थानी लहँगा और सिर पर लाल पारदर्शी पल्लू डाले, नाक में बाली और हाथों में छन-छन करती चूड़ियाँ पहने राजश्री ने आकर उसके गिलास में पानी डाला तो परमवीर मंत्रमुग्ध हो गया। वह तो यहाँ नहर का आकलन करने आया था और उसे ऐसी कोई उम्मीद नहीं थी कि उसका दिल दूर-दराज के गाँव की इस लड़की पर आ जाएगा।

जब वह पायरादंगा वापस गया तो अपने माता–पिता को भी पोखरण ले आया और उसी साल दोनों की शादी हो गई। राजश्री अध्यापिका के रूप में काम करती रही और उसने इस बात का ध्यान रखा कि उसकी स्वतंत्रता और अधिकारों पर असर न पड़े। परमवीर ने उसके इस गुण की सराहना की कि वह समानता के हक के लिए लड़ने की इच्छुक और तत्पर रहती थी तथा जो चाहती थी, वह करके रहती थी। उसने उसे पूर्ण बना दिया था और अब उसे उससे कुछ और कहने की जरूरत ही नहीं रह गई थी।

अपनी शादी के पहले ही साल में राजश्री ने एक दिन घर आकर ऐलान कर दिया कि वह अपने स्कूल की छह साल की बच्ची राधिका को गोद लेगी। उसकी माँ को काफी दूर से पीने का पानी लेने जाते समय लू लग गई थी और तभी उसकी मौत हो जाने से राधिका अनाथ हो गई थी। उसके पिता तो दोनों को बहुत पहले ही छोड़ चुके थे। बाकी अपने सभी फैसलों की तरह राजश्री ने सुझाव दिया या सिफारिश की और परमवीर उसके सुझाव को स्वीकार करते हुए हमेशा की तरह उसके साथ रहा। उसके तुरंत बाद राधिका उस खुशहाल परिवार का हिस्सा बन गई थी।

अपनी शादी के पहले ही साल में राजश्री ने एक दिन घर आकर ऐलान कर दिया कि वह अपने स्कूल की छह साल की बच्ची राधिका को गोद लेगी। उसकी माँ को काफी दूर से पीने का पानी लेने जाते समय लू लग गई थी और तभी उसकी मौत हो जाने से राधिका अनाथ हो गई थी। उसके पिता तो दोनों को बहुत पहले ही छोड़ चुके थे।

पिछली गरमियों में जब परमवीर को राजश्री के गर्भवती होने का पता चला तो यह उनके जीवन का सबसे सुखद समय था। राधिका को बहुत खुशी थी कि उसे साथ खेलने के लिए एक बच्चा मिलने वाला है।

राजश्री चाहती थी कि अगर लड़का होगा तो उसका नाम 'चैतन्य' रखेगी और लड़की हुई तो उसका नाम 'रोशनी' रखेगी। वह चाहती थी कि उसका बच्चा गाँव में जागृति और समझदारी पैदा करे। राजश्री के लिए यह बात बहुत महत्त्वपूर्ण थी कि उसके गाँव के लोग बेहतर और खुशहाल जिंदगी जिएँ। वह चाहती थी कि उसका बच्चा उसके लक्ष्य की पूर्ति में मदद करे।

"बच्चा आ रहा है। यहाँ पानी लाओ!" दाई मकान के अंदर से चिल्लाई और उसके अचानक चिल्लाने से परमवीर वापस वर्तमान में आ गया। वर्तमान में आकर वह बेसब्री

से बच्चे के रोने की आवाज का या अंदर कमरे से उसे बुलाए जाने और राजश्री एवं बच्चे को देखने का इंतजार करने लगा। और उसके बाद जो हुआ, वह अनंत काल की तरह लग रहा था, क्योंकि निश्चित रूप से बच्चे के रोने की आवाज ही सुनाई दे रही थी।

परमवीर को अपने शरीर का रोम-रोम प्रफुल्लित लग रहा था, जब वह घर के अंदर घुसा और तभी उसका सारा उत्साह थम गया। बच्चा गर्भनाल से जुड़ा हुआ खून से लथपथ था और उसके हाथ-पैर नहीं थे। उसके हाथों व पैरों की जगह मांस के छोटे ठूँठ-से थे, जिनमें न तो हथेलियाँ थीं और न ही पैर या पैरों की उँगलियाँ थीं। वह समझ नहीं पा रहा था कि वह क्या करे? वह बिना किसी भाव के एक जगह जम-सा गया था, क्योंकि वह राजश्री को और ज्यादा परेशान नहीं करना चाहता था, जो कि पहले से ही बहुत पीड़ा में थी और जिसने अब तक कुछ भी नहीं देखा था।

परमवीर को अपने शरीर का रोम-रोम प्रफुल्लित लग रहा था, जब वह घर के अंदर घुसा और तभी उसका सारा उत्साह थम गया। बच्चा गर्भनाल से जुड़ा हुआ खून से लथपथ था और उसके हाथ-पैर नहीं थे। उसके हाथों व पैरों की जगह मांस के छोटे ठूँठ-से थे, जिनमें न तो हथेलियाँ थीं और न ही पैर या पैरों की उँगलियाँ थीं। वह समझ नहीं पा रहा था कि वह क्या करे?

बच्चा लगातार रोए जा रहा था।

दाई पर इस सबसे कोई फर्क नहीं पड़ा था। वह बिना किसी झिझक के अपना काम करती जा रही थी। वह जानती थी कि उसे बच्चे को साफ करना है, नए मुलायम कपड़े में आराम से लपेटना है और उसे उसकी माँ को सौंप देना है, ताकि वह उसे चुप कराए। यही वह गाँव के अन्य बच्चों के साथ करती रही थी। किसी और को कुछ कहने का मौका ही नहीं मिला, क्योंकि बच्चे को तैयार करते हुए उसने सबको अपने-अपने काम पर लगने को कह दिया था।

उसने बच्चे को कपड़े में आराम से लपेटकर नई माँ के इंतजार कर रहे हाथों में दे दिया। राजश्री के हाथों में जाते ही बच्चा चुप हो गया। परमवीर ने जब अपनी पत्नी के चेहरे पर अपार खुशी और आनंद देखा तो उसके कठोर हो चुके गालों पर आँसू ढलक रहे थे।

हालाँकि, वह अब भी पीड़ा में थी, लेकिन उसने ताकत जुटाई और उसे 'चैतन्य' कहकर पुकारा और उसे गले लगाकर उसका माथा चूमने लगी। उसके बगल में बिस्तर पर राधिका थी, जो खुशी से उछले जा रही थी!

"और साफ कपड़ा चाहिए।" दाई ने चिंतित स्वर में चिल्लाकर कुछ और साफ कपड़े मँगवाए।

"यह खून नहीं रुक रहा।" वह बोले जा रही थी, क्योंकि खून नहीं रुक रहा था, जबकि अब तक तो उसे बंद हो जाना चाहिए था।

प्रसव में कुछ बड़ी गड़बड़ हो गई थी और दाई की सारी कोशिशों के बावजूद खून बहना बंद नहीं हो रहा था।

सुबह-सुबह ही राजश्री ज्यादा खून बह जाने से चैतन्य को हाथों में लिये हुए ही इस दुनिया से चल बसी थी।

चैतन्य की देखभाल की जिम्मेदारी परमवीर और राधिका पर आ गई थी। परमवीर टूट चुका था और उसने अपने आपको काम में झोंक दिया था। ऐसे में, दस साल की बच्ची राधिका ने ही चैतन्य की जिम्मेदारी सँभाली।

"तुम बहुत शैतान बच्चे थे!" राधिका दीदी जब भी मेरे बचपन के बारे में बताती थीं तो मुझसे यही कहती थीं।

"जिस पल तुम घिसटने लगे थे, तब तुम रुकते ही नहीं थे और घर में कोने-कोने में घिसट-घिसटकर घूमते रहते थे। कभी सोफे के नीचे घुस जाते थे तो कभी अलमारी खींचते थे तो कभी मेज या कुरसी को धकेलने लगते थे। मुझे तुम पर लगातार नजर रखनी पड़ती थी, ताकि तुम्हें चोट न लग जाए।" वह अतीत को याद करते हुए मेरे सिर को प्यार से थपथपाते हुए कहती थी।

"जिस पल तुम घिसटने लगे थे, तब तुम रुकते ही नहीं थे और घर में कोने-कोने में घिसट-घिसटकर घूमते रहते थे। कभी सोफे के नीचे घुस जाते थे तो कभी अलमारी खींचते थे तो कभी मेज या कुरसी को धकेलने लगते थे। मुझे तुम पर लगातार नजर रखनी पड़ती थी, ताकि तुम्हें चोट न लग जाए।"

हमारे पापा बाकी सभी पिताओं की तरह ही सख्त मिजाज के थे। मुझे याद नहीं कि कभी उन्होंने मुझे गले लगाया हो या प्यार से कभी बात की हो! मैं हमेशा यही सोचा करता था कि क्या वे मुझे मेरी माँ की मौत का जिम्मेदार मानते हैं? अगर मैं पैदा न होता तो शायद वह अब भी यहाँ होतीं! मुझे याद है, जैसे-जैसे मैं बड़ा होता गया और जितना ही मैं उनके प्यार की अपेक्षा करता, उतनी ही उनकी मुझसे नफरत बढ़ती गई।

"उसे मत उठाओ। उसे खुद ही बिस्तर पर जाने दो।" दीदी जब भी मुझे उठातीं और मुझे बिस्तर पर ले जाने लगतीं तो पापा उनको यही कहते थे। मैं तब करीब पाँच साल का था।

"क्यों नहीं! वह बहुत थका लग रहा था और उसमें ताकत बची नहीं दिख रही थी।" दीदी डरते-डरते बोलती थीं, क्योंकि वह पापा का मूड खराब नहीं करना चाहती थीं।

"मैं कह रहा हूँ न!" यही उनका आखिरी उत्तर होता था और उसके बाद कुछ बात करने की गुंजाइश नहीं बचती थी।

दीदी मुझे सुबह नहलाती थीं और कपड़े पहनाती थीं। रात में वह मुझे चादर ओढ़ाने में मदद करती थीं और रात में सुला देती थीं। बाकी दिन मैं पापा की इच्छा के अनुसार अपने काम खुद करता था, वरना पापा गुस्सा हो जाते थे।

ईमानदारी से कहूँ तो उनका मेरे प्रति एक बार व्यवहार अच्छा लगा था।

जब मैं छह साल का था, तब पापा एक बार एक बड़ा और लंबा कार्डबोर्ड बॉक्स लेकर आए थे, जो डाक से उनके ऑफिस आया था। जब उन्होंने बॉक्स खोला तो मैं उनके चेहरे पर उत्साह देख सकता था।

दीदी मुझे सुबह नहलाती थीं और कपड़े पहनाती थीं। रात में वह मुझे चादर ओढ़ाने में मदद करती थीं और रात में सुला देती थीं। बाकी दिन मैं पापा की इच्छा के अनुसार अपने काम खुद करता था, वरना पापा गुस्सा हो जाते थे। ईमानदारी से कहूँ तो उनका मेरे प्रति एक बार व्यवहार अच्छा लगा था। जब मैं छह साल का था, तब पापा एक बार एक बड़ा और लंबा कार्डबोर्ड बॉक्स लेकर आए थे, जो डाक से उनके ऑफिस आया था। जब उन्होंने बॉक्स खोला तो मैं उनके चेहरे पर उत्साह देख सकता था।

बॉक्स में लचीले चमड़े के आकार के सॉकेट के साथ दो कृत्रिम हाथ थे, जो मेरे ठूँठों के चारों ओर लपेटे जाने वाले थे। दीदी बहुत उत्साह से देख रही थीं। उन्होंने मेरे ऊपर वे हाथ रखे और उन्हें सही ढंग से जमाने के लिए उन्होंने बेल्ट कस दीं।

"दायाँ हाथ हिलाओ।" उन्होंने कहा, "और अब, बायाँ वाला हिलाओ।"

यह मुझे मिला अब तक का सबसे अच्छा उपहार था। उनमें आगे की तरफ एक चिमटी थी और कोहनी पर एक ज्वाइंट था, जिसके सहारे मैं हाथ को किसी भी कोण पर मोड़ सकता था। शाम तक मैंने दूसरे हाथ से दोनों चिमटियों का इस्तेमाल करना सीख लिया था और किसी दीवार या टेबल के सहारे से कोहनी मोड़ना भी आ गया था। मैं दूसरे हाथ के इस्तेमाल से उसे सीधा कर लेता था।

"आज के बाद तुम दोनों डिनर टेबल पर बैठा करोगे।" उन्होंने हम दोनों की तरफ देखते हुए ऐलान किया, क्योंकि डिनर का समय होता जा रहा था। उसके पहले तक

दीदी और मैं हमेशा जमीन पर बैठकर खाना खाते थे और दीदी मुझे खिलाया करती थीं, जबकि पापा टेबल पर खाते थे। अगर हमें उस रात डिनर करना था तो हमें ठीक समय पर डिनर टेबल पर पहुँचना था।

उस रात डिनर टेबल की तरफ जाते समय दीदी के पैर उछल रहे थे। वह मेरे नए कृत्रिम हाथों को लेकर और पापा के चेहरे पर आई खुशी को देखकर बहुत उत्साहित थीं। पूरा घर बहुत दिनों से प्रतीक्षित इस खुशी और आशावाद से भर गया था। जब प्लेटें और गिलास लग गए तो दीदी मुझे उठाकर एक डाइनिंग चेयर पर बैठाने लगीं।

"नहीं। वह खुद ही चेयर पर बैठेगा।" पापा ने ऐलान किया।

इसके बाद कुरसी पर बैठने का मेरा कठिन काम शुरू हुआ। उसमें मुझे पंद्रह मिनट लग गए। लेकिन मुझे लग रहा था कि जैसे कुरसी तक पहुँचने और अपने को बैठाने में लगनेवाला समय कभी खत्म ही नहीं हो रहा था, जबकि दीदी मेरी कुरसी को जोर से थामे थीं, ताकि वह पलट न जाए। आखिरकार, मैं हाथ-पैर छिल जाने के बावजूद किसी तरह से सफल हो गया तो मुझे लगा कि मैंने कोई बहुत असाधारण उपलब्धि हासिल कर ली है। मैं सातवें आसमान पर था।

उस रात डिनर टेबल की तरफ जाते समय दीदी के पैर उछल रहे थे। वह मेरे नए कृत्रिम हाथों को लेकर और पापा के चेहरे पर आई खुशी को देखकर बहुत उत्साहित थीं। पूरा घर बहुत दिनों से प्रतीक्षित इस खुशी और आशावाद से भर गया था। जब प्लेटें और गिलास लग गए तो दीदी मुझे उठाकर एक डाइनिंग चेयर पर बैठाने लगीं।

"तालियाँ! तालियाँ!" दीदी ने तालियाँ बजाईं और प्यार से मेरे गाल को उन्होंने चूम लिया।

"उसका हाथ बढ़ाओ और उसे चम्मच थमाओ।" उन्होंने दीदी की ओर देखते हुए कड़ाई से कहा।

"दीदी, अब आपको मुझे खिलाने की जरूरत नहीं पड़ेगी!" मैं अपने हाथ के चम्मच से पहला कौर खाते ही खुशी से चिल्लाकर बोला। जब पापा आसपास होते थे, तब मैं अपने को बहादुर कायम रखने की कोशिश करता था और अपने को यथासंभव सामान्य दिखाता था। मैं उनसे डरता था, लेकिन मैं यह भी चाहता था कि वे मुझे प्यार करें। मैं चाहता था कि वे मुझ पर गर्व करें।

उनके गुस्सैल मिजाज और प्रेम-रहित जुड़ाव के बावजूद हम दोनों उन्हें बहुत प्यार करते थे। मैं जानता था कि मुझे कृत्रिम हाथों के कारण जो नई-नवेली स्वतंत्रता मिली है, वह कभी संभव न हो पाती, अगर पापा मुझे कुछ माह पहले जयपुर में डॉक्टर के पास न ले गए होते। डॉक्टर के पास जाने का मकसद यही पता करना था कि मेरे साथ यह

दिक्कत क्यों हुई और क्या मुझे संपूर्ण बनाने में डॉक्टर कुछ कर सकते थे ?

"वैसे तो हमारे पास इसका कोई सही कारण नहीं है कि यह ऐसा क्यों पैदा हुआ, लेकिन सबसे ज्यादा संभावित कारण, जो मुझे लगता है, वह यह है कि ये विकलांगता उस परमाणु परीक्षण के कारण हुई, रेडियोधर्मिता के कारण हुई है, जो उस समय हुआ था, जब आपकी पत्नी गर्भवती थीं।" डॉक्टर ने अपनी बात समझाई।

"आपको ऐसा क्यों लगता है, डॉक्टर ?" पापा ने पूछा था।

यह उनके लिए बहुत बड़ा झटका था कि जिस बात को वे बहुत गर्व का समझते थे, वही उनके परिवार के लिए इतनी पीड़ा और कष्ट का कारण थी।

"मुझे उस इलाके में इस तरह की विकलांगता वाले कुछ और भी मामले देखने को मिले हैं। वे भी उसी समय पैदा हुए थे, जब चैतन्य पैदा हुआ था और उनके परिवार में पहले कभी कोई विकलांगता का इतिहास नहीं रहा था। लेकिन मीडिया में या आसपास की मेडिकल स्टडी में रेडियोधर्मिता की कहीं कोई बात नहीं आई है। इसलिए मैं निश्चित रूप से नहीं कह सकता।" डॉक्टर ने समझाया था।

"मुझे उस इलाके में इस तरह की विकलांगता वाले कुछ और भी मामले देखने को मिले हैं। वे भी उसी समय पैदा हुए थे, जब चैतन्य पैदा हुआ था और उनके परिवार में पहले कभी कोई विकलांगता का इतिहास नहीं रहा था। लेकिन मीडिया में या आसपास की मेडिकल स्टडी में रेडियोधर्मिता की कहीं कोई बात नहीं आई है। इसलिए मैं निश्चित रूप से नहीं कह सकता।" डॉक्टर ने समझाया था।

"अगर यह बात सच है तो हमारी सरकार को रेडियोधर्मिता से प्रभावित हुए ऐसे बच्चों एवं परिवारों की मदद के लिए कुछ करना चाहिए और हमारी मीडिया को इसके बारे में खबर दिखानी चाहिए, ताकि नागरिकों को इस बारे में बेहतर जानकारी मिल सके।" पापा ने कहा। उनकी आवाज में इस बात को लेकर निराशा स्पष्ट दिख रही थी कि सरकार और मीडिया अपना काम ठीक से नहीं कर रहे थे।

"अब जो हो चुका है, उसमें तो मैं कुछ नहीं कर सकता, लेकिन हम इसकी आगे की जिंदगी को बेहतर बनाने में जरूर मदद कर सकते हैं।" डॉक्टर ने अपनी आवाज में आशा का पुट लाते हुए बताया।

डॉक्टर के पास उस विजिट के बाद इस बारे में हमने तब तक कोई बात नहीं की, जब तक कि पापा कृत्रिम हाथोंवाला वह बॉक्स लेकर नहीं आए थे। उनसे मेरी जिंदगी पूरी तरह से बदल गई थी; हालाँकि, ज्यादा महत्त्वपूर्ण बात यह थी कि शायद मुझे पहली बार यह बात समझ में आई थी कि वे मेरी परवाह करते हैं।

ऐसा बहुत ही कम होता था, जब हम लोगों ने पापा को सचमुच खुश देखा या महसूस किया हो। मुझे हमेशा इस बात का तकलीफदेह अहसास बना रहता था कि शायद जिस तरह से मैं पैदा हुआ था, उस वजह से वे गुस्सैल और चिड़चिड़े हो गए थे। मैं चाहे कुछ भी करूँ, कितना भी अच्छा बनने की कोशिश करूँ, कोई फर्क नहीं पड़ता था।

ऐसा ही एक वाकया तब का है, जब मैं आठ साल का था। मैं बाहर से अंदर आ रहा था। मैं अकसर खेजड़ी के पेड़ के नीचे बैठकर पढ़ा करता था, क्योंकि मुझे अन्य ग्रामीण बच्चों का शोरगुल एवं खेल-कूद देखना और अच्छा लगता था तथा उसमें मुझे उनके साथ होने का अहसास होता था। खेजड़ी का पेड़ हमारी गली के छोर पर था और उसके चारों ओर गोल चबूतरा बना था। उसी चबूतरे पर पेड़ की छाया में दोपहर में बड़े लोग एक साथ बैठकर आराम किया करते थे और शाम को बच्चे भी वहीं इकट्ठे होकर खेला करते थे।

ऐसा ही एक वाकया तब का है, जब मैं आठ साल का था। मैं बाहर से अंदर आ रहा था। मैं अकसर खेजड़ी के पेड़ के नीचे बैठकर पढ़ा करता था, क्योंकि मुझे अन्य ग्रामीण बच्चों का शोरगुल एवं खेल-कूद देखना और अच्छा लगता था तथा उसमें मुझे उनके साथ होने का अहसास होता था। खेजड़ी का पेड़ हमारी गली के छोर पर था और उसके चारों ओर गोल चबूतरा बना था।

उस दिन जब मैं अपने घर आ रहा था तो मुझे सोमेश्वर दिखाई दिया, जिसे सब 'सोमू' कहते थे। वह गली का बदमाश बच्चा था और हर किसी को, खासकर मुझे, परेशान किया करता था; क्योंकि मैं धीमी गति से चल पाता था और उसके लिए मुझे परेशान करना आसान होता था। हालाँकि, वह मुझे कई नामों से बुलाया करता था और चिढ़ाता रहता था, लेकिन मैंने उसे यह अहसास कभी नहीं होने दिया कि मुझे उसके कारण कोई तकलीफ होती है; क्योंकि मैं हमेशा मुसकराता रहता था और इस तरह दिखाता था कि इस तरह के अपमान से मुझ पर कोई फर्क नहीं पड़ता।

उस दिन जब मैं रात के खाने के लिए घर लौट रहा था तो सोमू ने मेरा रास्ता रोक लिया। उस गली का कोई बच्चा उसका सामना करने की हिम्मत नहीं कर पाता था। मैं गली में इधर-उधर दीदी को देखने लगा, जो मुझे सोमू से बचा लेती थीं; लेकिन उस

समय वह भी कहीं नहीं दिख रही थीं। अँधेरा हो रहा था और मैं जानता था कि मुझे डिनर की टेबल पर समय पर पहुँचना होता है। लेकिन सोमू मेरा रास्ता रोके खड़ा था।

मेरे पास इसके सिवा कोई चारा नहीं था कि घर पहुँचने के लिए मैं उस लंबे रास्ते से जाऊँ, जो गली के कई मकानों का चक्कर लगाकर जाता है और जिसमें गरम रेगिस्तानी रेत होती है। उससे मुझे घर पहुँचने में देर तो होनी ही थी। जब मैं अपनी डाइनिंग चेयर पर पहुँचा तो डिनर के हमारे निर्धारित समय 7 बजे को आधा घंटा गुजर चुका था।

"तुम्हें पता है, तुम लेट हो?" पापा ने ठंडी और कड़क आवाज में मुझसे कहा।

"जी, लेकिन···" मैंने दबे स्वर में विरोध किया।

लेकिन मेरे कुछ कहने से पहले ही वह बोल पड़े, "कुरसी से उतर जाओ! तुम्हें डिनर नहीं मिलेगा। कोई लेकिन-वेकिन नहीं चलेगा!" उन्होंने आदेशात्मक स्वर में कहा। "उस कोठरी में चले जाओ!" वे गरजे।

हम लोगों को वे यही सजा देते थे। उन्हें लगता था कि हमें अपने आप पता हो जाएगा कि हमारे लिए कौन-सा व्यवहार या कौन-सा काम सही है और अगर हम ध्यान से सोचेंगे-विचारेंगे तो हमें सब समझ आ जाएगा। कोठरी में हमें बंद करना उनका तरीका था, जिसके जरिए वे हमें सोचने पर मजबूर करते थे और हमारे दिमागों में यह बात बैठाते थे कि वह गलती अब दोबारा न दोहराएँ।

हम लोगों को वे यही सजा देते थे। उन्हें लगता था कि हमें अपने आप पता हो जाएगा कि हमारे लिए कौन-सा व्यवहार या कौन-सा काम सही है और अगर हम ध्यान से सोचेंगे-विचारेंगे तो हमें सब समझ आ जाएगा। कोठरी में हमें बंद करना उनका तरीका था, जिसके जरिए वे हमें सोचने पर मजबूर करते थे और हमारे दिमागों में यह बात बैठाते थे कि वह गलती अब दोबारा न दोहराएँ।

दीदी ने भी खाना बंद कर दिया था और मेरी तरफ असहाय होकर देख रही थीं। मैं जानता था कि अब कोई सफाई देने का मतलब नहीं रह गया है। मैं चुपचाप कुरसी से उतर गया और अपने आपको घसीटता हुआ उस कोठरी में ले गया।

"सोचो, तुमने क्या किया है और एक बार जब तुम अपने व्यवहार पर विचार कर लोगे, मैं तुम्हें बाहर आने दूँगा!" उन्होंने लाइट का स्विच ऑन करते हुए कहा और कोठरी का दरवाजा बंद कर दिया। हमारी सजा की कोठरी एक कार के आकार का कमरा था, जिसमें कोई खिड़की नहीं थी और उसमें कुछ पुस्तकें रखी थीं, अनाज के बोरे रखे थे और छत पर चमकीली लाइट लटक रही थी। मुझे कभी समझ नहीं आया कि

किस बात पर सोचना है और मैं तो बस, वहाँ जाकर बैठ जाता था तथा दरवाजा खुलने का इंतजार करता रहता था।

करीब घंटे भर बाद वे आए और पूछने लगे, "क्या तुम्हें समझ में आया कि तुमने क्या किया है?"

"जी।" मैंने जवाब दिया, क्योंकि मैं उस कोठरी में और ज्यादा बंद नहीं रहना चाहता था।

"तुमने क्या सोचा?" उन्होंने पूछा।

"चाहे कुछ भी हो जाए, कभी लेट नहीं होना है।" मैंने जवाब दिया, क्योंकि मुझे पता था कि केवल इसी जवाब से वे संतुष्ट हो सकते हैं।

"अच्छा। अब तुम जाकर सो जाओ। आज तुम्हें डिनर नहीं मिलेगा!" उस रात के लिए उन्होंने आदेश पारित किया और अपने बेडरूम में चले गए।

दीदी ने चुपचाप मुझे बिस्तर पर लिटा दिया और मुझे सँभालने लगीं, क्योंकि मैं उस रात मन-ही-मन रोता रहा था और सोच रहा था कि अगर मेरी माँ वहाँ होतीं तो मेरी मदद करतीं और जब पापा मेरे साथ निर्दयता बरतते तो वे पापा से लड़तीं।

करीब घंटे भर बाद वे आए और पूछने लगे, "क्या तुम्हें समझ में आया कि तुमने क्या किया है?"
"जी।" मैंने जवाब दिया, क्योंकि मैं उस कोठरी में और ज्यादा बंद नहीं रहना चाहता था।
"तुमने क्या सोचा?" उन्होंने पूछा।
"चाहे कुछ भी हो जाए, कभी लेट नहीं होना है।" मैंने जवाब दिया, क्योंकि मुझे पता था कि केवल इसी जवाब से वे संतुष्ट हो सकते हैं।

कभी-कभार, जब पापा बातचीत करने के मूड में होते थे तो, वे मुझे अपने पास आकर बैठने और उनकी इंजीनियरिंग ड्रॉइंग देखने को कहते थे। ज्यादातर वे ड्रॉइंग नहर के विभिन्न दृश्यों की होती थीं या उनकी इंटरलॉकिंग डिजाइन में कुछ सुधार की होती थीं या नहर को सीधी रखने और पूरी लंबाई में दोनों किनारों को समानांतर रखने की कोशिश होती थी। उन्हें नहर को मजबूत बनाने की बहुत ज्यादा फिक्र रहती थी और वे चाहते थे कि वह नहर सैकड़ों साल तक चले।

बच्चे के रूप में मुझे वह सब बोरिंग लगता था और मैं उस समय की ऐसी किसी बात पर बहुत ज्यादा ध्यान नहीं देता था। हालाँकि, जब वे अपनी इंजीनियरिंग और साइंस

की बातें करते थे, तब वे बहुत ज्यादा प्यार से बात करते थे और मेरे प्रति सहृदय होते थे और इसीलिए जब वे ऐसे मूड में होते थे तो मुझे बहुत अच्छा लगता था। कई बार वे उन दिनों को याद करने लगते थे, जब उन्होंने अपने इंजीनियरिंग कॉलेज के दिनों में सोवियत संघ की यात्रा के दौरान पूर्वी जर्मनी में एक माह बिताया था। हालाँकि, वे पूर्वी जर्मनी में बाँध और नहर निर्माण का अध्ययन करने गए थे, लेकिन ये शहर का लेआउट और सड़कें व गलियाँ थीं, जो आइबेनस्टॉक बाँध के आसपास थीं, जिनसे वे सचमुच बहुत प्रभावित हुए थे।

"तुम्हें पता है, जर्मन शहर में क्या अलग होता है?" उन्होंने जब पूछा तो उनकी आँखों में वैसी चमक थी, जैसे वह कोई बड़ा खुलासा करने वाले हों।

"मुझे नहीं पता। वहाँ ज्यादा पानी और ज्यादा पेड़ थे क्या? लोग अलग तरह के थे?" जवाब में मैंने एक सवाल ही कर दिया।

"हाँ, वहाँ ज्यादा पानी था और पेड़ थे। वहाँ रेगिस्तान भी नहीं था। लोग तो बिल्कुल ऐसे ही थे; लेकिन हाँ, उनका रंग कुछ अलग था। हालाँकि, असली अंतर यह था कि वहाँ सभी सड़कें एक सीधी लाइन में थीं और एक-दूसरे को काटनेवाले रास्ते समकोण पर होते थे, जिनसे एकदम बॉक्स बन जाते हैं। इससे जगह और ज्यादा खुली व चौड़ी लगने लगती है। कलकत्ता की तरह नहीं, जिसमें सभी सड़कें सीधी लाइन में होने के बजाय टेढ़ी-मेढ़ी नदियों की तरह हैं, जिससे जगह बहुत सँकरी और भीड़-भरी लगती हैं।" उन्होंने इतने उत्साह से बताया, जैसे उन्होंने कोई जादुई जंतु देख लिया हो।

हाँ, वहाँ ज्यादा पानी था और पेड़ थे। वहाँ रेगिस्तान भी नहीं था। लोग तो बिल्कुल ऐसे ही थे; लेकिन हाँ, उनका रंग कुछ अलग था। हालाँकि, असली अंतर यह था कि वहाँ सभी सड़कें एक सीधी लाइन में थीं और एक-दूसरे को काटनेवाले रास्ते समकोण पर होते थे, जिनसे एकदम बॉक्स बन जाते हैं। इससे जगह और ज्यादा खुली व चौड़ी लगने लगती है। कलकत्ता की तरह नहीं, जिसमें सभी सड़कें सीधी लाइन में होने के बजाय टेढ़ी-मेढ़ी नदियों की तरह हैं, जिससे जगह बहुत सँकरी और भीड़-भरी लगती हैं।

ये सब बातें सुन-सुनकर मुझे नींद आने लगी और मैं जम्हाई लेने लगा। उन्हें शायद अहसास हो गया था कि मुझसे ये सब बातें करना समय की बरबादी है, क्योंकि मेरी दिलचस्पी इंजीनियरिंग की बातों के बजाय पड़ोसी ग्रामीणों के साथ हँसी-मजाक करने में या सड़क पर खेलने में ज्यादा थी।

"चलो, सो जाते हैं!" हर रात दीदी मुझे चादर ओढ़ा देती थीं और मुझे कहानियाँ सुनाती हुई मेरे बगल के गद्दे पर सो जाती थीं। मुझे उनकी कहानियाँ पसंद थीं। उनमें

बहुत आनंद आता था। कहानियाँ चलती रहती थीं और मुझे पता ही नहीं चलता था कि उन्हें सुनते-सुनते मैं कब सो जाता था।

मेरे दस साल के हो जाने तक ज्यादातर दीदी और कभी-कभार मेरे पापा घर पर ही मुझे पढ़ना-लिखना सिखाते थे। दिन में मेरे पास अपने लिए बहुत समय होता था, क्योंकि मैं घर पर अकेला होता था और दीदी एवं अन्य बच्चे स्कूल में होते थे या खेतों में काम कर रहे होते थे। मैं अपना ज्यादातर समय पुस्तकें पढ़ते हुए बिताता था।

जिन दिनों पापा देर शाम तक काम करते थे, तब मैं चुपके से दीदी की सजग निगाहों से बचकर निकल जाता था और गली में पड़ोसी बच्चों के साथ खेलने लगता था। कंचे! कंचों में मेरी बहुत दिलचस्पी थी। काँच के चिकने एवं अंदर से रंगीन कंचे मुझे बहुत लुभाते थे और मैं अपने नकली हाथों से उनके साथ खेल सकता था।

एक दिन शाम को, जब मैं गली में जाने ही वाला था तो मैंने बाहर नजर डाली कि कहीं सोमू तो नहीं है, क्योंकि वह मुझे चिढ़ाने लगता था और मुझे कमजोरी का अहसास कराता था। हम चारकोनी का खेल खेल रहे थे, जिसमें हर किसी को चौखाने के कोनों से बीच में रखे कंचे पर निशाना लगाना पड़ता था। अगर तुम चूक गए तो वह कंचा बढ़ते जा रहे जैकपॉट का हिस्सा बन जाता है। जितने खिलाड़ी निशाना चूकते जाएँगे, गड्ढे के कंचों की संख्या उतनी ही बढ़ती जाती है और जब तक कोई बीच के कंचे पर सही निशाना नहीं लगाता, तब तक खेल चलता रहता है।

जिन दिनों पापा देर शाम तक काम करते थे, तब मैं चुपके से दीदी की सजग निगाहों से बचकर निकल जाता था और गली में पड़ोसी बच्चों के साथ खेलने लगता था। कंचे! कंचों में मेरी बहुत दिलचस्पी थी। काँच के चिकने एवं अंदर से रंगीन कंचे मुझे बहुत लुभाते थे और मैं अपने नकली हाथों से उनके साथ खेल सकता था।

तो, मैंने अपने निशानेवाले कंचे को सावधानी से चौखाने के कोने पर रखा और अपने दाएँ नकली हाथ से निशाना लगाने ही वाला था कि अचानक किसी ने मेरा हाथ खींच दिया। फिर अचानक उस ताकत ने मुझे उसी हाथ से उठा लिया, जिससे मेरे कंधे में बहुत जोर का दर्द होने लगा, क्योंकि मेरा पूरा बदन उसी हाथ से लटक गया था। मुझे पापा का गुस्से से भरा चेहरा दिखा तो मैं हैरान रह गया और काफी डर गया। पापा मुझे उसी हाथ से पकड़कर घर की ओर खींचे ले जा रहे थे। उन्हें मेरे बाएँ हाथ की भी परवाह नहीं थी, जो रेत भरी गली और हमारे

दरवाजे के बाहर के सीमेंट के फुटपाथ पर घिसट रहा था। उनकी डाँट के डर से बाकी बच्चे तुरंत इधर-उधर भाग गए।

जब हम घर पहुँचे तो उन्होंने दरवाजा बंद किया और मुझे फर्श पर पटक दिया और गुस्से से भरी आँखों से मुझे देखने लगे।

"क्या कर रहे थे तुम?" उन्होंने चिल्लाकर पूछा, जैसे उन्होंने सोचा भी न हो कि मैं गली में ऐसे फालतू के खेल खेला करता हूँ। पापा की डाँटने की आवाज सुनकर दीदी रसोई से बाहर आ गईं। मैं डरा हुआ उनकी तरफ देख रहा था, क्योंकि मुझे पता था कि मैं उनसे छिपकर ही बाहर निकल गया था और इस वजह से उन पर भी मुसीबत आनी है।

"मैंने तुमसे बोला था कि अपने भाई पर नजर रखना। वह हमेशा चुपके से बाहर निकल जाता है और पढ़ाई करने के अलावा सारे काम करता रहता है।" वे दीदी पर भी चिल्ला पड़े। वह जानती थीं कि मुँह न खोलने में ही भलाई है।

"क्या कर रहे थे तुम?" उन्होंने चिल्लाकर पूछा, जैसे उन्होंने सोचा भी न हो कि मैं गली में ऐसे फालतू के खेल खेला करता हूँ। पापा की डाँटने की आवाज सुनकर दीदी रसोई से बाहर आ गईं। मैं डरा हुआ उनकी तरफ देख रहा था, क्योंकि मुझे पता था कि मैं उनसे छिपकर ही बाहर निकल गया था और इस वजह से उन पर भी मुसीबत आनी है।

उन्होंने मुझे फिर से सजा की कोठरी में बंद कर दिया। "अपनी गलती के बारे में सोचो और सोचो कि तुम कैसे अपना व्यवहार ठीक करोगे? जब तक मुझे संतोषजनक जवाब नहीं मिलता, तुम इसी कोठरी में रहोगे।" दरवाजा बंद करते हुए उन्होंने कहा।

कई बार मैं पापा की बातें न मानकर निष्क्रिय तरीके से विरोध भी जताता था। जब वे मुझसे पूछते, "तुमने सोच लिया न?" मेरा जवाब होता, "मैं अभी सोच रहा हूँ!" मुझे अच्छी तरह से पता रहता था कि मेरे जवाब से उन्हें खीझ पैदा होगी तथा वे और भी ज्यादा गुस्सा हो जाएँगे। इस बार भी ऐसा ही हुआ।

पापा के सवाल पर मेरा विरोध कुछ दिनों तक चलता रहा। पहली बार मैं इतने लंबे समय तक कोठरी में बंद हुआ था। मुझे उसकी आदत पड़ गई थी; लेकिन दीदी से सहन नहीं हो रहा था। वह मुझे इतना ज्यादा प्यार करती थीं कि वह मेरे साथ उस कोठरी में हमेशा बंद रह सकती थीं।

"पापा, आपने चैतन्य को बंद क्यों कर रखा है?" दीदी की आवाज में अपने बेचारे भाई के लिए दर्द था; लेकिन उन्हें यह भी डर लग रहा था कि पापा नाराज न हो जाएँ या उनके सामने किसी तरह की बदतमीजी न हो जाए।

"तुम्हें इससे मतलब? जाकर पढ़ाई करो अपनी!" पापा ने सपाट जवाब दे दिया।

"उसे कोठरी में बंद हुए दो दिन हो चुके हैं। उसने ऐसी कौन सी बड़ी गलती कर दी कि उसे इतनी लंबी सजा दे रहे हैं?" उसकी आवाज में दर्द स्पष्ट था और आँखों से आँसू बहने ही वाले थे।

"गली के बच्चों के साथ कंचे खेलकर समय बरबाद कर रहा था वो, जबकि उसे अपनी पढ़ाई और सब्जेक्ट्स पर ध्यान देना चाहिए था।" पापा अपनी स्टडी टेबल पर फैली नहर की ड्राइंग्स में सिर झुकाए हुए बोले।

"वो तो गाँव के सभी बच्चे करते हैं, और फिर, उसे भी तो कुछ आराम चाहिए। आप उस पर ज्यादा ही सख्ती कर रहे हैं।" यह बोलते हुए उसके गालों पर आँसू बह रहे थे। मैंने उनकी हिम्मत की तारीफ की।

"उनमें से कुछ बच्चे तो बीड़ी भी पीते हैं।" पापा ने किसी भी तरह की हलकी हरकत के प्रति अपनी नापसंदगी जाहिर करते हुए कहा।

"लेकिन, इसमें उसकी गलती नहीं है। मुझे यकीन है कि वह कभी बीड़ी नहीं पीएगा।"

"मुझे तुमसे इस बारे में अब कोई बात नहीं करनी है।" उन्होंने दीदी की ओर कठोरता से देखते हुए कहा।
"और कंचों के खेल के लिए जो लाइनें उसने खींची थीं, वे भी सीधी नहीं थीं। उनमें कोण भी सही नहीं थे। लाइनें एक-दूसरे के समानांतर भी नहीं थीं। उसको यह सब अच्छी तरह से आता है।" वे अपने आप से बोले जा रहे थे।

"मुझे तुमसे इस बारे में अब कोई बात नहीं करनी है।" उन्होंने दीदी की ओर कठोरता से देखते हुए कहा।

"और कंचों के खेल के लिए जो लाइनें उसने खींची थीं, वे भी सीधी नहीं थीं। उनमें कोण भी सही नहीं थे। लाइनें एक-दूसरे के समानांतर भी नहीं थीं। उसको यह सब अच्छी तरह से आता है।" वे अपने आप से बोले जा रहे थे।

"आपको पता तो है, वे लाइनें उसने थोड़े ही खींची थीं। उसने दूसरे बच्चों से खिंचवाई थीं। आप कभी उसका ध्यान नहीं रखते, न ही कभी उसकी मदद करते हैं। आप तो बस, उस पर चिल्लाते हैं और उसे सजा देते हैं।" वह अपने आपको रोक नहीं पाईं, "उसे हर चीज के लिए घिसटना पड़ता है, चाहे उसके हाथ-पैर छिल क्यों न जाएँ, कड़े फर्श से रगड़कर खून क्यों न निकल आए; और कई बार तो वह कुरसी पर चढ़ने के लिए जूझ रहा होता है या जब वह लेट हो जाता है और 7 बजे डिनर के लिए नहीं आ पाता है। आप उससे इसलिए नफरत करते हैं, क्योंकि आप उसे माँ की मौत का जिम्मेदार मानते हैं!" दीदी लगातार बोले जा रही थीं और उनके नथने गुस्से से फड़क रहे थे। उनके छोटे भाई

के साथ हाल ही में जैसा बरताव किया गया था, उससे वह बहुत बुरी तरह आहत हुई थीं।

पापा मुड़े और पहली बार उन्होंने दीदी को तमाचा मारने के लिए हाथ उठाया; हालाँकि, इसके आगे बढ़ने से उन्होंने किसी तरह से खुद को रोक लिया।

"तुम बिल्कुल गलत समझ रही हो।" उन्होंने कठोरता से जवाब दिया, "वह समझता है कि जिंदगी तो बस, मस्ती-मजाक और खेल है; लेकिन असली दुनिया उसके लिए आसान नहीं होगी। अगर मैं उसे इस सोच के साथ बड़ा होने दूँ कि कोई-न-कोई हमेशा उसकी देखभाल करता रहेगा तो पिता के तौर पर मैं उसका भारी नुकसान करूँगा।" वह भी अपने को रोक नहीं पा रहे थे और बोलते जा रहे थे।

"मुझे भी तकलीफ होती है यह सब करते हुए; लेकिन मैं वह हर चीज तोड़ देना चाहता हूँ, खत्म कर देना चाहता हूँ, जो उसके लिए नरम है, ताकि इस कठिनाई भरी जिंदगी में जीना उसके व्यक्तित्व का हिस्सा बन जाए, अपने को मजबूत बनाना और ऊँचे स्तर पर ले जाना सीख सके; सीख सके कि जिंदगी उसके लिए एक लगातार जंग है और सबसे बड़ी बात यह कि वो अहसास कर सके कि वह कभी मैदान नहीं छोड़ेगा।"

"तुम बिल्कुल गलत समझ रही हो।" उन्होंने कठोरता से जवाब दिया, "वह समझता है कि जिंदगी तो बस, मस्ती-मजाक और खेल है; लेकिन असली दुनिया उसके लिए आसान नहीं होगी। अगर मैं उसे इस सोच के साथ बड़ा होने दूँ कि कोई-न-कोई हमेशा उसकी देखभाल करता रहेगा तो पिता के तौर पर मैं उसका भारी नुकसान करूँगा।" वह भी अपने को रोक नहीं पा रहे थे और बोलते जा रहे थे।

राधिका देख रही थी कि यह सब बोलते हुए उसके पापा की मुट्ठियाँ भिंच रही थीं।

"जिंदगी में या तो तुम योद्धा होते हो या कायर। एक बार तुम तय कर लेते हो कि तुम्हें क्या बनना है, फिर चाहे जो हो, उसी पर टिके रहते हो। मैं तुम दोनों को योद्धा बनाना चाहता हूँ।" अपने को सँभालते हुए उन्होंने धीरे-धीरे बोलना जारी रखा।

"जब वह बड़ा हो रहा है तो मैं घर में उसकी जिंदगी इतनी कठिन बना दूँगा कि बाहर की दुनिया की हर चीज उसे बहुत आसान लगने लगेगी।" दूर देखते हुए वे थोड़ी देर के लिए रुके, "मैं उसे किसी बात के लिए दोष नहीं देता। मैं उसे ऐसे ही बहुत प्यार करता हूँ!" अपने को सामान्य करते हुए उन्होंने नरम स्वर में कहा।

राधिका को लगा, जैसे पापा की आँखों में आँसू आ गए। जब उसने पलटकर देखो तो वे वापस अपने काम में लग गए थे। वह समझती थी कि अब इस रात को और बात नहीं होनी है।

□

2

चार्वाकों की संगति

(वर्ष 1980 के दशक के आरंभ की गरमियाँ)

गरमियों में होनेवाली छुट्टियों के बारे में सोचते ही मेरे मन में खुशी की लहर दौड़ गई। स्कूल के आखिरी दिन किसी भी छात्र का ध्यान इस पर नहीं था कि शिक्षक क्या बोल रहे हैं, क्योंकि सभी को इंतजार था तो बस, घंटी बजने का। मैं अपने नकली हाथों से गुस्से में पैडल मारता हुआ बिजली की रफ्तार से घर पहुँचा, जबकि दीदी जब भी मेरी व्हीलचेयर को धक्का देती थीं तो वह धूल में फँस जाती थीं। पूरे दिन धमाल होता रहा, क्योंकि गली के सभी लड़के बाहर थे, उछल-कूद कर रहे थे, नाच रहे थे और सूरज ढलने तक खेल रहे थे।

वह रात कुछ ज्यादा ही गरम थी और पश्चिम से गरम रेगिस्तानी हवा चल रही थी। इसलिए पापा और दीदी ने खस की जड़ों की बनी खिड़कियों के परदे खोल दिए और उन पर पानी का छिड़काव कर दिया, जिससे जल्द ही पानी में तर खस की गंध पूरे कमरे में फैल गई। इसके साथ ही कमरे का तापमान कम होने लगा। मेरे मन में पायरादंगा का तापमान और उमस बढ़ गई थी, जहाँ दीदी और मैं अगले दिन पहुँचे थे। हर बार गरमियों में दीदी और मैं पायरादंगा अपनी दादी के पास जाते थे, जो कि वही कस्बा था, जहाँ पापा पले-बढ़े थे। दादी का मकान बहुत प्यारा था। मकान के पीछे एक बड़ा सा आँगन था, जिसमें कई सारे फलदार पेड़ थे।

हर सुबह, दादी के मकान के पिछवाड़े तरह-तरह के पक्षियों के पंख इस तरह फैल जाते थे, जैसे वह किसी भी बच्चे के लिए वास्तविक गुप्त खजाना था। दादी की रसोई से आती मिठाइयों की अद्भुत सुगंध, शाम को पेड़ों पर अपने घोंसलों में लौटनेवाली चिड़ियों के कोलाहल, डिनर के लिए साथ बैठे सभी चचेरे-ममेरे भाई-बहनों के शोरगुल और सोने से पहले छत पर काले तारों भरे आसमान के नीचे डरावनी कहानियाँ सुनते हुए सो जाने के बारे में सोचते हुए मेरे पेट में गुदगुदी होने लगी और मैं उस रात सो नहीं पाया था। दीदी भी बिस्तर पर करवटें बदल रही थीं और मुझे पता था कि वे भी आगामी

यात्रा को लेकर बहुत उत्साहित थीं। निस्संदेह, वहाँ मेरे साथ खेलनेवाली देवयानी भी थी, जिससे मिलने की इच्छा मेरे मन में बहुत ज्यादा थी।

"शांत हो जाओ और थोड़ा सो लो, चैतू।" दीदी ने मुझे प्यार से डाँटते हुए कहा।

"तुम्हें कैसे नींद आ रही है, दीदी? मैं तो केवल ट्रेन, तालाब, दादी माँ का खाना, उनके मकान का पिछवाड़ा और सारे भाई-बहनों के बारे में सोच रहा हूँ।" मैंने दीदी की तरफ करवट बदलते हुए और बिस्तर पर खुद को टिकाते हुए जवाब दिया।

"हाँ, मैं भी उसी के बारे में सोच रही हूँ।" उन्होंने मुसकराते हुए कहा और उन यादों के बारे में सोचते हुए उनकी आँखें खुशी से भर गईं।

पिछले साल, जब मैं ग्यारह साल का हुआ तो पापा ने मुझे पोखरण में स्कूल भेजना शुरू कर दिया था। जब मैं स्कूल जाने वाला था, तब उन्होंने मुझे सबसे अद्भुत नई व्हीलचेयर दिलवा दी, जिसके पैडल ऊपर थे और मैं पैरों के बजाय अपने नकली हाथों से पैडल चला सकता था। जब मुझे उसे चलाना आ गया तो मुझे पता चला कि मुझे अपनी जिंदगी में मिली यह दूसरी सबसे अद्भुत चीज थी।

पिछले साल, जब मैं ग्यारह साल का हुआ तो पापा ने मुझे पोखरण में स्कूल भेजना शुरू कर दिया था। जब मैं स्कूल जाने वाला था, तब उन्होंने मुझे सबसे अद्भुत नई व्हीलचेयर दिलवा दी, जिसके पैडल ऊपर थे और मैं पैरों के बजाय अपने नकली हाथों से पैडल चला सकता था। जब मुझे उसे चलाना आ गया तो मुझे पता चला कि मुझे अपनी जिंदगी में मिली यह दूसरी सबसे अद्भुत चीज थी।

"इस साल से तुम राधिका के साथ स्कूल जाना शुरू करोगे।" पापा ने ऐलान किया।

"या!! तुम्हें अपने स्कूल ले जाना कितना अच्छा रहेगा, मेरे शैतान भाई!" दीदी खुशी से उछल पड़ीं और तालियाँ बजाने लगीं।

"लेकिन मैं तो घर में खुश हूँ। दीदी की पढ़ाई से मैं तो घर की सारी पुस्तकें पढ़ने और समझने लगा ही हूँ। मुझे स्कूल जाने की क्या जरूरत है?" मैं विरोध में धीरे से बुदबुदाया। स्कूल में शिक्षकों और नए बच्चों का सामना करने की बेचैनी पापा के गुस्से से काफी ज्यादा थी।

"क्योंकि तुम्हें अपना दिमाग विकसित करना चाहिए और उसका इस्तेमाल किसी अच्छे काम के लिए करना चाहिए, बजाय इसके कि गलियों में आवारागर्दी करते फिरो

और उन बच्चों के साथ समय बरबाद करते रहो।" उन्होंने कड़े स्वर में कहा।

और यह तय हो गया कि मैं उस साल स्कूल जाना शुरू कर दूँगा।

पहले दिन जब हम स्कूल के लिए निकले तो मुझे तब की अपनी बेचैनी और उत्कंठा अब तक याद है। स्कूल जाते समय सुबह की बेचैनी और नाखुशी स्कूल में पूरा साल गुजारने के बाद भी नहीं दूर हुई थी। स्कूल पोखरण के बाहरी इलाके में था और मैं आसानी से पैडल मारता हुआ चला जाता था। दिक्कत केवल एक खाली पड़े नमक के खेत के हिस्से में पड़ती थी, जिसे पार करने के लिए दीदी मेरी व्हीलचेयर को धक्का दिया करती थीं।

स्कूल में ज्यादातर दिन मुझे कुछ समझ में नहीं आया, सिवाय गणित और विज्ञान के। इन दोनों विषयों में मुझे समझ भी आया और जब शिक्षक ने इनके बारे में प्रश्न किए तो मैंने कुछ के उत्तर भी दिए। इससे पहले तो मुझे लग रहा था कि वह स्कूल मेरे लिए है ही नहीं। जब शिक्षक ने गणित की चर्चा करनी शुरू की, तब मुझे लगा कि मैं कक्षा की पढ़ाई में शामिल हो सकता हूँ। इससे मुझे शिक्षक रमेश सर से मिलने में भी मदद मिली, जिनका व्यवहार मेरे प्रति बहुत अच्छा था और विषय के बारे में मेरे उत्साह पर उन्होंने सकारात्मक तरीके से जवाब दिया। स्कूल में जब तक मैं रहा, तब तक रमेश सर मेरे पसंदीदा शिक्षक रहे।

स्कूल में ज्यादातर दिन मुझे कुछ समझ में नहीं आया, सिवाय गणित और विज्ञान के। इन दोनों विषयों में मुझे समझ भी आया और जब शिक्षक ने इनके बारे में प्रश्न किए तो मैंने कुछ के उत्तर भी दिए। इससे पहले तो मुझे लग रहा था कि वह स्कूल मेरे लिए है ही नहीं। जब शिक्षक ने गणित की चर्चा करनी शुरू की, तब मुझे लगा कि मैं कक्षा की पढ़ाई में शामिल हो सकता हूँ।

"ऐ लूले, तू स्कूल कैसे पहुँच गया?" सोमू ने पीछे से मुझे चिढ़ाते हुए कहा। तब पहली क्लास खत्म हुई थी और शिक्षक कक्षा से जा चुके थे। वह मेरी गली का वही बदमाश बच्चा था। जब मैंने उसकी तीखी नाक से निकलती आवाज सुनी तो मेरे दिल की धड़कनें बढ़ गईं। मेरा सबसे डरावना सपना सच हो गया था। अरे, नहीं, यह यहाँ कैसे?

"यह स्कूल हर किसी के लिए है। मुझे भी स्कूल आने की इजाजत मिली है।" मैंने भरसक हँसमुख होते हुए जवाब दिया।

"अरे, लूला बोलता भी है। तुम्हें क्या लगता है, शिक्षक तुम्हें स्कूल में बचा लेंगे? मैं दिखाऊँगा!" उसकी आवाज और उसके दोस्तों की हँसी सुनकर मुझे आभास हुआ कि वह पीछे से मेरी तरफ चला आ रहा है। लेकिन वह मुझे पकड़ पाता, उसके पहले

ही अगले शिक्षक कक्षा में आ गए और कम-से-कम उस समय तो मैं बच ही गया। मैं अब स्कूल में नहीं रहना चाहता था और मुझे घर के आराम की याद आने लगी, जहाँ मैं जानी-पहचानी दीवारों के बीच सुरक्षित रहता था, जो मुझे न चोट पहुँचाती थीं और न ही मेरी जिंदगी दुश्वार बनाती थीं।

जब कक्षा चल रही थी तो मेरा पूरा ध्यान सोमू की हरकतों से बचने के उपाय तलाशने में लगा रहा। हो सकता है, मैं समरजीत से दोस्ती कर पाऊँ! वह लंबा और एथलीट की तरह दिखता था। उसके दोस्तों की मंडली थी, जो उसके प्रति निष्ठावान् लगते थे। शायद वह स्कूल का सबसे लोकप्रिय बच्चा था, जो बेहतरीन हॉकी खिलाड़ी था और स्कूल की हॉकी टीम का कप्तान भी था। वह बहुत अच्छा और दोस्ताना व्यवहार वाला था। वह किसी से डरता नहीं था—शिक्षकों से भी नहीं। जहाँ भी वह जाता था, माहौल खुशनुमा हो जाता था। मेरी बेचैनी और परेशानी को देखते हुए ऐसा लगा कि समरजीत से दोस्ती करना और उसके गुट में शामिल होने पर ही मैं स्कूल में बचा रह पाऊँगा।

जब कक्षा चल रही थी तो मेरा पूरा ध्यान सोमू की हरकतों से बचने के उपाय तलाशने में लगा रहा। हो सकता है, मैं समरजीत से दोस्ती कर पाऊँ! वह लंबा और एथलीट की तरह दिखता था। उसके दोस्तों की मंडली थी, जो उसके प्रति निष्ठावान् लगते थे। शायद वह स्कूल का सबसे लोकप्रिय बच्चा था, जो बेहतरीन हॉकी खिलाड़ी था और स्कूल की हॉकी टीम का कप्तान भी था।

इसी इरादे के साथ, शिक्षक के कक्षा से निकलने के लिए तैयार होते ही, मैंने अपनी व्हीलचेयर घुमाई और पैडल मारता हुआ पीछे की बेंच की ओर चल दिया, जहाँ समरजीत बैठा था। सोमू को कुछ करने या कहने का मौका मिलता, उसके पहले ही मैं आखिरी बेंच तक पहुँच गया।

मैंने डरते हुए समरजीत से कह दिया, "क्या मैं यहाँ बैठ सकता हूँ?"

उसके सभी साथी मुझे देखने लगे थे।

"नहीं।" समरजीत ने कोई बहुत ज्यादा नाराजगी तो नहीं दिखाई, लेकिन सपाट स्वर में उसने मना कर दिया।

□

मुझे इस तरह के साफ इनकार की उम्मीद नहीं थी। अपनी तकदीर को कोसता हुआ मैं पैडल मारता हुआ वापस अपनी सीट पर आ गया और सँभलते हुए बैठ गया और उम्मीद करने लगा कि सोमू फिर से मुझे परेशान न करे। अपेक्षा के विपरीत, समरजीत के इनकार के बावजूद, मुझे उस पर न तो गुस्सा आया और न ही उसके लिए कोई नाराजगी

मेरे मन में आई। मुझे स्पष्ट याद है कि मैं सोच रहा था कि ऐसा उसके व्यक्तित्व के आकर्षण के कारण था या फिर इस कारण था कि मैं उससे नाराज होने की स्थिति में था ही नहीं।

मैं व्हीलचेयर का हैंडब्रेक दबाए था, इसलिए धक्के से व्हीलचेयर ऊपर की ओर उछल गई और मैं मुँह के बल गिर पड़ा। क्लास के ज्यादातर बच्चे जोर से हँस पड़े। मैं बहुत ज्यादा लज्जित हुआ। न तो मैं उठ पा रहा था और न ही उस क्लास का सामना करने की मेरी इच्छा थी। मेरा मन कर रहा था कि वहीं फर्श पर ही मर जाऊँ तो बेहतर रहेगा।

"कहा था न, यहाँ तुम्हें मुझसे कोई नहीं बचाएगा, लूले!" सोमू ने फिर से उसी मजाक उड़ानेवाले लहजे में कहा और उसने मेरे पीछे आकर मेरी व्हीलचेयर को लात मारकर आगे धकेल दिया।

मैं व्हीलचेयर का हैंडब्रेक दबाए था, इसलिए धक्के से व्हीलचेयर ऊपर की ओर उछल गई और मैं मुँह के बल गिर पड़ा। क्लास के ज्यादातर बच्चे जोर से हँस पड़े। मैं बहुत ज्यादा लज्जित हुआ। न तो मैं उठ पा रहा था और न ही उस क्लास का सामना करने की मेरी इच्छा थी। मेरा मन कर रहा था कि वहीं फर्श पर ही मर जाऊँ तो बेहतर रहेगा।

ठीक उसी समय रमेश सर कक्षा में आए। उन्होंने मेरी व्हीलचेयर सीधी की और मुझसे उस पर बैठने को कहा। उन्होंने बैठने में मेरी मदद करने की कोशिश नहीं की और न ही मेरे ऊपर दया दिखाई। उन्होंने कक्षा की ओर कड़ी निगाह से देखा, जिस कारण जब मैं व्हीलचेयर पर वापस चढ़ने की कोशिश कर रहा था तो पूरी क्लास में से कोई भी हँसा नहीं। उस समय वे मेरे रक्षक बन गए थे और उसके लिए मैं हमेशा उनका आभार मानता रहा हूँ।

स्कूल की घंटी बजते ही सभी बच्चे क्लास से बाहर भागे। मैं इंतजार करने लगा कि छात्रों की भीड़ निकल जाए तो फिर मैं पैडल मारता हुआ क्लास रूम से निकलकर घर जा रही अपनी दीदी के पास जाऊँ। जब सारे बच्चे क्लास रूम से निकल गए तो मैंने धीरे-धीरे पैडल मारना शुरू किया। सामने सोमू दरवाजे पर रास्ता रोके खड़ा था और हँस रहा था। मैं सोच रहा था कि मुझे डराने-धमकाने के लिए वह कौन-सी बीमार उत्पीड़क वाली हरकत करेगा? हो सकता है, कुछ लोग हम बाकी लोगों से बिल्कुल अलग तरह के ही होते हैं। जब वह मेरी तरफ आया तो मैंने अपने नकली हाथ उठाए और अपना

चेहरा ढकने तथा खुद को बचाने की कोशिश की।

"रुक जाओ! मुझे परेशान मत करो!" मैंने अपने हाथ हिलाए। मुझे दूर से आती दीदी की आवाज सुनाई पड़ी।

"चैतू, उठ जाओ! उठ जाओ! उठने का समय हो गया है। दो घंटे के अंदर हमें रेलवे स्टेशन के लिए निकलना है। चलो, उठ जाओ!" उन्होंने खीझ भरे लहजे में बोला, जिसने मेरे लिए अलार्म घड़ी से भी ज्यादा बेहतर काम किया। मुझे खुशी हुई कि यह केवल सपना था और सोमू सचमुच मेरी पिटाई करने नहीं जा रहा था।

सुबह के 9 बजे थे, जब हमें रेलवे स्टेशन ले जाने के लिए जगदीश ऑटोरिक्शा लेकर आ गया। जगदीश पापा के साथ नहर पर काम करता था और एक तरह से उनका डिप्टी बन गया था। पापा निर्माण कार्य में व्यस्त थे तो हम दोनों को पायरादंगा छोड़ आने की जिम्मेदारी उसने उठा ली थी। जगदीश बहुत भला और सज्जन था, जो रंगीन राजस्थानी पगड़ी बाँधता था और उसकी बड़ी-बड़ी मूँछें थीं, जो किनारे पर ऐंठी हुई रहती थीं। वह बहुत जल्द मुसकरा देता था और जब भी हम कुछ कहते, वह हमारी मदद करने को हमेशा तैयार रहता था। मैं उसे बहुत पसंद करता था, क्योंकि वह मुझे कभी यह अहसास नहीं कराता था कि मैं कोई बोझ हूँ; जबकि मुझे उठाकर ट्रेन में बैठाने और नीचे उतारने में उसे अतिरिक्त मेहनत करनी पड़ती थी।

"चैतू, उठ जाओ! उठ जाओ! उठने का टाइम हो गया है। दो घंटे के अंदर हमें रेलवे स्टेशन के लिए निकलना है। चलो, उठ जाओ!" उन्होंने खीझ भरे लहजे में बोला, जिसने मेरे लिए अलार्म घड़ी से भी ज्यादा बेहतर काम किया। मुझे खुशी हुई कि यह केवल सपना था और सोमू सचमुच मेरी पिटाई करने नहीं जा रहा था।

ट्रेन की तीन सीटियाँ मारने तक पापा ने इंतजार किया और जैसे ही ट्रेन आगे बढ़नी शुरू हुई, उन्होंने प्लेटफॉर्म छोड़ दिया और स्टेशन से बाहर निकल गए; क्योंकि उन्हें देर तक 'गुडबाय' करना पसंद नहीं था। बाकी लोग प्लेटफॉर्म पर टहलते हुए हाथ हिला रहे थे, लेकिन पापा बस, एक बार हाथ हिलाकर चले गए थे। दीदी और मैंने उस तरफ कोई ज्यादा ध्यान नहीं दिया, क्योंकि हमें इस यात्रा का पूरे साल भर से इंतजार रहा था।

ट्रेन की यात्रा हमें जयपुर, दिल्ली, कानपुर, कोलकाता होते हुए अंत में पायरादंगा तक ले गई। दादी माँ के घर तक पहुँचने में हमें 40 से ज्यादा घंटे लगे और हमें तीन ट्रेनें बदलनी पड़ीं। समय से ज्यादा फर्क नहीं पड़ा, क्योंकि हरेक मुख्य स्टेशन के बाद ट्रेन चलने पर हमें स्वादिष्ट नाश्ता या भोजन मिलता था, जिसमें गरम समोसे, गरम पकौड़े, ताजा उबली मूँगफली के दाने, ताजा जामुन, अंजीर और अन्य फल सीट पर ही मिल

जाते थे। जगदीश ने इस बात का पूरा ध्यान रखा कि सफर के दौरान हम ठीक से खाते-पीते रहें।

जब हम दादी माँ के घर पहुँचे, तब तक शाम हो गई थी और हम तीनों बुरी तरह से थक चुके थे। मैंने तो बस, ठंडे पानी से देर तक नहाना चाहा था, दादी माँ का बनाया भोजन करना चाहता था और नरम गद्दे पर सो जाना चाहता था। ट्रेन का लंबा सफर मेरे दिमाग में इस कदर घुस गया था कि मुझे सारा मैदान घूमता हुआ लग रहा था और जब मैं बिस्तर पर गहरी नींद में था, तब भी मुझे लग रहा था, जैसे मैं ट्रेन में हूँ। सिर तकिया से टकराते ही मैं गहरी नींद में खो गया था।

"उठ भोंदू, चल, उठ जा! उठ जा''उठ बैठ अब।" वह मेरे बगल में बिस्तर पर बैठी थी, मेरे सीने पर थपकी मार रही थी, मेरे चेहरे पर पानी की बूँदें छिड़क रही थी और मुझे जगाने के लिए तमाचा मारने के अलावा सबकुछ कर रही थी। वह देवयानी थी, अपनी स्कूल की ड्रेस पहने। वह स्कूल में अपना आखिरी दिन बिताकर लौटी थी और फौरन ही दादी माँ के घर मुझसे मिलने के लिए दौड़ी आई थी।

"उठ भोंदू, चल, उठ जा! उठ जा''उठ बैठ अब।" वह मेरे बगल में बिस्तर पर बैठी थी, मेरे सीने पर थपकी मार रही थी, मेरे चेहरे पर पानी की बूँदें छिड़क रही थी और मुझे जगाने के लिए तमाचा मारने के अलावा सबकुछ कर रही थी। वह देवयानी थी, अपनी स्कूल की ड्रेस पहने। वह स्कूल में अपना आखिरी दिन बिताकर लौटी थी और फौरन ही दादी माँ के घर मुझसे मिलने के लिए दौड़ी आई थी।

"अरे देवी, उसे सोने दे।" रसोई से दादी माँ चिल्लाकर बोलीं।

"हाँ, लंबे सफर की थकान है उसको। सोने दो उसे।" दीदी की आवाज भी गूँजी, जो कि अपनी नींद पूरी करके एकदम तरोताजा हो चुकी थीं और रसोई में खाना बनाने में दादी माँ की मदद कर रही थीं।

"जब पोखरण वापस जाएगा तो सो लेगा। जब तक यहाँ है, तब तक इसी में भलाई है कि उठ जाए और मेरे साथ खेले।" वह मुझे हिलाने में लगी रही। दादी माँ और दीदी की हिदायत का उस पर कोई असर नहीं पड़ा। वह भी तकरीबन मेरी ही उम्र की थी—बारह वर्ष की, इसलिए हम बहुत ज्यादा हिल-मिल गए थे। वह बहुत हँसमुख स्वभाव की थी और जिंदगी के लिए उसका उत्साह अपार था तथा दूसरों को प्रेरित करनेवाला भी

था। उसे जो करना होता था, वह कर डालती थी और किसी की परवाह नहीं करती थी। उसके अंदर असीमित ऊर्जा थी और जब वह मेरे साथ होती थी, तब मेरा पूरा व्यक्तित्व जीवंत हो उठता था।

उसकी शरारती आँखें, साँवली व चिकनी त्वचा, बालों में लगे चमेली के फूलों से आती खुशबू और उसकी अदमनीय मुसकान, जिसे देखकर एकदम उनींदे होने के बावजूद मैं खुद को मुसकराने से नहीं रोक पाता था।

करीब तीन साल पहले की बात है, जब मैं नौ साल का था। तब हमारी पहली बार मुलाकात हुई थी। मैंने उसे पहली बार देखा था। तब उसके कुछ दाँत गायब थे। लेकिन उसकी मुसकान ऐसी ही थी। उसका पहला सवाल मुझसे यही था, "तुम्हारे हाथ-पैरों को क्या हुआ ?" मैं कह सकता हूँ कि वह स्वाभाविक रूप से जानना चाहती थी कि मुझे क्या हुआ है ?

करीब तीन साल पहले की बात है, जब मैं नौ साल का था। तब हमारी पहली बार मुलाकात हुई थी। मैंने उसे पहली बार देखा था। तब उसके कुछ दाँत गायब थे। लेकिन उसकी मुसकान ऐसी ही थी। उसका पहला सवाल मुझसे यही था, "तुम्हारे हाथ-पैरों को क्या हुआ ?" मैं कह सकता हूँ कि वह स्वाभाविक रूप से जानना चाहती थी कि मुझे क्या हुआ है ?

"मैं ऐसा ही पैदा हुआ था। लोग कहते हैं, भगवान् ने मुझे ऐसा ही बनाया है।" मैंने जवाब दिया। वास्तव में, मैं इस तरह के सवाल का आदी था; लेकिन इस बार मैं चाहता था कि वह मेरी कमी के बावजूद मुझे पसंद करे।

"मैं भगवान् में विश्वास नहीं करती।" उसने मेरी तरफ गंभीरता से देखते हुए ऐलान किया और अपनी बात की मेरे ऊपर होनेवाली प्रतिक्रिया को मेरे चेहरे पर गौर से देखने लगी। इसके बाद कुछ ही देर में उसके चेहरे के भाव बदल गए और उसके चेहरे पर फिर से स्वाभाविक नटखट मुसकान आ गई।

"क्या यहाँ गुदगुदी होती है...या यहाँ ?" वह उछलकर मेरे पास आ गई और अपनी उँगलियाँ मेरे बदन पर और ठूँठों के सिरों पर चलाने लगी। दीदी के अलावा, पहली बार किसी ने मेरे साथ ऐसा किया था।

"अरे...अरे...गुदगुदी होती है।" मुझसे रहा न गया और मैं जोर से हँस पड़ा।

अब मुझे हँसाने और मेरी नींद भगाने के लिए उसने बिल्कुल वही हरकत फिर से की।

"ठीक है, मैं उठ रहा हूँ। मैं समझ गया हूँ कि तुम मुझे सोने नहीं दोगी।" मैंने थोड़ी-सी नाराजगी दिखाने की कोशिश की, लेकिन वास्तव में मैं उसे देखकर बहुत खुश हुआ था।

देवयानी तालियाँ बजाने लगी और कहने लगी, "हाँ, उठो और चलो, बाहर चलते हैं। इस समय लोग कोयला भरने के लिए अपनी सिगड़ियाँ बाहर रख रहे होंगे, जिन पर रात में वे खाना पकाएँगे!" उसने जिस लहजे में यह बात कही, उससे मैं समझ गया कि उसके दिमाग में कोई खुराफात चल रही है और बेहतर यही होगा कि मैं देरी न करूँ और न ही उसके मजे से वंचित रहूँ।

"ओ हो, ये तो बड़ी अच्छी बात है कि तुम्हें व्हीलचेयर मिल गई है! अब तो हम पहले से कहीं ज्यादा रफ्तार से आ-जा सकेंगे!" वह उत्साहित होकर बोली और उसने व्हीलचेयर का कुंदा पकड़कर उसे बढ़ाना शुरू कर दिया।

"सँभलकर, चैतू! बहुत दूर मत जाना। फिर किसी मुसीबत में फँस जाओगे।" जैसे ही मैं व्हीलचेयर पर बैठकर पैडल मारते हुए दादी माँ के घर से निकलने को हुआ तो दीदी चिल्लाईं। दीदी जानती थीं कि देवयानी आफत है और वह अपने साथ मुझे भी किसी-न-किसी खुराफात में शामिल कर लेगी। लेकिन वह यह भी जानती थीं कि अब वह मुझे रोक नहीं पाएँगी।

"सँभलकर, चैतू! बहुत दूर मत जाना। फिर किसी मुसीबत में फँस जाओगे।" जैसे ही मैं व्हीलचेयर पर बैठकर पैडल मारते हुए दादी माँ के घर से निकलने को हुआ तो दीदी चिल्लाईं। दीदी जानती थीं कि देवयानी आफत है और वह अपने साथ मुझे भी किसी-न-किसी खुराफात में शामिल कर लेगी। लेकिन वह यह भी जानती थीं कि अब वह मुझे रोक नहीं पाएँगी।

"रुक जाओ!" देवयानी ने धीरे से ऐलान किया और इसके पहले कि हम गली के छोर पर उतने दूर जाते कि मकान दिखना बंद हो जाते, मुझे रुकने का संकेत किया, "यह औरत अपने सौतेले बच्चों के साथ बहुत बुरा सुलूक करती है। उन्हें कभी खेलने नहीं देती और उनसे घर का सारा काम करवाती है। यह मग पकड़ो और उसकी सिगड़ी पर पानी डाल दो, जिससे कि उसके कोयले की आग बुझ जाए।" उसने मेरे कृत्रिम हाथों में मग पकड़ाते हुए कहा।

पकड़े जाने या किसी के चिल्ला देने या कुछ और बुरा हो जाने के डर से मेरा दिल तेजी से धड़क रहा था। लेकिन फिर भी, मैंने किसी तरह से उसकी सिगड़ी पर पानी डालकर आग बुझा दी और जितनी जल्दी हो सका, वहाँ से भाग लिया। मुझे याद नहीं कि मैंने कभी इतनी तेज पैडल चलाए हों।

देवयानी मुझे उस इलाके के उन सभी मकानों में ले गई, जिनकी औरतें अपने बच्चों, परिवारों या मेहमानों के साथ बुरा बरताव करती थीं। यह सब नादानी थी; लेकिन इससे फर्क नहीं पड़ता था, क्योंकि इससे हम लोगों को कुछ काम तो करने को मिला था

और हमें लग रहा था कि हम दुष्ट महिलाओं को परेशान करके कुछ अच्छा कर रहे हैं।

आस-पड़ोस में कुछ घंटे तक घूमते-फिरते रहने के बाद हम दोनों ही थक गए और रात के भोजन के लिए तैयार हो गए। जब हम घर पहुँचे तो मैंने दादी माँ से पूछा, "क्या देवयानी भी हमारे साथ खाना खा ले, दादी?" मैं दादी माँ से लगभग गिड़गिड़ाने लगा, क्योंकि गरमी की छुट्टियों में बहुत सारे चचेरे-ममेरे भाई घर पर आते थे और दादी माँ डिनर पर केवल परिवार के लोगों को ही पसंद करती थीं। बेमन से वे मान गईं, क्योंकि मैं उसी दिन वहाँ पहुँचा था और वे मुझे खुश देखना चाहती थीं।

डिनर के बाद देवयानी अपने घर चली गई, जहाँ उसके माता-पिता और दादाजी रहते थे; जबकि मैं घिसटते हुए दादी माँ के मकान की छत पर चला गया, जहाँ गरमियों के मौसम में सितारों भरे काले आसमान के नीचे हम ज्यादातर सोया करते थे।

सुबह जल्दी उठना, नाश्ता खत्म करना और अपने घर से निकलकर देवयानी के घर की ओर जाना, जहाँ वह भी घर से निकलने के लिए बेचैनी से तैयार हो रही होती थी—यही सब मेरे रोज का काम हो गया था। बाहर अकसर उसके दादाजी, चारु दादा, अपने हाथ में अखबार लिये आगे-पीछे हिलनेवाली कुरसी पर बैठे रहते थे। वे बोलते, "दूर मत जाना, देवी। पता है, हर कोई अच्छे स्वभाव का नहीं होता। सावधान रहना!" वे हमें आगाह करते, क्योंकि बँगलादेश के विभाजन के बाद से कुछ जगह छोटी लड़कियों के अपहरण की घटनाएँ हो चुकी थीं। लड़कियों को गुलामी के लिए या मध्य-पूर्व के शेखों से विवाह के लिए बेच दिया जाता था।

सुबह जल्दी उठना, नाश्ता खत्म करना और अपने घर से निकलकर देवयानी के घर की ओर जाना, जहाँ वह भी घर से निकलने के लिए बेचैनी से तैयार हो रही होती थी—यही सब मेरे रोज का काम हो गया था। बाहर अकसर उसके दादाजी, चारु दादा, अपने हाथ में अखबार लिये आगे-पीछे हिलनेवाली कुरसी पर बैठे रहते थे। वे बोलते, "दूर मत जाना, देवी। पता है, हर कोई अच्छे स्वभाव का नहीं होता। सावधान रहना!"

"चलो, नदी की ओर चलते हैं!" देवयानी ने ऐलान किया, "नदी में सब लोग नहा रहे होंगे। जब वे किनारों पर अपने कपड़े उतारकर नहाने के लिए जाएँगे तो हम उनके कपड़े उठा लेंगे।" वह जोर से मुसकराई और मैं उसके साथ चल दिया। जब लोग हुगली नदी में नहा रहे थे तो वह कमान सँभालती और मैं उसके बताए अनुसार नदी किनारे चट्टानों या पास के पेड़ों पर रखे लोगों के सूखे कपड़े उठाता तथा लपेटकर उन्हें नदी में फेंक देता, जिससे वे सब गीले हो जाते। गहराई से देखें तो यह शायद कोई बहुत अच्छा

काम तो नहीं था, लेकिन बच्चे के तौर पर देखें तो इसमें बहुत आनंद आता था।

पायरादंगा के बाहरी इलाके में ही उस बार की गरमियों में मैंने तैरना सीखा था, जिसका श्रेय देवयानी को ही जाता था।

पिछले वर्षों में मैं बेमन से अपने शरीर को उथले पानी में भिगोने की कोशिश करता था और डूबने के डर से मैं उतने में ही पानी का मजा लेता रहता था। उस बार की गरमियों में ऐसे ही एक दिन दोपहर को, जब सभी लोग एक कुएँ के चारों ओर बैठे थे, जिसमें लबालब ताजा पानी भरा था, देवयानी मेरे पीछे आई और बिना चेतावनी दिए उसने मुझे कुएँ में धकेल दिया।

वह सब अचानक और अप्रत्याशित था। मैं बेहद डर गया और जान गया कि मैं डूबने और मरने वाला हूँ; हालाँकि, जब मैं बहुत डरा हुआ था, तब भी मैंने उसके चेहरे पर बेहद एकाग्रता देखी। वह कुएँ के छोर पर वहीं बैठी थी और कूदने के लिए तैयार लग रही थी। वह चिल्लाई, "अपनी साँस रोको! कुछ भी हो जाए, तुम अपनी साँस मत छोड़ना और तुम तैरने लगोगे। तुम्हारा सिर पानी के अंदर चला जाए तो भी डरना मत। बस, अपनी साँस रोके रखना।" मैं डूब रहा था और वह चिल्लाए जा रही थी।

पिछले वर्षों में मैं बेमन से अपने शरीर को उथले पानी में भिगोने की कोशिश करता था और डूबने के डर से मैं उतने में ही पानी का मजा लेता रहता था। उस बार की गरमियों में ऐसे ही एक दिन दोपहर को, जब सभी लोग एक कुएँ के चारों ओर बैठे थे, जिसमें लबालब ताजा पानी भरा था, देवयानी मेरे पीछे आई और बिना चेतावनी दिए उसने मुझे कुएँ में धकेल दिया।

ऐसा उसने पहली बार नहीं किया था। इसके पहले भी उसने मुझे एक पोखर में धकेल दिया था। लेकिन वे सब गहरे नहीं थे और मैं आसानी से अपने शरीर को उनके तल पर टिका सकता था और अपना सिर भी बाहर निकाले रह सकता था। हालाँकि, उस कुएँ में पानी बहुत गहरा था और मैं सचमुच बहुत डर गया था। वैसे, मुझे उसकी बात पर पूरा भरोसा भी था, इसलिए मैंने अपनी साँस रोक ली थी। कुछ सेकंड बाद मैंने अपने को सँभाला और पागलों की तरह फड़फड़ाना बंद कर दिया और मेरा शरीर उतराने लगा। अचानक मुझे अहसास हुआ कि अब मैं डूब नहीं रहा हूँ। इसके बजाय मेरा सिर पानी की सतह पर था और मैं उसे उठाकर साँस भी ले सकता था।

और वह मेरा तैराकी सीखने का क्रैश कोर्स था। जब मैंने वह सीख लिया तो मुझे सच्ची स्वतंत्रता का अहसास हुआ, क्योंकि मैं पानी में उसी तरह तैर सकता था, जिस तरह से बाकी लोग तैरते थे। यह तो एकदम शारीरिक आजादी थी।

दो महीने की गरमियों की छुट्टियाँ हवा के झोंके की तरह निकल गईं। खेल-कूद, हँसी-मजाक, तैराकी, आम, पंख इकट्ठे करना, घास के मैदानों में घूमना, डरावनी भुतहा कहानियाँ, देवयानी, दीदी, भाइयों और पड़ोस के अन्य बच्चों के साथ खुले आसमान के नीचे छत पर सोना—इसी सब में समय बीत गया।

अगले दिन सुबह हमें पोखरण वापस जाने के लिए तैयार होना था। वापस उसी घर में जाने के खयाल से मेरा दिल बैठा जा रहा था, जहाँ पापा की त्योरियाँ हमेशा चढ़ी रहती थीं और सबसे बुरी बात, स्कूल में बच्चों का परेशान करना।

उस दिन शाम को देवयानी के दादाजी, चारु दादा, ने मुझे, दीदी और देवयानी को अपने खेत देखने के लिए बुलाया। हम लोगों को खेतों की तरफ आते देख वे पानी से भरे और गीले धान के खेतों से करीब एक फुट ऊँचे बने बाँस के मचान से उतरकर आए।

उस दिन शाम को देवयानी के दादाजी, चारु दादा, ने मुझे, दीदी और देवयानी को अपने खेत देखने के लिए बुलाया। हम लोगों को खेतों की तरफ आते देख वे पानी से भरे और गीले धान के खेतों से करीब एक फुट ऊँचे बने बाँस के मचान से उतरकर आए।

"आओ, अपने हाथ धोओ और यह रोटी व साग खाओ। अब भी गरम है यह।" उन्होंने बोलते हुए इशारा किया और हम लोगों से सिगड़ी के चारों ओर बैठ जाने को कहा, जिस पर वे जवार की रोटियाँ सेंक रहे थे।

आलू और टमाटर के साग के साथ खाईं गरम जवार की उन रोटियों का स्वाद अब भी मुँह में बना रहता है। मेरे जीवन का यह शायद सबसे अच्छा खाना था। पीछे डूबता हुआ सूरज, पार्श्व में झींगुरों एवं कीड़े-मकोड़ों का संगीत, कुछ दूरी पर कोयल की कूक, चारों ओर लंबे व घने पेड़ और देवयानी का साथ—मेरी स्मृति में हमेशा के लिए बैठ गया था।

जागे रहने और गरमियों की छुट्टियों के एक-एक पल का और देवयानी के साथ का आनंद लेने की इच्छा के बावजूद मैं अपनी आँखें मुश्किल से खोल पा रहा था; क्योंकि सुबह से लेकर दोपहर तक खेलते रहने के कारण मेरी हड्डियों में थकान हो गई थी। मैं गरमियों के काले आसमान के नीचे मचान पर सो गया और थकी-माँदी देवयानी ने भी वैसा ही किया। चारु दादा एवं दीदी बैठे रहे और जब तक आग जलती रही, तब तक बातें करते रहे।

"यह बहुत हँसमुख और शैतान बच्ची है। मैं चाहता हूँ कि यह आसपास के बारे

में कुछ और समझ जाए तथा लोगों से मिलने-जुलने में कुछ ज्यादा सतर्क रहे।" चारु दादा ने राधिका दीदी से कहा।

"क्या मतलब है आपका?" राधिका ने चिंता-मिश्रित उत्सुकता से पूछ लिया।

"हम लोग इस इलाके में नए हैं। कुछ साल पहले ही हम लोग यहाँ आए हैं। हमें ज्यादा लोग नहीं जानते और इसलिए जरूरी नहीं कि वे लोग हमारे बच्चों पर नजर रखें। कुछ मुश्किल इसलिए भी है कि यहाँ के ज्यादातर लोग सोचते हैं कि हम लोग अजीब हैं, क्योंकि हम लोग चार्वाक हैं और इस वजह से हम लोग अलग हैं। हमारे साथ कोई भी धार्मिक समुदाय हमारे जैसा नहीं है।" चारु दादा ने अपना तंबाकू का पाइप जलाते हुए बताया।

"चार्वाक कौन होते हैं?" दीदी के लिए भी यह बात नई थी।

"चार्वाक वे लोग होते हैं, जो मानते हैं कि ज्ञान का एकमात्र स्रोत व्यक्तिगत अनुभव और अनुभूति ही होनी चाहिए। इसका मतलब यह हुआ कि जो चीज व्यक्तिगत अनुभव से न परखी जाए या तार्किकता पर खरी न उतरे, उसे चार्वाक स्वीकार नहीं करते और उसे सही नहीं मानते। कुछ इलाकों में हम लोग 'बार्हस्पत्य' या 'लोकायत' भी कहलाते हैं, क्योंकि योगी बृहस्पति ने इसे शुरू किया था।" उन्होंने काफी धैर्य के साथ समझाया, क्योंकि उन्हें खुशी हो रही थी कि नई पीढ़ी उनकी बात को सुनने की इच्छुक है।

"चार्वाक वे लोग होते हैं, जो मानते हैं कि ज्ञान का एकमात्र स्रोत व्यक्तिगत अनुभव और अनुभूति ही होनी चाहिए। इसका मतलब यह हुआ कि जो चीज व्यक्तिगत अनुभव से न परखी जाए या तार्किकता पर खरी न उतरे, उसे चार्वाक स्वीकार नहीं करते और उसे सही नहीं मानते। कुछ इलाकों में हम लोग 'बार्हस्पत्य' या 'लोकायत' भी कहलाते हैं, क्योंकि योगी बृहस्पति ने इसे शुरू किया था।"

"यह तो बहुत कुछ विज्ञान और प्रयोगों की तरह है, जिसे हमें स्कूल में पढ़ाया जाता है। तब तो यह निश्चित ही बहुत अच्छी चीज होगी।" दीदी ने वास्तविकता बता ही दी।

"हाँ, यह अच्छी ही होगी; लेकिन हर कोई इस तरह से नहीं सोचता न! विचार की इस धारा के कारण ज्यादातर धार्मिक नेता हम लोगों से नाराज रहते हैं। हमें डर और नफरत का निशाना बनाते हैं।" उन्होंने कुछ निराश स्वर में बताया, "इसका कारण यह भी है कि हम लोग मंदिर या मसजिद नहीं जाते और भगवान् के सामने किसी तरह की पूजा-पाठ करना या उसमें भाग लेना जरूरी नहीं मानते; क्योंकि इस सब में हमारा विश्वास नहीं है।" वे दूर अँधेरे की तरफ देखते हुए शुष्क स्वर में बोलते जा रहे थे।

"अगर हम किसी भगवान् में, किसी भी भगवान् में विश्वास करने लगें तो जिंदगी काफी आसान हो जाएगी।" वे अपने ही अस्तित्व के अंदर अंतर्निहित टकराव को देख पा रहे थे।

"क्या इसका मतलब यह हुआ कि आप लोग किसी भी त्योहार को नहीं मनाते?" वह देवयानी और अन्य चार्वाक बच्चों के प्रति उदास महसूस करने लगी थी।

"हर वह चीज करना अच्छी बात है, जिसमें आनंद हो। कष्ट व पीड़ा से दूर रहकर ज्यादा-से-ज्यादा आनंद लेना हमारी मूल शिक्षाओं में से एक है।" वे मुसकराए, जैसे वे किन्हीं अच्छी स्मृतियों को याद कर रहे हों।

"तुम्हें अब सो जाना चाहिए। कल तुम्हें ट्रेन पकड़नी है।" चारु दादा ने अपना बिस्तर ठीक करते हुए राधिका को सलाह दी और खुद भी सोने की तैयारी करने लगे।

अगले दिन, हम लोग बड़े सुबह ही पायरादंगा रेलवे स्टेशन पहुँच गए। दीदी और मैं खिड़की वाली सीटों पर बैठ गए, जबकि जगदीश मेरे बगल में बैठ गए। प्लेटफॉर्म पर दादी माँ, कुछ चचेरे-ममेरे भाई-बहन, चारु दादा और देवयानी खड़े थे। दीदी काफी संयत थीं और मुसकरा रही थीं तथा बिछुड़ने के कारण मायूस भी होंगी; लेकिन उन्होंने इसे जाहिर नहीं होने दिया। दूसरी ओर, मुझे अचानक अपने ऊपर उदासी हावी होती दिखी और मैंने खिड़की की तरफ अपना मुँह घुमा लिया, क्योंकि आँसू मेरे गालों पर बहने लगे थे।

देवयानी को इससे कुछ लेना-देना नहीं था। वह तो एक बार जो निश्चय कर लेती थी, उसे करके ही रहती थी। चारु दादा के अपनी बात कहने के पहले ही वह ट्रेन में चढ़ चुकी थी। डिब्बा पार करते हुए वह मेरे पास आई। उसने मुझे जोर से गले लगा लिया और मेरा बायाँ गाल चूम लिया।

"ट्रेन पर मत चढ़ो, देवी। अब वह चलने ही वाली है!" मुझे चारु दादा की आवाज सुनाई पड़ी।

देवयानी को इससे कुछ लेना-देना नहीं था। वह तो एक बार जो निश्चय कर लेती थी, उसे करके ही रहती थी। चारु दादा के अपनी बात कहने के पहले ही वह ट्रेन में चढ़ चुकी थी। डिब्बा पार करते हुए वह मेरे पास आई। उसने मुझे जोर से गले लगा लिया और मेरा बायाँ गाल चूम लिया।

"अगले साल यहीं मिलूँगी तुमसे।" वह मुसकराई और मेरे कुछ कहने या करने से

पहले ही दौड़कर ट्रेन से बाहर निकल गई।

मेरे बाएँ गाल पर कान के पास के उस चुंबन ने मेरे अंदर बिजली की लहर पैदा कर दी। अब मैं उदास नहीं था। मैं कहाँ था, यह भी मुझे होश नहीं था और साफ बादलों भरी सुबह होने के बावजूद मैं आनंदित महसूस कर रहा था और स्कूल के शरारती बच्चों की हर तरह की छेड़खानी झेलने को तैयार था।

मेरे बाएँ गाल पर कान के पास के उस चुंबन ने मेरे अंदर बिजली की लहर पैदा कर दी। अब मैं उदास नहीं था। मैं कहाँ था, यह भी मुझे होश नहीं था और साफ बादलों भरी सुबह होने के बावजूद मैं आनंदित महसूस कर रहा था और स्कूल के शरारती बच्चों की हर तरह की छेड़खानी झेलने को तैयार था।

"चैतू को प्यार हो गया है! चैतू उससे शादी करने जा रहा है!" ट्रेन के प्लेटफॉर्म से निकलते ही दीदी की आवाज से मेरा दिवास्वप्न टूट गया।

"दीदी, बस करो!" मुझे यह सोचकर शर्म आ रही थी कि दीदी को पता चल गया था कि मेरे मन में क्या चल रहा है! मैंने उन्हें सिर पर मारने के लिए अपना नकली हाथ उठाया तो वे बचने के लिए झुक गईं।

पोखरण वापस पहुँचे हमें कुछ ही दिन हुए होंगे कि हमें दादी माँ का पायरादंगा से भेजा पत्र मिला।

प्रिय राधिका,

तुम दोनों के जाने के बाद से यह घर खाली-खाली-सा लगने लगा है। हर बार जब भी तुम लोग यहाँ आते हो, मेरी जिंदगी में बहुत आनंद और खुशियाँ लेकर आते हो। तुम दोनों होते हो तो मुझे परमवीर के मेरे साथ होने का अहसास होने लगता है। राधिका, तुम्हें देखकर मुझे अपने बचपन की याद आ जाती है। तुम अपनी उम्र से कहीं ज्यादा परिपक्व और समझदार हो। अपने छोटे भाई की तुम जिस तरह से देखभाल करती हो, जिस तरह से उस पर प्यार लुटाती हो, उसकी किसी से तुलना नहीं की जा सकती। तुम्हारे जैसी बहन पाकर चैतन्य निश्चित ही धन्य हो गया है। चैतन्य, तुम्हारा स्वभाव बहुत हँसमुख है और तुम्हारे अंदर सीखने एवं जिंदगी का अनुभव लेने की उत्सुकता है। मुझे उम्मीद है कि तुम पूरे जीवन भर ऐसे ही बने रहोगे।

तुम्हारे लिए एक बुरी खबर है। बँगलादेश की सीमा से लगनेवाले गाँवों में सांप्रदायिक दंगे हुए थे। जब दंगे भड़के, तब चारु दादा और देवयानी उन इलाकों में एक व्यापार मेले में गए थे। दंगों में चारु दादा की पिटाई हुई और वे बहुत

गंभीर रूप से घायल हो गए थे, और अगले दिन अस्पताल में उनकी मौत हो गई। देवयानी का अपहरण हो गया और पुलिस कहती है कि वह कुछ नहीं कर सकती, क्योंकि उसे सीमा पार ले जाया गया है और मध्य-पूर्व के किसी शेख को बेच दिया गया है।

बहुत भारी मन और बेहद उदासी के साथ मैं तुम्हें उनके बारे में लिख रही हूँ। देवयानी जहाँ भी जाती थी, रौनक आ जाती थी और मैं जानती हूँ कि चैतन्य उसे पसंद करता था। अभी यह सब समझने की उसकी उम्र नहीं हुई है। इस खबर से वह स्तब्ध रह जाएगा और मैं जानती हूँ कि तुम उसे भावनात्मक सहारा और सांत्वना देकर इस सबसे उबरने में मदद करोगी।

मैं तुम्हारी दादी माँ हूँ, इसलिए हमेशा तुम दोनों का भला ही चाहती हूँ। मैं कभी नहीं चाहती थी कि यहाँ की इस तरह की कड़वी और दर्दनाक खबरें तुम तक पहुँचाऊँ।

—तुम्हारी प्यारी दादी माँ

अगले कुछ दिनों तक, मुझे याद नहीं कि मैं कब बिस्तर से उठता था या खाना खाता था या नहाता था। न ही पापा और न ही दीदी मुझे इस सबसे उबार पाए। ऐसा लग रहा था, जैसे किसी ने मेरी शरीर में फावड़ा घुसा दिया हो और काम की हर चीज निकाल ली हो और बस, खाली खोल छोड़ दिया हो! मैं पूरी तरह से स्तब्ध हो गया था और इस बारे में या इसे ठीक करने के लिए मैं कुछ नहीं कर सकता था। समय-समय पर मुझे कुछ करने की, कहीं जाने की और सबकुछ वैसा कर देने की सनक सवार होती थी, जैसा कि कुछ सप्ताह पहले था, जब मैं पायरादंगा में था।

"अच्छे लोगों के साथ बुरी बातें होती हैं। इस वजह से तुम जीना नहीं छोड़ते और न ही अपने आपको दोषी मानने लगते हो कि ये सब चीजें तुम्हारे साथ हुई हैं। उदास महसूस करने के बजाय तुम्हें या तो अपनी दोस्त की मदद करने की योजना बनानी चाहिए या फिर उसे जाने देना चाहिए।" चारु दादा और देवयानी के बारे में मिली खबरों पर पापा की अंतिम प्रतिक्रिया यही थी।

इसके विपरीत, मैं किस दौर से गुजर रहा हूँ, वह सब न समझने के लिए मेरे मन में उन पर जो फौरी गुस्सा आया, उसके कारण मैं जिस हद तक गंभीर हो गया, वह किसी भी तरह के दया के शब्दों से नहीं हो सकता था। मैं समझ गया था कि देवयानी जहाँ कहीं भी हो, मुझे किसी-न-किसी तरह से उसे वापस लाना ही है। □

3

डाकू दोस्त

(वर्ष 1980 के दशक के अंत की गरमियाँ)

गरमियों की छुट्टियों के बाद स्कूल का पहला दिन था और मेरी इच्छा स्कूल जाने की नहीं हो रही थी; हालाँकि, घर में बैठकर देवयानी के खयालों में खोए रहने से तो बात बननी नहीं थी। पापा भी इसके लिए नहीं मानते। पापा के गुस्से का सामना करने से ज्यादा आसान तो सोमू और अन्य बच्चों को झेलना ही था। दीदी ने मेरा लंच पैक किया और मुझे कपड़े पहनाने में मदद की और मुझे ले चलीं, ताकि हम समय पर स्कूल पहुँच जाएँ।

समरजीत पीछे की बेंच पर बैठा था और उसके साथ उसके ज्यादातर हॉकी टीम के साथी ही थे। गरमियों की छुट्टियों में वह और भी लंबा हो गया था। सोमू कुछ और मोटा हो गया था तथा पहले से ज्यादा बदमाश भी। दूसरा पीरियड आधा बीता होगा, जब शिक्षक भारतीय इतिहास और विभाजन के बारे में बता रहे थे, जिसके फलस्वरूप पाकिस्तान और बँगलादेश का निर्माण हुआ था। अतः मेरे मन में पायरादंगा और बड़े से रसोईघर के साथ ही बड़ा सा मकान घूम रहा था। देवयानी अपने फटे-पुराने कपड़े पहने वहीं दूसरी तरफ मुँह फेरे खड़ी थी और रसोईघर के बीचोबीच रखी मेज पर एक लंबा, बड़ा और तगड़ा-सा आदमी बैठा था। वह लंबा जामा पहने था और उसकी भौंहें चढ़ी हुई थीं। वह देवयानी से सारा काम करवा रहा था।

मैं उसका नाम पुकार रहा था, लेकिन उसने मेरी तरफ देखा तक नहीं। मैंने उसकी तरफ घिसटने की और उसके करीब जाने की कोशिश की; लेकिन मैं एक इंच भी नहीं खिसक पाया। मैंने पाया कि दो हाथों ने मेरे पैरों को पकड़ लिया है और मुझे जोर से पकड़कर नीचे की ओर खींचने लगे हैं। मैंने आँखें खोलीं तो देखा कि सोमू का चेहरा मेरे करीब था और वह मुझे व्हीलचेयर से बाहर खींचने की कोशिश कर रहा था। तभी मुझे पता चला कि दूसरा पीरियड खत्म हो चुका है और शिक्षक क्लास से जा चुके हैं तथा सारी क्लास मेरी ओर ही देख रही थी। उसी समय मेरे दिमाग में कुछ कौंध गया। मुझे

आभास हुआ कि अब मुझे डर नहीं लग रहा है और मेरे मन में केवल एक ही विचार आया कि अगर मैं सोमू जैसे बदमाश लड़कों से नहीं निपट पाता हूँ तो मुझे देवयानी को बचाने की बात तो भूल ही जानी चाहिए, फिर वह चाहे कहीं भी हो और चाहे किसी ने भी उसका अपहरण किया हो!

"धप्प! धप्प!!"

मैंने अपने नकली दाएँ हाथ को जितना संभव हुआ, उतना ऊपर उठाया और सोमू के चेहरे व सिर पर पूरी ताकत से मार दिया। इससे सोमू एकदम दंग रह गया। उसके पैर डगमगा गए और वह जमीन पर गिर पड़ा। पूरी क्लास जोर से हँस पड़ी, क्योंकि सबने पहली बार देखा था कि किसी ने सोमू को जमीन पर गिराया हो। मैं समय बरबाद न करते हुए व्हीलचेयर से नीचे कूद पड़ा। मुझे भी नहीं पता कि इतनी तेजी मुझमें कहाँ से आ गई थी! मैं सोमू की छाती पर चढ़ गया और अपने नकली हाथों से उसकी धुनाई करने लगा।

"ओके। अब रुक जाओ!" समरजीत पीछे की बेंचों से उठकर आया और उसने मुझे उठाकर मेरी व्हीलचेयर पर बैठा दिया।

"मुझसे अनजाने में यह हो गया। मुझे नहीं पता, मुझे क्या हो गया था!" मुझे खुशी थी कि आखिरकार, समरजीत ने मेरी तरफ ध्यान दिया; लेकिन इस तरह का काम कर देने पर मुझे शर्मिंदगी भी हुई।

"तुमने ठीक किया। मुझे नहीं लगता था कि तुम अपने लिए खड़े हो पाओगे।" समरजीत ने सही काम करने और अपने लिए उठ खड़े होने के लिए मुझे बधाई दी। जो मैंने किया था, उसके बारे में तरह-तरह के खयालों के बीच मुझे उसकी बातों से अंदर से राहत महसूस हुई।

मैंने अपने नकली दाएँ हाथ को जितना संभव हुआ, उतना ऊपर उठाया और सोमू के चेहरे व सिर पर पूरी ताकत से मार दिया। इससे सोमू एकदम दंग रह गया। उसके पैर डगमगा गए और वह जमीन पर गिर पड़ा। पूरी क्लास जोर से हँस पड़ी, क्योंकि सबने पहली बार देखा था कि किसी ने सोमू को जमीन पर गिराया हो। मैं समय बरबाद न करते हुए व्हीलचेयर से नीचे कूद पड़ा।

"तुम चाहो तो मेरे बगल में बैठ सकते हो।" उसने मेरे पहले के अनुरोध पर दोबारा विचार करते हुए कह दिया। मुझे खुशी हुई और मैंने अपनी व्हीलचेयर को उसकी दिशा में मोड़ना शुरू कर दिया।

सोमू अब तक उठ चुका था और उसने मेरे ऊपर फिर से झपटने की कोशिश की। वह मुझ तक पहुँच पाता, उसके पहले ही समरजीत ने अपना हाथ उसकी छाती में गड़ाते हुए उसे रोक दिया और उसे फिर से जमीन पर गिराने को तैयार हो गया। वह बोला,

"अब तुम कभी इसके आसपास नहीं फटकना!"

वह आखिरी मौका था और उसके बाद सोमू ने मुझे न तो कभी परेशान किया और न ही मेरे लिए कोई मुश्किल खड़ी करने की कोशिश की।

"कोई भी कॉन्सेप्ट इतना कठिन या जटिल नहीं होता कि समझ में ही न आए।" रमेश सर हमेशा कहा करते थे और इस बात पर जोर देते थे कि चीजें समझने की प्रेरणा और इच्छा ही जानकारी हासिल करने की हमारी काबिलियत को नियंत्रित करती है।

रमन, खुराना, रामकृष्णन और अन्य भारतीय वैज्ञानिकों के योगदान उनके लिए बहुत महत्त्वपूर्ण थे और वे यह सुनिश्चित करते थे कि मैं व्यावहारिक अनुप्रयोगों के संदर्भ में उनका अर्थ समझ जाऊँ। उनके मन में यह धारणा पहले से ही बनी हुई थी कि विज्ञान व गणित से ज्यादा मजेदार एवं दिलचस्प और कुछ भी नहीं है और उनकी यह सोच उनके इन विषयों के बारे में बात करने तथा उन्हें पढ़ाने से पता चलती थी। इन विषयों के प्रति उनका उत्साह संक्रामक था और उस पर उनसे बात करके निश्चित ही मुझे अपने बारे में अच्छा महसूस होता था। मैं न केवल उन अवधारणाओं को समझ पाता था, बल्कि उनके सहारे पूछे जानेवाले घुमावदार सवालों के उत्तर भी दे लेता था। वे मेरे सोचने की क्षमताओं को विस्तार देते थे और नक्षत्रों व ग्रहों की गतियों और उप-परमाणवीय कणों के व्यवहारों के मॉडल बनाने तथा सापेक्षता समेत अवधारणात्मक सिद्धांतों को समझाने की चुनौती देते थे।

रमन, खुराना, रामकृष्णन और अन्य भारतीय वैज्ञानिकों के योगदान उनके लिए बहुत महत्त्वपूर्ण थे और वे यह सुनिश्चित करते थे कि मैं व्यावहारिक अनुप्रयोगों के संदर्भ में उनका अर्थ समझ जाऊँ। उनके मन में यह धारणा पहले से ही बनी हुई थी कि विज्ञान व गणित से ज्यादा मजेदार एवं दिलचस्प और कुछ भी नहीं है और उनकी यह सोच उनके इन विषयों के बारे में बात करने तथा उन्हें पढ़ाने से पता चलती थी।

"जयपुर की टीम के खिलाफ हॉकी मैच में हमारे साथ चलना।" समरजीत और उसकी टीम के खिलाड़ियों ने मुझे आमंत्रित किया। मुझे स्कूल की टीम के क्रिकेट एवं हॉकी के हर मैच में बुलाया जाता और मैं खुशी-खुशी उनमें शामिल होता।

समरजीत के व्यक्तित्व का प्रभाव ऐसा था कि हर कोई उसकी ओर आकर्षित होता

था। लड़कियाँ उसे पसंद करती थीं और लड़के उसे अपनी टीम का कप्तान बनाकर खुश होते थे। कुछ लोगों के नाक-नक्श जन्म से ही अच्छे होते हैं, कुछ में पैदाइशी हँसी-मजाक का गुण होता है, कुछ बहुत मददगार स्वभाव के होते हैं; लेकिन उसके अंदर इन सारे गुणों का बहुत ही दुर्लभ मेल था। ऐसा एक भी व्यक्ति नहीं होगा, जो समरजीत से मिलकर उससे प्रभावित न हुआ हो। शायद उसके अंदर यह काबिलीयत थी कि वह लोगों के अंदर की विशेषता को देख लेता था और उसे बाहर निकालने में सफल हो जाता था।

अफवाह थी कि वह चंबल की घाटी के किसी डकैत सरगना का बेटा है; लेकिन यह बोलता कोई नहीं था और न ही इस बारे में कोई बात करता था। मैंने अफवाहों की परवाह नहीं की, क्योंकि मेरे लिए यही काफी था कि वह अच्छा दोस्त था। समरजीत अपनी बुआ के साथ गाँव के बड़े से मकान में रहता था। बुआ उसके लिए स्वादिष्ट खाना बनाती थीं और अपने दोनों बेटों के साथ-साथ उसकी भी देखभाल करती थीं। जब भी उसे स्कूल के काम में मेरी मदद की जरूरत होती या जब मैं पापा की निगाहों से दूर होना चाहता था तो वह मुझे अपने घर बुला लेता था।

अफवाह थी कि वह चंबल की घाटी के किसी डकैत सरगना का बेटा है; लेकिन यह बोलता कोई नहीं था और न ही इस बारे में कोई बात करता था। मैंने अफवाहों की परवाह नहीं की, क्योंकि मेरे लिए यही काफी था कि वह अच्छा दोस्त था। समरजीत अपनी बुआ के साथ गाँव के बड़े से मकान में रहता था। बुआ उसके लिए स्वादिष्ट खाना बनाती थीं और अपने दोनों बेटों के साथ-साथ उसकी भी देखभाल करती थीं।

आखिरकार, मुझे लगने लगा कि वह मेरा ही स्कूल है। अब स्कूल जाने के बारे में सोचकर न तो मुझे डर लगता था और न ही बेचैनी होती थी। मैं स्कूल जाने का इंतजार करता था।

मैं चौदह साल का था और गरमी की छुट्टियाँ शुरू होने वाली थीं। पिछले कुछ वर्षों से मैं और दीदी गरमियों की छुट्टियों में पोखरण में ही रहते थे, क्योंकि दादी माँ गुजर चुकी थीं और देवयानी की यादें काफी तकलीफदेह थीं कि वहाँ जाने की कोई इच्छा नहीं होती थी।

ऐसे में, जब समरजीत ने मुझसे गरमियों की छुट्टियों में उसके माता-पिता के पास चलने को कहा तो मैं पोखरण और वहाँ की गरमियों से बाहर निकलने के खयाल से रोमांचित हो उठा।

"पापा, समरजीत ने मुझे गरमियों की छुट्टियों में अपने माता-पिता के यहाँ चलने

को कहा है। वे चंबल की घाटी में काके का पुरा में रहते हैं। क्या मैं छुट्टियाँ वहाँ बिताने चला जाऊँ?" कहकर मैंने अपनी साँस थाम ली, क्योंकि मैं नहीं चाहता था कि पापा मेरे अनुरोध को ठुकरा दें।

"छुट्टियों में तुम अपने आपको सँभाल तो लोगे न, क्योंकि दीदी तुम्हारे साथ नहीं जाएगी?" उन्होंने दीदी की तरफ देखते हुए पूछा, क्योंकि उन्होंने यह स्पष्ट कर दिया था कि दीदी मेरे साथ नहीं जा सकेंगी।

"जी, समरजीत मेरा बेस्ट फ्रैंड है और जरूरत पड़ने पर वह मेरी मदद करने को तैयार है। और फिर, मैं अपने रोज के लगभग सारे काम खुद कर लेता हूँ और दीदी की मदद की जरूरत बहुत कम पड़ती है या बिल्कुल नहीं पड़ती है।" मैं शान से मुसकराते हुए बोला, जबकि दीदी भी मेरी आवाज का उत्साह सुनकर मुसकराने लगी थीं।

"जी, समरजीत मेरा बेस्ट फ्रैंड है और जरूरत पड़ने पर वह मेरी मदद करने को तैयार है। और फिर, मैं अपने रोज के लगभग सारे काम खुद कर लेता हूँ और दीदी की मदद की जरूरत बहुत कम पड़ती है या बिल्कुल नहीं पड़ती है।" मैं शान से मुसकराते हुए बोला, जबकि दीदी भी मेरी आवाज का उत्साह सुनकर मुसकराने लगी थीं।

एक बार पापा ने इजाजत दे दी तो दीदी मेरे पास आईं और कहने लगीं, "वहाँ होशियार रहना। तुम जानते हो कि चंबल की घाटी बेरहम लुटेरों और डाकुओं की जमीन कहलाती है!"

"मैं समरजीत और उसके माता-पिता के साथ रहूँगा। मैं सुरक्षित रहूँगा।" मैंने जवाब दिया, क्योंकि मुझे अपने दोस्त की क्षमता पर यकीन था कि वह मेरी हिफाजत कर सकता है।

दीदी और समरजीत की बुआ हमें छोड़ने रेलवे स्टेशन तक आईं। सूरज क्षितिज में अभी छिपा ही था और प्लेटफॉर्म पर इंतजार कर रहे लोगों के चेहरों पर नारंगी चमक फेंक रहा था। ट्रेन के अंदर का वातावरण तथा सीटें गरम थीं। हम ठंडी हवा आने के लिए ट्रेन के छूटने का इंतजार नहीं कर सकते थे।

कुछ देर के लिए दीदी के बारे में सोचकर मेरे मन में उदासी छा गई, क्योंकि अब उन्हें अकेले ही पापा को झेलना पड़ेगा। हालाँकि, मुझे यह भी पता था कि वह पापा से निपटना बेहतर ढंग से जानती हैं। जब समरजीत ने काके का पुरा में अपने बड़े होने के

दिनों के बारे में बताना शुरू किया तो मेरे मन में समरजीत के माता-पिता से मिलने और उसके साथ घाटी में घुड़सवारी करने की इच्छा जगने लगी।

अगले दिन जब दोपहर ट्रेन काके का पुरा पहुँची तो वह चारों ओर घनी हरी घाटी से गुजरी, जिसके बीच से चंबल नदी बहती थी। नदी दोनों ओर ढलवाँ पत्थरों से घिरी थी और उसके किनारों पर घने पेड़ लाइन से लगे थे। काके का पुरा छोटा कस्बा था और दोपहर की गरमी के लिहाज से लगभग पोखरण की तरह था। लेकिन जहाँ तक नजर जाती थी, उसके मैदान चट्टानी पत्थरों और घाटी से भरे थे।

"सफर ठीक रहा, समरजीत?" काके का पुरा स्टेशन पर हमें लेने आए बबलू ने समरजीत से पूछा। बबलू तंदुरुस्त और मँझोले कद का, काली व झुलसी त्वचा का करीब 20 वर्ष से ऊपर की उम्र का था। वह बहुत जल्द मुसकराने लगता था और काफी खुले तथा दोस्ताना स्वभाव का था।

"सफर ठीक रहा, समरजीत?" काके का पुरा स्टेशन पर हमें लेने आए बबलू ने समरजीत से पूछा। बबलू तंदुरुस्त और मँझोले कद का, काली व झुलसी त्वचा का करीब 20 वर्ष से ऊपर की उम्र का था। वह बहुत जल्द मुसकराने लगता था और काफी खुले तथा दोस्ताना स्वभाव का था।

"हाँ, शुक्रिया यहाँ आने के लिए।" समरजीत ने जवाब दिया, "यह चैतन्य है, मेरे स्कूल का दोस्त।" उसने बबलू से मेरा परिचय कराया।

"तुम्हें अपने साथ पाकर अच्छा लग रहा है।" बबलू ने मेरी ओर देखते हुए कहा। मेरी निगाहें उसके चेहरे पर मेरी विचित्र शारीरिक आकार देखने की प्रतिक्रिया तलाश रही थीं। उसके चेहरे पर कोई भाव नहीं था और यह बात राहत की थी, क्योंकि मैं नहीं चाहता था कि कोई मुझसे सहानुभूति दिखाए या मुझे चिढ़ाए।

बबलू ने हमारे सूटकेस जीप में रखने में मदद की और हम समरजीत के घर की ओर चल दिए।

"समरजीत का दोस्त मेरा दोस्त होता है।" उसने मेरे नकली दाएँ हाथ को हिलाते हुए कहा।

"रुद्र प्रताप सिंह गुज्जर समरजीत के पिता हैं, जिन्हें हम सब इज्जत से 'दादा साहेब' कहते हैं। वे हमारे मुखिया भी हैं। उनके घर पर ठहरना और उनकी मेहमाननवाजी करना काफी सम्मान की बात है।" बबलू बोले जा रहा था और मुझे समरजीत के घर-परिवार के बारे में मजेदार जानकारियाँ देता जा रहा था।

"दादा साहेब हमारे कामों में समरजीत को शामिल नहीं करना चाहते थे, इसलिए उन्होंने उसे पोखरण में अपनी बहन के पास रहने और पढ़ने भेज दिया।" यह कहकर

उसने समरजीत की तरफ और फिर मेरी तरफ देखा, जैसे वह जानना चाहता हो कि मुझे यह बात पहले से पता थी या नहीं?

जब हम घर पहुँचे तो मैंने देखा कि वह घर बाहर से एक गुफा की तरह दिखता है। बबलू की बातों से मुझे यही समझ आया था कि दादा साहेब डाकुओं के गिरोह के सरगना हैं, जो उस इलाके में लोगों की शिकायतें व झगड़े निपटाते हैं, फैसला सुनाते हैं और गाँववालों की सुरक्षा करते हैं। इसमें मेरे लिए कोई बड़े आश्चर्य की बात नहीं थी, क्योंकि स्कूल में सुनी अफवाहों के आधार पर कुछ-कुछ तो मैं ऐसी अपेक्षा पहले से कर ही रहा था। पोखरण में जब मैं समरजीत की बुआ के घर जाता था तो वहाँ उनके बीच की बातचीत से भी ऐसा ही कुछ लगता था।

"आओ, अंदर आओ!" हमें दरवाजे पर देख समरजीत की माँ ने उत्साहित होते हुए हम लोगों को घर के अंदर आने को कहा।

"कैसी हो, माताजी?" समरजीत ने उनके पैर छूते हुए पूछा।

गुफा अंदर से किसी अन्य मकान की तरह ही थी, जिसमें महराबदार पत्थरों वाली ऊँची छत थी। खिड़कियाँ कोई नहीं थीं; लेकिन अंदर बहुत अच्छा लग रहा था और ठंडक थी, जबकि बाहर गरम दोपहर में सूरज चमक रहा था। उन्होंने दो बिस्तरोंवाला कमरा खोलते हुए कहा, "यही तुम्हारा कमरा भी रहेगा।" उन्होंने मेरी ओर देखते हुए बताया।

गुफा अंदर से किसी अन्य मकान की तरह ही थी, जिसमें महराबदार पत्थरों वाली ऊँची छत थी। खिड़कियाँ कोई नहीं थीं; लेकिन अंदर बहुत अच्छा लग रहा था और ठंडक थी, जबकि बाहर गरम दोपहर में सूरज चमक रहा था। उन्होंने दो बिस्तरोंवाला कमरा खोलते हुए कहा, "यही तुम्हारा कमरा भी रहेगा।" उन्होंने मेरी ओर देखते हुए बताया।

"हाथ-मुँह धो लो और फिर बबलू के साथ खाना खाने आ जाओ।" उन्होंने हम दोनों से कहा और वापस रसोई की ओर चल दीं।

हम खाना खत्म करने ही वाले थे कि बबलू ने बताया, "कल दोपहर में काके का पुरा का मेला लगेगा। भिंड इलाके के आसपास के सभी गाँववाले दादा साहेब से मिलने आएँगे।"

अगले दिन सुबह, समरजीत पहले ही उठ गया था और बाहर अपने घोड़े की काठी कस रहा था। घोड़ा सफेद था, काली नाक और होंठ, रुपहले-भूरे रंग के गले और पूँछ के बाल, सफेद शरीर पर काले-भूरे धब्बे थे। उसकी खाल चिकनी थी और लगता था कि वह समरजीत को पहचानता था; क्योंकि समरजीत जब उसे थपथपाता था और उसकी मालिश करता था तो वह मजे लेता दिखता था।

"आओ, मेरे साथ घुड़सवारी करो।" समरजीत चाहता था कि मैं घोड़े पर बैठ जाऊँ।

"लगता नहीं कि मैं चढ़ पाऊँगा।" अपने नकली हाथ लिये मैं ऊबड़-खाबड़ घुड़सवारी के बारे में सोचकर ही जड़वत् हो गया था।

"मैं अपनी कमर से बँधी यह रस्सी तुम्हारी कमर से बाँध दूँगा तो तुम्हारे फिसलने की कोई गुंजाइश नहीं बचेगी।" वह पहले से ही सब सोचे बैठा था।

घोड़े पर सवारी करने का अनुभव अद्‌भुत था। जब घोड़ा घाटी में दौड़ा तो सुबह-सुबह की ठंडी हवा चेहरे पर लग रही थी, जो कि बहुत अच्छी महसूस हो रही थी।

दोपहर तक हम मेला पहुँच गए थे। एक बड़े समतल मैदान में पाँच सौ से ज्यादा गाँववाले इकट्ठा थे। मैदान के बीचोबीच बरगद का एक विशाल पेड़ था। उसी पेड़ के नीचे दादा साहेब और उनके कुछ साथी बैठे थे। सभी गाँववाले वहाँ इकट्ठा थे, क्योंकि उन्हें दादा साहेब के नेतृत्व पर, उनकी निष्पक्षता और न्याय की भावना पर विश्वास था। मुझे लगता था कि समरजीत पोखरण में ही लोकप्रिय है, लेकिन काके का पुरा में तो वह और ज्यादा लोकप्रिय था। गाँवों और कस्बे में हर कोई उसे जानता था और वह भी सबको अच्छी तरह से जानता था। समरजीत के प्रति मेरा सम्मान और बढ़ गया, क्योंकि वह सभी से बात करते हुए पूरा आदर और बेहद विनम्रता दिखाता था।

दोपहर तक हम मेला पहुँच गए थे। एक बड़े समतल मैदान में पाँच सौ से ज्यादा गाँववाले इकट्ठा थे। मैदान के बीचोबीच बरगद का एक विशाल पेड़ था। उसी पेड़ के नीचे दादा साहेब और उनके कुछ साथी बैठे थे। सभी गाँववाले वहाँ इकट्ठा थे, क्योंकि उन्हें दादा साहेब के नेतृत्व पर, उनकी निष्पक्षता और न्याय की भावना पर विश्वास था।

एक-एक करके सभी गाँववाले आते गए और दादा साहेब से भविष्य की योजना के बारे में पूछते रहे, झगड़े निपटवाते रहे, इलाके के नेताओं या आर्थिक दिक्कतों के बारे में बताते रहे।

सभी के सवालों का दादा साहेब के पास जवाब होता था या जल्द ही उनका समाधान करने की बात वे कह देते थे। गाँववालों एवं दादा साहेब के बीच की बातचीत देखना और ज्यादातर गाँववालों को चेहरे पर संतुष्टि भरी मुसकराहट लेकर जाते देखना मंत्रमुग्ध करनेवाला था।

कुछ दिनों बाद की बात है। हम लोगों ने दोपहर में खाना खाया ही था और ऐसा बहुत कम होता था, जब दादा साहेब जल्दबाजी में कहीं जाने वाले नहीं थे और उन्होंने

हमारे साथ समय बिताने का फैसला किया था। हम लोग मकान के पास के एक बरगद के पेड़ की छाया में इकट्ठा हुए थे।

"आप यह क्यों करते हैं, जबकि पुलिस आपके खिलाफ है?" मैंने भरसक अपनी आवाज को मुलायम बनाते हुए पूछा। मेरे दिमाग में उनके सामने मौजूद खतरों की बातें घूम रही थीं।

"अब चाहे जैसा लग रहा हो, लेकिन मैं हमेशा से ऐसा नहीं था।" दादा साहेब ने गहरी व आत्मविश्वास भरी आवाज में जवाब दिया और बरगद के पेड़ के विशाल तने से उन्होंने अपनी पीठ टिका दी।

"तुम्हें आजादी के क्रांतिकारी भगत सिंह के बारे में पता है?" उन्होंने मेरी तरफ देखते हुए पूछा, तो मैंने 'हाँ' में सिर हिला दिया।

"भारत में अंग्रेज शासकों ने उन्हें आतंकवादी बताकर तेईस साल की उम्र में फाँसी पर लटका दिया था। डाकुओं के लिए मौजूदा भारत सरकार का बरताव उससे कोई अलग नहीं है।" यह कहकर उन्होंने अपने साथियों की तरफ चारों ओर देखा। वे सब बैठे ध्यान से हमारी बातें सुन रहे थे। उनकी पीठें एकदम तनी थीं और लग रहा था कि वे सेना के प्रशिक्षित सिपाही हैं और उनकी चाल-ढाल से तथा अपने सरदार के प्रति बेहद आदर भाव से यह झलक भी रहा था।

"भारत में अंग्रेज शासकों ने उन्हें आतंकवादी बताकर तेईस साल की उम्र में फाँसी पर लटका दिया था। डाकुओं के लिए मौजूदा भारत सरकार का बरताव उससे कोई अलग नहीं है।" यह कहकर उन्होंने अपने साथियों की तरफ चारों ओर देखा। वे सब बैठे ध्यान से हमारी बातें सुन रहे थे।

"जब भारत आजाद हुआ तो मेरी खुशी की कोई सीमा नहीं थी। ब्रिटिश सरकार से आजादी के लिए लड़नेवाले हर भारतीय की तरह मैं भी था; लेकिन बाद में जो हुआ, उसे मेरे राज्य के लोगों के लिए आजादी नहीं कहा जा सकता था।" वे पत्थर की बेंच से उठे और थोड़ा चलते हुए बोले, "मेरे पिता पृथ्वीराज सिंह गुज्जर का पूरा ध्यान इस जमीन, यहाँ के निवासियों और उनकी भलाई पर रहता था। वे और उनके पूर्वज अपनी प्रजा के साथ नेक और अच्छा बरताव करते थे। किसानों को फसलें उगाने की पूरी आजादी थी। व्यापारी व्यापार करते थे। शिल्पकार अपना काम करते थे और कलाकार अपनी कला का सृजन व प्रदर्शन करते थे।

"जैन, बौद्ध, पारसी, मुसलिम और हिंदू—सभी फल-फूल रहे थे, अपने पूजा-स्थल बनाते थे और अपने-अपने धर्म का पालन करते थे। सभी सुनार, जुलाहे एवं अन्य व्यापारी बेफिक्र होकर व्यापार करते थे और कुछ तो राजाओं से भी ज्यादा धनी हो गए

थे। इससे पता चलता है कि इस राज्य की प्रजा को कितने ज्यादा अधिकार थे।" उन्होंने पुरानी बातें याद करते हुए धार्मिक स्वतंत्रता के बारे में गहरी रुचि लेते हुए बताया।

"मैं इक्कीस साल का था और मैंने इंग्लैंड के ऑक्सफोर्ड कॉलेज से अपनी पढ़ाई खत्म की ही थी, जब हमें आजादी मिली। जब नेहरू ने निजी जमीनों का राष्ट्रीयकरण करने का प्रयास किया तो मैंने सबसे पहले अपने पिता को जमीन छोड़ने और रियासत की जमीन को राष्ट्रीय जमीन बनने देने के लिए मनाया था, ताकि वह जमीन सभी नागरिकों के बीच बराबर-बराबर बाँट दी जाए।" उनके बोलने में उत्साह झलक रहा था और लग रहा था कि उनकी आँखों के सामने अतीत की घटनाएँ साक्षात् घूम रही हों।

"जमीन के राष्ट्रीयकरण के बाद जो हुआ, वह बहुत बुरा था।" उनकी आवाज में क्षोभ आ गया था।

"जिन राजनेताओं के पास सभी नागरिकों में बराबर-बराबर जमीन बाँटने का काम था, वे लालच में पड़ गए। नागरिकों को जमीन बाँटने के बजाय उन्होंने अपने परिवारों व रिश्तेदारों को जमीनें बाँट दीं और नागरिकों के पास रोजी-रोटी का कोई साधन नहीं बचा, जबकि मेहनतकश लोग रातोरात भिखारी बन गए।" गुस्से से उनके नथने फूल रहे थे और उनका चेहरा लाल हो गया था।

"जिन राजनेताओं के पास सभी नागरिकों में बराबर-बराबर जमीन बाँटने का काम था, वे लालच में पड़ गए। नागरिकों को जमीन बाँटने के बजाय उन्होंने अपने परिवारों व रिश्तेदारों को जमीनें बाँट दीं और नागरिकों के पास रोजी-रोटी का कोई साधन नहीं बचा, जबकि मेहनतकश लोग रातोरात भिखारी बन गए।" गुस्से से उनके नथने फूल रहे थे और उनका चेहरा लाल हो गया था।

"मैंने बेहतर और अच्छे भिंड और चंबल का सपना देखा था, लेकिन मुझे बड़ी निराशा हुई!" उन्होंने यह कहते हुए अपने अंदर का गुस्सा निकालने के लिए बरगद के पेड़ के तने पर जोर से मुक्का मार दिया। पहली बार मुझे समझ में आया कि उनके अंदर उसी तरह का गुस्सा भरा हुआ था, जो मेरे अंदर देवयानी के साथ हुई घटना के बारे में जानकर और कुछ न कर पाने की स्थिति के कारण पैदा हुआ था।

"जमीन के राष्ट्रीयकरण और नेताओं के जमीन हथिया लेने के बाद भी भिंड के लोग मेरे पिता के पास और बाद में मेरे पास फैसला कराने, अपने झगड़े सुलझवाने और सूदखोरों से अपनी हिफाजत कराने के लिए आते थे। मेरे पास कोई रियासत नहीं थी और मैं तानाशाही में यकीन नहीं करता था; लेकिन फिर भी, लोगों की शिकायतों का अंबार बढ़ता गया और मैं उस सबकी तरफ आँख-कान बंद किए नहीं रह सकता था।

"हम लोगों के साथ न्याय करते हैं, उनकी मदद करते हैं, उनसे सही बरताव करते हैं। इसी वजह से वे हमारे पास आते हैं, हमारे ठिकानों के बारे में किसी को नहीं बताते; जबकि ऐसा करने पर उन्हें काफी बड़ा इनाम मिल सकता है।" वे बोलते जा रहे थे।

"पच्चीस साल हो गए मुझे यह सब करते हुए, लेकिन मैंने कभी किसी अच्छे आदमी के यहाँ न तो चोरी की, न उसे लूटा और न उसकी हत्या की। जो लोग दूसरों को परेशान करते हैं, दूसरों की मेहनत की कमाई लूटते हैं, हम केवल उन्हीं के पीछे जाते हैं और उनसे लूट का माल वापस लूटकर उसके सही मालिक के पास पहुँचा देते हैं। मैं या मेरे साथी कभी लूट का माल अपने पास नहीं रखते और मुझे उम्मीद है कि मरते दम तक हम यह करते रहेंगे, क्योंकि अपनी जिंदगी में इससे बेहतर और कुछ करने का मैं सोच ही नहीं सकता। जहाँ तक समरजीत की बात है, तो मैं चाहता हूँ कि अभी वह इस सबसे दूर रहे। बाद में बड़े होकर अगर वह यही काम करना चाहता है तो वह अपना फैसला करने के लिए स्वतंत्र होगा।"

पच्चीस साल हो गए मुझे यह सब करते हुए, लेकिन मैंने कभी किसी अच्छे आदमी के यहाँ न तो चोरी की, न उसे लूटा और न उसकी हत्या की। जो लोग दूसरों को परेशान करते हैं, दूसरों की मेहनत की कमाई लूटते हैं, हम केवल उन्हीं के पीछे जाते हैं और उनसे लूट का माल वापस लूटकर उसके सही मालिक के पास पहुँचा देते हैं।

जब वे दोबारा बोलने वाले थे कि तभी घोड़े हिनहिनाने लगे। बबलू भागता हुआ आया और उसने ऐलान किया कि सबको तितर-बितर होना पड़ेगा, क्योंकि उसने सेना का एक हेलीकॉप्टर हमारी ओर आते हुए देखा है। यह स्पष्ट था कि उनके सामने पहले भी कई बार ऐसी स्थिति आती रही होगी। वे सब बिना कुछ कहे अलग-अलग दिशाओं में फैल गए और सबको पता था कि किसे कहाँ जाना है।

समरजीत ने मुझे अपने पीछे घोड़े पर बैठाया और हम भाग निकले। वह दादा साहेब को इतना खुलकर और देर तक बोलते देखकर काफी उत्साहित था। "मेरे पिता सचमुच तुम्हें पसंद करते होंगे और मानते हैं कि तुम उनकी बातें समझ सकते हो। आमतौर पर वे ज्यादा बात नहीं करते।"

इलाके के नेता प्रणव यादव ने वहाँ की गरीब महिलाओं पर अत्याचार बढ़ा दिए थे, क्योंकि वह मानता था कि उसका कुछ नहीं बिगड़ेगा। उसने बहुत सारी राष्ट्रीयकृत जमीन

हड़प ली थी, जो वास्तव में लोगों को बाँटी जानी थी। गाँववालों ने पुलिस से शिकायत की, लेकिन कोई लाभ नहीं हुआ; क्योंकि पुलिस प्रणव यादव का मोहरा बनी हुई थी। ऐसे में, गाँववाले दादा साहेब के पास आए और उन्होंने सारी बातें बताईं तथा प्रणव एवं उसके गुर्गों द्वारा महिलाओं पर किए जा रहे घृणित अपराधों की जानकारी दी।

अखबारों व पत्रिकाओं में भले ही डाकुओं को उद्दंड और गैर-कानूनी लुटेरा और हत्यारा बताया जाता था, लेकिन दादा साहेब और उनके साथी दयालु, मददगार तथा समझदार लोग थे। वे अच्छी तरह से योजना बनाए बिना कोई काम नहीं करते थे और तब तक किसी को दंड नहीं देते थे, जब तक कि वे अच्छी तरह से समझ न लें कि जिसकी शिकायत की गई है, वह वास्तव में दोषी है और कमजोर लोगों को नुकसान पहुँचा रहा है।

समरजीत और मैंने अपना नाश्ता खत्म ही किया था कि दादा साहेब कमरे में आए और समरजीत की माँ से बोले, "आज हम लोग प्रणव यादव और उसके बेटों को पकड़ने जा रहे हैं। वे आज हमारी घाटी से गुजरने वाले हैं।"
"एहतियात बरतना। सारी पुलिस उसकी जेब में रहती है।" समरजीत की माँ ने चिंता भरे स्वर में कहा।

समरजीत और मैंने अपना नाश्ता खत्म ही किया था कि दादा साहेब कमरे में आए और समरजीत की माँ से बोले, "आज हम लोग प्रणव यादव और उसके बेटों को पकड़ने जा रहे हैं। वे आज हमारी घाटी से गुजरने वाले हैं।"

"एहतियात बरतना। सारी पुलिस उसकी जेब में रहती है।" समरजीत की माँ ने चिंता भरे स्वर में कहा।

"हम पिछले कुछ महीनों से तैयारी कर रहे हैं और इसी मौके की तलाश कर रहे हैं। हम लोग तैयार हैं।" दादा साहेब ने जवाब दिया और अपने हथियारोंवाले कमरे में चले गए। जब वे बाहर निकले तो उनके बदन पर सफेद शर्ट और उसके एकदम विपरीत सीने पर काली व बड़ी बेल्ट थी, जिसमें लाल गोलियाँ थीं। उनके दाएँ कंधे पर एक डबल बैरल की बंदूक थी और कमर पर एक तलवार लटक रही थी।

"विजयी हो!" समरजीत की माँ ने दादा साहेब के माथे पर लाल कुमकुम का टीका लगाते हुए कहा, जिससे उनका व्यक्तित्व और भी प्रभावशाली लगने लगा था।

"क्या मैं आपके साथ चलूँ, पिताजी?" समरजीत ने बिना किसी हिचकिचाहट के पूछ लिया। अपने पिता से बात करते मुझे समरजीत के इस आत्मविश्वास और निडरता ने बहुत प्रभावित किया। काश, मैं भी अपने पिता के सामने इसी तरह रहने लगूँ और बात करने लगूँ!

"इसमें खतरा है और फिर, यह मेरी लड़ाई है, तुम्हारी नहीं। मैं चाहता हूँ कि तुम

अपनी पढ़ाई पर ध्यान दो।" दादा साहेब ने समरजीत की तरफ गौर से देखते हुए कहा, जिसके बाद आगे किसी बात की गुंजाइश नहीं बचती थी।

इतना कहकर दादा साहेब ने समरजीत की माँ को जल्दी से गले लगाया और अपने साथियों से मिलने निकल पड़े। वे निकल गए तो समरजीत ने अपना नाश्ता करना जारी रखा। मेरी निगाहें तो मेरे बचे नाश्ते पर थीं, लेकिन मेरे मन में हजारों तरह के भाव और अनजाना डर तथा उत्तेजना के भाव आ-जा रहे थे। मेरी भूख मिट चुकी थी। मैं सोच रहा था कि काश, मेरे अंदर भी देवयानी को बचाने और वापस लाने के लिए ऐसा ही कुछ करने का साहस और शक्ति होती!

समरजीत भी इतना ही दृढ़ निश्चयी और बहादुर था; लेकिन वह अपने पिता का अनादर कभी नहीं करता था। उस दिन हम लोग बाहर नहीं गए, क्योंकि समरजीत का मानना था कि यह लापरवाही और नासमझी होगी, क्योंकि हमला चल रहा होगा। हम पूरे दिन बेचैन रहे। समरजीत उस गुफा के हमारे कमरे में लगातार चहलकदमी करता रहा। मैंने अपने को पुस्तकों में व्यस्त रखने की कोशिश की।

समरजीत भी इतना ही दृढ़ निश्चयी और बहादुर था; लेकिन वह अपने पिता का अनादर कभी नहीं करता था। उस दिन हम लोग बाहर नहीं गए, क्योंकि समरजीत का मानना था कि यह लापरवाही और नासमझी होगी, क्योंकि हमला चल रहा होगा। हम पूरे दिन बेचैन रहे। समरजीत उस गुफा के हमारे कमरे में लगातार चहलकदमी करता रहा। मैंने अपने को पुस्तकों में व्यस्त रखने की कोशिश की।

"खट! खट!" तभी बाहर के दरवाजे पर दस्तक हुई।

हम दोनों एकदम से चौंक गए। समरजीत बाहर दरवाजे पर देखने गया।

"बबलू, कैसा क्या रहा?"

"सबकुछ वैसे ही हुआ, जैसा सोचा था। शुक्र है भगवान् का!" बबलू बोला।

"लाख-लाख शुक्र है। जुग-जुग जिओ!" समरजीत की माँ ने उसे आशीर्वाद दिया।

"चलो, साथ में खाना खा लो और हम लोगों को बताओ, आज क्या हुआ?" समरजीत ने बबलू को आमंत्रित किया। वह पूरा ब्योरा जानने को उत्सुक था।

"प्रणव यादव और उसके दो बेटे—योगेश व जीवन सफेद एंबेसडर कार में थे, जो दो जीपों के बीच में चल रही थी। जीपों में बंदूकधारी अंगरक्षक थे। जैसे ही काफिला वहाँ पहुँचा, जहाँ हम लोगों ने रास्ता रोक रखा था, हम लोगों ने देखा कि उनके ड्राइवर और अंगरक्षक कुछ चिंतित लगे।" बबलू की बातें हम लोग कान लगाए बड़े ध्यान से सुन रहे थे।

"जैसे ही उन्होंने वापस जाने की कोशिश की, वैसे ही मैंने रास्ते पर कई बड़े पत्थर लुढ़काकर उनकी वापसी का रास्ता जाम कर दिया।" वह घात लगाकर किए गए हमले में अपने योगदान को शान और गर्व के साथ बताए जा रहा था, "अब वे लोग न आगे जा सकते थे और न पीछे जा सकते थे। उसी समय दादा साहेब अपने घोड़े पर सवार होकर वहाँ आते दिखे और उन्होंने कुछ हवाई फायर किए। संकेत मिलते ही वहीं पर छिपे हुए हम सारे लोग सामने आ गए।" वह पूरे जोश के साथ अपनी बात बताए जा रहा था।

"क्या पिताजी उस समय कुछ बोले भी थे?" समरजीत ने घटनाओं का अनुमान लगाते हुए पूछा।

"हाँ। दादा साहेब जोर से बोले, 'जो अपने हथियार डाल देगा और सरेंडर कर देगा, उसे नुकसान नहीं पहुँचाया जाएगा। हमारी लड़ाई प्रणव यादव से है, क्योंकि वह गाँववालों पर अत्याचार करता है। और किसी से हमारी कोई दुश्मनी नहीं है।' उनकी आवाज पूरी घाटी में गूँज रही थी। उनकी आवाज सुनते ही उन वाहनों में हलचल दिखी और ड्राइवर बाहर कूद आए तथा सरेंडर के तौर पर जमीन पर लेट गए।" बबलू बोले जा रहा था, " 'हम लोग खून-खराबा नहीं चाहते। अब जो लोग जीपों में बचे हैं, वे सरेंडर कर दें और हम सकुशल निकल जाने देंगे।' दादा साहेब ने फिर से कहा।" हम में से कोई भी न तो खाना खा रहा था और न खाने पर किसी का ध्यान था। हम लोग तो पूरी तरह से उस कहानी में खोए हुए थे।

हाँ। दादा साहेब जोर से बोले, 'जो अपने हथियार डाल देगा और सरेंडर कर देगा, उसे नुकसान नहीं पहुँचाया जाएगा। हमारी लड़ाई प्रणव यादव से है, क्योंकि वह गाँववालों पर अत्याचार करता है। और किसी से हमारी कोई दुश्मनी नहीं है।' उनकी आवाज पूरी घाटी में गूँज रही थी। उनकी आवाज सुनते ही उन वाहनों में हलचल दिखी और ड्राइवर बाहर कूद आए तथा सरेंडर के तौर पर जमीन पर लेट गए।

"उसी समय अंगरक्षकों ने अपनी बंदूकें फेंक दीं और उलटे लेटे ड्राइवरों की बगल में रोड पर घुटनों के बल बैठ गए तथा सरेंडर के इशारे के रूप में सबने अपने हाथ ऊपर उठा लिये। सबने प्रणव और उसके बेटों को उनके हाल पर छोड़ दिया था। दादा साहेब ने गरजती हुई आवाज में हम लोगों को पुकारा और हम अपने चेहरों को कपड़े से ढके हुए, अपने-अपने घोड़ों पर सवार होकर पहुँचे और सफेद एंबेसडर को घेर लिया। प्रणव सरेंडर नहीं करना चाहता था और न हार मानना चाहता था। उसने अपना रिवॉल्वर निकाला, जो वह कार में रखे था और दादा साहेब की ओर निशाना लगाकर गोली दागने ही वाला था कि दादा साहेब ने उसे गोली मार दी।" यह बताते हुए उसने अपना चेहरा

दूसरी ओर घुमा लिया। स्पष्ट था कि उन्हें लोगों को नुकसान पहुँचाना पसंद नहीं था।

"क्या यह सब पहले से तय था?" समरजीत की माँ ने पूछा।

"जी, हम सब जानते थे और सभी की राय यही थी कि प्रणव नहीं सुधरेगा और जब तक जिंदा रहेगा, तब तक गरीब महिलाओं तथा गाँववालों को परेशान करता रहेगा। लोगों को शांति से जीने देने के लिए उसका मारा जाना जरूरी था।" पहली बार मैंने देखा कि समरजीत के अंदर इतना गर्व, शक्ति और अपने आसपास के लोगों के साथ निष्पक्ष व्यवहार करने की भावना कहाँ से आई थी!

"उसके साथ कार में जो उसके दो बेटे थे, उनका क्या हुआ?" मैंने कुछ हिचकते हुए पूछा।

"उन्हें एक अँधेरी गुफा में रखा गया है।" उसने 'अँधेरी' शब्द पर जोर देते हुए कहा, "अँधेरी गुफा इस घाटी में एक छोटी-सी गुफा है, जिसमें जाने का केवल एक ही रास्ता है और उसे बाहर से बड़े पत्थर से बंद किया जा सकता है। अंदर का व्यक्ति उस पत्थर को नहीं हटा सकता है और न ही बाहर आ सकता है। उस गुफा की छत काफी ऊँची है और ऊपर एक छोटा-सा छेद है, जिससे खाना नीचे दिया जाता है और उसमें बंधक बनाए गए आदमी से बात कर सकते हैं।" वह ऐसे बताता जा रहा था, जैसे उसे मेरे अगले सवाल का पहले से पता हो।

"उन्हें एक अँधेरी गुफा में रखा गया है।" उसने 'अँधेरी' शब्द पर जोर देते हुए कहा, "अँधेरी गुफा इस घाटी में एक छोटी-सी गुफा है, जिसमें जाने का केवल एक ही रास्ता है और उसे बाहर से बड़े पत्थर से बंद किया जा सकता है। अंदर का व्यक्ति उस पत्थर को नहीं हटा सकता है और न ही बाहर आ सकता है। उस गुफा की छत काफी ऊँची है और ऊपर एक छोटा-सा छेद है, जिससे खाना नीचे दिया जाता है और उसमें बंधक बनाए गए आदमी से बात कर सकते हैं।"

"हम उसका इस्तेमाल अपराधी दिमागवालों का व्यवहार सुधारने के साधन के रूप में करते आ रहे हैं।" वह मेरे चेहरे की ओर देखते हुए बोला, जिस पर उत्सुकता दमक रही थी। यह कुछ-कुछ वैसा ही था, जैसे मेरे पिता हम लोगों को हमारी गलतियों का अहसास कराने के लिए हमें कोठरी में बंद कर देते थे।

"मैं समझ गया हूँ, तुम लोग योगेश और जीवन यादव को तब तक अँधेरी गुफा में बंद रखोगे, जब तक वे अपने अपराधी तौर-तरीके नहीं छोड़ देते। उन्हें सुधारने की कोशिश के बजाय उन्हें सीधे मार देना ही ज्यादा आसान नहीं होता?" मुझे खुद अपने मुँह से निकले इन शब्दों पर यकीन नहीं आ रहा था।

समरजीत मेरी बेबाकी और निष्ठुरता पर मुसकराया। मुझमें आए इस बदलाव का

श्रेय चंबल घाटी में बिताए मेरे दो महीनों को था।

"पिताजी का मानना है कि अगर तुम किसी अपराधी नेता को मारते हो तो उसकी जगह कोई दूसरा आ जाएगा। फिर वह और ज्यादा अपराध करेगा। जब तक नेता बहुत अति न कर दे या बिल्कुल ही सुधरने लायक न हो, तब तक उसे सुधारा जा सकता है और भविष्य में अच्छा बनाया जा सकता है।" समरजीत ने समझाया।

इस घटना को हुए पाँच दिन बीत चुके थे और हम पहले की ही तरह आसपास घूमने के लिए निकले थे।

"यादव बंधु कल छोड़ दिए जाएँगे।" बबलू ने ऐलान किया। हम उसके घोड़े के सामने पहुँचकर रुक गए थे।

"इसका मतलब अँधेरी गुफा का इलाज काम कर गया?" मैंने अविश्वास भरे स्वर में पूछा, क्योंकि मुझे उम्मीद नहीं थी कि अँधेरी गुफा के इलाज से वाकई व्यवहार सुधर जाता होगा!

काम किया या नहीं, यह पक्के तौर पर तो नहीं कहा जा सकता, लेकिन इतना तो तय है कि वे अच्छी तरह से समझ गए हैं कि वे जो करते थे, वह गलत था और हम उन पर निगाह रखे हैं। अगर वे वापस जाकर फिर से पुराने काम जारी रखते हैं तो बच नहीं पाएँगे और उनके साथ फिर से यही बरताव होगा।

"काम किया या नहीं, यह पक्के तौर पर तो नहीं कहा जा सकता, लेकिन इतना तो तय है कि वे अच्छी तरह से समझ गए हैं कि वे जो करते थे, वह गलत था और हम उन पर निगाह रखे हैं। अगर वे वापस जाकर फिर से पुराने काम जारी रखते हैं तो बच नहीं पाएँगे और उनके साथ फिर से यही बरताव होगा।" बबलू ने उस इलाज के प्रति मेरे अविश्वास को दूर करने की कोशिश की, "अगर तुम चाहो तो मैं तुम्हें कल ले चलूँगा, जिसे तुम दूर से देख सकोगे। अगर तुम लोग नहीं बताओगे तो मैं भी दादा साहेब को नहीं बताऊँगा।"

तो, अगले दिन सुबह समरजीत और मैं—दोनों जल्दी उठ गए। जल्दी से नाश्ता किया और जैसे ही बबलू सामने के दरवाजे पर पहुँचा, हम लोग वहाँ से निकल पड़े। दादा साहेब पहले ही जा चुके थे और समरजीत की माँ को किसी तरह का शक नहीं हुआ; क्योंकि जब से मैं वहाँ आया था, तभी से हम लोग घाटी में यहाँ-वहाँ घूमते ही रहते थे। बबलू सीधे हमें गुफा के दरवाजे के पीछे की तरफ ले गया और फिर एक गड्ढे के ऊपर ले गया, जहाँ जमीन समतल थी और छिपने के लिए कुछ बड़े पत्थर बिखरे पड़े थे। उसने हमें एक पत्थर के पीछे छिपने का इशारा किया, जहाँ से हमें गुफा का दरवाजा स्पष्ट दिखाई पड़ता था।

कुछ ही देर में दादा साहेब और उनके साथी अँधेरी गुफा के दरवाजे पर दिखाई

दिए। वे सभी सफेद कपड़े पहने थे, लाल पगड़ी बाँधे थे और अपने चेहरे ढँके थे। उनके कंधों पर बंदूकें लटक रही थीं और सभी अपने-अपने घोड़ों पर सवार थे। यादव बंधु धीरे-धीरे सूरज की रोशनी में लाए गए। जगह का पता न लग पाए, इसलिए उनकी आँखों पर पट्टी बाँधी गई थी और उनके चेहरे पीले पड़ चुके थे।

"वापस जाकर तुम लोगों का आचरण कैसा होगा?" दादा साहेब ने उनसे पूछा।

"हम सभी महिलाओं से आदर और समानता का बरताव करेंगे। हम किसी भी महिला पर जबरदस्ती नहीं करेंगे। हम गाँववालों की कड़ी मेहनत का भी सम्मान करेंगे और उनकी मेहनत का फल उनसे नहीं छीनेंगे। नेताओं के रूप में हमारा काम गाँववालों की सेवा करना और सभी को न्याय दिलाना होगा। गाँववालों को गरीब और बेसहारा छोड़ते हुए अपनी जेबें भरना हमारा काम नहीं होगा।" यादव बंधुओं ने धीमे, लेकिन सधे लहजे में कहा और कम-से-कम उस समय तो ऐसा लग रहा था कि वे जो कह रहे हैं, सच कह रहे हैं।

"अगर तुम्हारे तौर-तरीके पहले जैसे ही रहे तो तुम्हें क्या लगता है, क्या होगा?" दादा साहेब ने पूछा।

हम सभी महिलाओं से आदर और समानता का बरताव करेंगे। हम किसी भी महिला पर जबरदस्ती नहीं करेंगे। हम गाँववालों की कड़ी मेहनत का भी सम्मान करेंगे और उनकी मेहनत का फल उनसे नहीं छीनेंगे। नेताओं के रूप में हमारा काम गाँववालों की सेवा करना और सभी को न्याय दिलाना होगा।

"हम फिर से इसी गुफा में बंद कर दिए जाएँगे!" दोनों डर से काँपते हुए एक साथ बोले।

बबलू उनको आँखों पर पट्टी बँधी हुई अवस्था में ही ले गया और घाटी के एक छोर पर छोड़ आया, ताकि वे अपने घरों को जा सकें और उन गाँववालों के साथ क्रूरता करना बंद कर दें, जो वास्तव में मदद करने लायक थे।

हमारी गरमी की छुट्टियाँ खत्म होने वाली थीं और काके का पुरा में रहने के लिए हमारे पास बस, एक और सप्ताह बचा था। उसके बाद हमें वापस पोखरण आना था। उस दिन दोपहर में, खासतौर पर बरगद के पेड़ की छाया में, मौसम बहुत सुंदर था। दादा साहेब और बबलू पास के गाँव में कुछ समस्याएँ सुलझाने के लिए गए हुए थे।

समरजीत बाकी साथियों के साथ पोखरण की अपनी जिंदगी की कहानियाँ सुना

रहा था, साथ ही उनकी मजेदार कहानियाँ और अनुभव भी सुन रहा था। जब वह उन साथियों के साथ बैठा था तो यकीन करना मुश्किल था कि वह केवल पंद्रह साल का था। जहाँ मेरे लिए उन डरावने डाकुओं से बात करने की हिम्मत जुटाना बहुत मुश्किल होता था, वहीं समरजीत आसानी से उनके जैसी ही बात कर लेता था और उनके बीच सम्मान हासिल कर लेता था।

"ठाँय!" अचानक बगल से एक गोली आई और बरगद के पेड़ के मोटे तने में धँस गई। मेरे अलावा, सबको समझ में आ गया था कि क्या करना था! समरजीत ने तुरंत मुझे कंधे से पकड़ा और अपने मकान की तरफ भागा। उसने मुझे घर के अंदर किया और खुद हथियारों वाले कमरे में जाकर एक डबल बैरल बंदूक ले आया। समरजीत की माँ ने उसे रोकने की कोशिश की, लेकिन उसने स्पष्ट बता दिया कि दादा साहेब बाहर गए हुए हैं तो उसे हमलावरों को घर में घुसने से रोकना होगा।

मुझे खुद अपने लिए तो डर लग ही रहा था, साथ ही समरजीत की भी फिक्र हो रही थी; क्योंकि मुझे पता नहीं था कि गुफा के बाहर क्या हो रहा है! बीच-बीच में गोलियाँ चलने की आवाजें सुनाई दे रही थीं और यह तक पता नहीं था कि हमलावर कौन हैं? आखिरकार, करीब एक घंटे बाद, एक साथी समरजीत को अपने कंधे पर लादे हुए तेजी से अंदर आया।

"ठाँय!" अचानक बगल से एक गोली आई और बरगद के पेड़ के मोटे तने में धँस गई। मेरे अलावा, सबको समझ में आ गया था कि क्या करना था! समरजीत ने तुरंत मुझे कंधे से पकड़ा और अपने मकान की तरफ भागा। उसने मुझे घर के अंदर किया और खुद हथियारों वाले कमरे में जाकर एक डबल बैरल बंदूक ले आया।

"आखिरकार, पुलिस पहुँच ही गई। समरजीत को गोली लगी है और उसका खून बहुत बह रहा है।" उसने बताया और समरजीत को बिस्तर पर लिटा दिया।

अपने दोस्त को खून से लथपथ बिस्तर पर पड़े देखना मेरे लिए डराने और उदास कर देनेवाली बात थी। मैं कुछ करना चाहता था...उसे ठीक करने के लिए हर तरह की मदद करना चाहता था। समरजीत की माँ भागकर बिस्तर के पास आईं और उसका सिर अपनी गोद में रखकर सीने के पास उसके गोली के घाव को हथेली से दबाने लगीं।

"कोई डॉक्टर को बुलाकर लाओ।" उसने साथियों से कहा तो उनमें से एक फौरन डॉक्टर को लाने के लिए भागा।

"मैं ठीक हो जाऊँगा, माताजी।" समरजीत ने कमजोर आवाज में कहा। मेरी आँखों से आँसू लगातार बहे जा रहे थे।

डॉक्टर को आने में घंटे भर से ज्यादा लग गया। "इसके एक फेफड़े में घाव हुआ है और अंदर बहुत खून बह रहा है। इसे तुरंत ही अस्पताल ले जाना पड़ेगा और खून रोकने के लिए ऑपरेशन करना पड़ेगा।" उसने अपनी डॉक्टरी सलाह दी और बाकी लोगों के साथ इस समस्या पर चर्चा करने लगा कि ऑपरेशन की सुविधा वाला सबसे नजदीकी अस्पताल कम-से-कम घंटे भर की दूरी पर भिंड में है।

साथियों ने समरजीत को जीप की पिछली सीट पर लिटाया। समरजीत की माँ उसके बगल में बैठीं और समरजीत ने मुझे भी साथ चलने का इशारा किया तो उन्होंने मुझे भी पीछे की सीट पर बैठा लिया। टेढ़ी-मेढ़ी पथरीली सड़क पर जीप आगे बढ़ी तो मुझे समरजीत के चेहरे पर दर्द के भाव स्पष्ट दिखने लगे थे। उसकी माँ उसे सांत्वना देने की पूरी कोशिश कर रही थीं और अपनी गोद में तकिया बनाकर उसका सिर रखे थीं।

"जीप तैयार करो! उसे भिंड ले जाना है!" समरजीत की माँ का इरादा और लहजा इतना मजबूत मुझे कभी नहीं दिखा था।

साथियों ने समरजीत को जीप की पिछली सीट पर लिटाया। समरजीत की माँ उसके बगल में बैठीं और समरजीत ने मुझे भी साथ चलने का इशारा किया तो उन्होंने मुझे भी पीछे की सीट पर बैठा लिया। टेढ़ी-मेढ़ी पथरीली सड़क पर जीप आगे बढ़ी तो मुझे समरजीत के चेहरे पर दर्द के भाव स्पष्ट दिखने लगे थे। उसकी माँ उसे सांत्वना देने की पूरी कोशिश कर रही थीं और अपनी गोद में तकिया बनाकर उसका सिर रखे थीं।

"तुम्हें यह लड़ाई जारी रखनी है, चैतू।" समरजीत ने मेरी तरफ देखते हुए कहा।

"ऐसा मत कहो। हम दोनों मिलकर ये काम करेंगे।" मेरा मन समरजीत के बिना जिंदगी की कल्पना तक नहीं कर पा रहा था।

"वैसे तो पिताजी हमेशा मुझे इस सबसे दूर रखना चाहते थे, लेकिन जो अपनी मदद नहीं कर सकते, उनकी मदद करना मेरे खून में ही है। अगर मैं ठीक नहीं हो पाया तो वादा करो, तुम मेरे लिए इसे जारी रखोगे। जितना तुम सोचते हो, तुम उससे ज्यादा मजबूत हो। तुम मेरे जाननेवालों में सबसे ज्यादा सक्षम हो।" यह कहकर वह मेरी 'हाँ' का इंतजार करने लगा।

"मैं वचन देता हूँ।" मैंने उसके कंधे पर अपना दायाँ हाथ रखते हुए कह दिया।

अस्पताल के आधे रास्ते में ही समरजीत बेहोश हो गया और अस्पताल पहुँचते-पहुँचते उसकी साँस बंद हो गई। अस्पताल में डॉक्टरों ने उसकी साँस वापस लाने की कोशिश की, लेकिन तब तक बहुत देर हो चुकी थी।

समरजीत नहीं रहा तो मुझे इस बात की कोई परवाह नहीं रही कि मैं कब जाग रहा हूँ या कब खाना खा रहा हूँ! इस सबका कोई मतलब नहीं रह गया था। समरजीत की माँ की स्थिति तो और कठिन थी, जो अपना इकलौता बेटा खो चुकी थीं। दादा साहेब के चेहरे पर साहस दिख रहा था और वे अपने काम में लग गए थे। शायद वे जानते थे कि बहुत सारे लोग अपनी भलाई और खुशी के लिए उन पर निर्भर हैं।

"मैंने तुम्हारे पिता को फोन कर दिया है। वे और तुम्हारी बहन तुम्हें पोखरण ले जाने के लिए आ रहे होंगे।" उन्होंने मुझसे कहा।

"तुम समरजीत के पक्के दोस्त हो और वह तुम्हें बहुत पसंद करता था, बहुत इज्जत करता था तुम्हारी। मैं भी तुम्हें उतना ही चाहता हूँ। जिंदगी में कभी भी किसी मदद की जरूरत पड़े तो तुम मुझ पर भरोसा कर सकते हो।" उन्होंने मुझे गले लगाते हुए कहा। इतने बड़े भारी और दुःखद नुकसान के बावजूद वे मेरी मदद करने की बात कह रहे थे। मुझे तो उनके हृदय की विशालता पर यकीन ही नहीं हो रहा था।

मैंने धीरे से सिर हिला दिया, क्योंकि मुझे समझ ही नहीं आ रहा था कि मैं क्या बोलूँ और उस दुःख से कैसे निपटा जाए, जिसने हमें इतनी ज्यादा गहराई से और इतने ज्यादा अचानक घेर लिया था।

पोखरण वापस जाते समय ट्रेन में मैंने दीदी से बहुत ही कम बात की। मैं पूरी तरह से समरजीत के खयालों में, उसके आत्मविश्वास के बारे में, उसकी ऊर्जा के बारे में, अपने आसपास के हर किसी को ऊर्जा से भर देने और लोगों को उनकी क्षमता का असली अहसास कराने की उसकी काबिलियत के बारे में खोया हुआ था। मैं उससे मिलने से पहले भी जीने के पूरी तरह से काबिल था, लेकिन अब उससे पहचान के कुछ वर्षों बाद मैं बिना उसके जीने की कल्पना तक नहीं कर पा रहा था। मेरे अस्तित्व के लिए वह इतना जरूरी कब बन गया था!

ट्रेन रवाना हुई तो मैं खिड़की से हरी-भरी घाटियों को देखने लगा। ट्रेन चंबल नदी से पार हुई तो मैं सोचने लगा कि समरजीत तो मुझसे कमजोरों और दबे-कुचले लोगों के लिए लड़ने की अपेक्षा कर रहा था; लेकिन क्या मेरे अंदर अपनी जिंदगी के लिए लड़ने और देवयानी को वापस लाने की ताकत भी है?

□

4

पोखरण परमाणु विस्फोट की गहराई

(1985-1990)

"चलो, उठो! जाग जाओ!" दीदी चिल्ला रही थीं और गुस्से से मुझे हिला रही थीं, पर मुझे होश ही नहीं था।

"क्या हो रहा है?" मैंने पूछा और जानने की कोशिश की कि यह सब शोर-शराबा किसलिए हो रहा है!

"राजनीतिक गुंडे कल तुम्हें ढूँढ़ते हुए यहाँ आए थे। तब तुम बाहर गए हुए थे। तुम्हारा यहाँ रहना अब ठीक नहीं है।" उन्होंने कहा और मेरे कपड़े व पुस्तकें कुछ बड़े सूटकेसों में रखने का काम करने में लगी रहीं।

"मैं तुम्हें छोड़कर कहीं नहीं जाने वाला। मेरा सामान लगाना बंद कर दो।" मैंने विरोध किया और अपना सामान ले जाने से उन्हें रोकने की कोशिश की।

"हम तुम्हें दिल्ली ले जा रहे हैं, जहाँ से तुम विमान से अमेरिका के बोस्टन जाओगे।" वह मजाक नहीं कर रही थीं और उनकी आवाज में एकदम अंतिम निर्णय झलक रहा था।

"रमेश सर बोस्टन में एम.आई.टी. यूनिवर्सिटी के अपने दोस्त और प्रो. गोपाल से पिछले कुछ महीनों से बात कर रहे हैं। वे पोखरण परमाणु परीक्षणों के कंप्यूटर मॉडलों के बारे में बात कर रहे थे, जिस पर तुम काम कर रहे थे। हाल के घटनाक्रमों को देखते हुए गोपाल तुम्हें अपने पास बुलाना चाह रहे हैं और तुम्हें एम.आई.टी. में तुम्हारी पढ़ाई शुरू कराने में मदद करना चाहते हैं।" उन्होंने बताया। तभी दरवाजे पर दस्तक हुई।

"रमेश सर ही होंगे। वे हमारे साथ ट्रेन से दिल्ली चलेंगे।" सामने का दरवाजा खोलने के लिए जाते समय वह बोलती गईं।

"गुड मॉर्निंग, चैतन्य!" रमेश सर ने मुसकराते हुए चेहरे के साथ अंदर झाँका। "हम दिल्ली जाएँगे और अगले दो-तीन दिनों में तुम्हारे वीजा की औपचारिकताएँ पूरी करा लेंगे। जब तुम बोस्टन हवाई अड्डे पर उतरोगे तो तुम्हें लेने के लिए गोपाल और

उनके कुछ रिसर्च स्टूडेंट्स आ जाएँगे।" उन्होंने मुझे बताया।

"तुम्हें हो सकता है, अभी अहसास न हुआ हो; लेकिन तुम्हारे पास अद्भुत दिमाग है और तुम दुनिया को बहुत कुछ दे सकते हो। हाल के सदमों के बावजूद तुम्हें भविष्य की ओर देखना होगा और समझना होगा कि तुम इस दुनिया को हर किसी के लिए बेहतर कैसे बना सकते हो। बुद्धि और होशियारी का इस्तेमाल मानवता की बेहतरी के लिए न किया जाए तो बेकार है।" रमेश सर बोले जा रहे थे। इस तरह की बड़ी-बड़ी बातें मुझे अंदर से हमेशा से बेचैन करती रही हैं, क्योंकि मैंने कभी अपने को इस काबिल नहीं समझा कि एक पल से दूसरे पल में जी सकूँगा। अगर मेरे पास सचमुच ऐसी होशियारी है तो मुझे देवयानी का पता लगाकर और उसे अब तक वापस ले आना चाहिए था और पापा तथा समरजीत समेत उन सबकी सुरक्षा करनी चाहिए थी, जिनको मैं दिल से चाहता था।

"मैं वह सब यहाँ से भी कर सकता हूँ। मैं पोखरण या दीदी या आपसे दूर नहीं जाना चाहता। यही इकलौती जगह है, जिसे मैं सचमुच जानता हूँ और सबसे ज्यादा सहज महसूस करता हूँ।" मैंने विनती के भाव से रमेश सर की ओर देखते हुए कहीं और जाने के प्रति अपनी अनिच्छा जताई।

"मैं वह सब यहाँ से भी कर सकता हूँ। मैं पोखरण या दीदी या आपसे दूर नहीं जाना चाहता। यही इकलौती जगह है, जिसे मैं सचमुच जानता हूँ और सबसे ज्यादा सहज महसूस करता हूँ।" मैंने विनती के भाव से रमेश सर की ओर देखते हुए कहीं और जाने के प्रति अपनी अनिच्छा जताई।

"यहाँ रहना तुम्हारे लिए सुरक्षित नहीं है। वे पहले भी सोची-समझी प्लानिंग के साथ पापा का मर्डर कर चुके हैं। मैं अब तुम्हें भी खोना नहीं चाहती। तुम्हें अब अमेरिका जाना ही होगा!" दीदी बोलते-बोलते अपने आँसू रोकने की कोशिश कर रही थीं।

"मैं चला गया तो दीदी की देखभाल कौन करेगा?" मैं जानता था कि दीदी रमेश सर को पसंद करती थीं, क्योंकि जब भी रमेश सर घर पर या स्कूल में हम लोगों से मिलते थे तो उनकी आँखों में चमक आ जाती थी। ऊँची आवाज में यह सवाल पूछने का मकसद यही था कि मैं आशा कर रहा था कि रमेश सर इसका जवाब देंगे।

"मैं स्कूल में टीचर की नौकरी करती हूँ और रहने के लिए यह मकान है ही। मैं अपनी देखभाल खुद कर सकती हूँ।" दीदी ने मुझे भरोसा दिलाते हुए कहा।

"इनकी मदद करने के लिए मैं भी यहाँ हूँ न! तुम अमेरिका में अपना अध्ययन जारी रख सकते हो और यहाँ हम किस तरह से सँभालेंगे, इसकी चिंता किए बिना जा सकते हो।" रमेश सर ने दीदी के स्वर में स्वर मिलाया। अंदर से मैं उम्मीद करता था

कि वे एक न एक दिन एक–दूसरे से शादी करने का निर्णय करेंगे, क्योंकि लगता था कि दोनों एक–दूसरे का साथ पसंद करते हैं और दोनों में पढ़ाने का तथा कस्बे के लोगों का जीवन सुधारने का बराबर का जुनून था।

पापा जैसे हमेशा मजबूत और अपराजेय दिखनेवाले व्यक्ति को अस्पताल में बिस्तर पर पट्टियों से लिपटा हुआ और नाक में पाइप डालकर खाना दिए जाते देखना दिल दहलानेवाला दृश्य था।

उनके मुझसे कहे आखिरी शब्द थे, “मैंने पूरी और अच्छी जिंदगी जी है। मेरे लिए कभी उदास मत होना। याद रखना, जिंदगी का सबसे ज्यादा आनंद दूसरों की सेवा करने में आता है। अपनी दीदी का खयाल रखना।”

जब उस रात अस्पताल में पापा चल बसे, तब दीदी और मैं पहली बार इतनी ज्यादा देर तक एक–दूसरे को पकड़े रहे; हालाँकि, पापा ने कभी अपने भाव खुलकर नहीं जताए और न ही कभी प्यार से बोले, लेकिन हम दोनों जानते थे कि वे हमें बहुत ज्यादा प्यार करते थे और हमारे परिवार तथा हमारी ताकत की आधारशिला थे। उनके जाने के साथ ही घर में हम दोनों ही रह गए थे और हमारा कोई और सहारा नहीं था।

जब उस रात अस्पताल में पापा चल बसे, तब दीदी और मैं पहली बार इतनी ज्यादा देर तक एक–दूसरे को पकड़े रहे; हालाँकि, पापा ने कभी अपने भाव खुलकर नहीं जताए और न ही कभी प्यार से बोले, लेकिन हम दोनों जानते थे कि वे हमें बहुत ज्यादा प्यार करते थे और हमारे परिवार तथा हमारी ताकत की आधारशिला थे।

कई तरह से, मुझे लगा कि मैं ही पापा की असमय मौत का जिम्मेदार हूँ। राजनीतिक गुंडे पापा के पीछे पड़ गए थे और उन्होंने पापा पर इतना बेरहम और भयानक हमला किया, क्योंकि पापा ‘स्माइलिंग बुद्धा’ परमाणु परीक्षण के पीछे के सच को उजागर करने की कोशिश कर रहे थे, जिसे हुए सोलह साल से ज्यादा समय बीत चुका था। हालाँकि, मीडिया में इस तरह की खबर कभी नहीं आई और न ही परमाणु परीक्षण करनेवालों ने इसे स्वीकार किया; लेकिन परमाणु परीक्षण से जो रेडियोधर्मी तरंगें निकली थीं, जिस कारण मेरे समेत बहुत सारे नवजात बच्चे और शिशु विकलांग हो गए थे। पापा बस, यही चाहते थे कि यह जानकारी जनता के सामने आ जाए और इसके लिए प्रभावित लोगों को सरकार की ओर से आर्थिक और चिकित्सकीय सहायता की बेहद जरूरत थी।

जगदीश उस पूरे दिन पापा के साथ काम कर रहा था और उसने पूरा घटनाक्रम अपनी आँखों से देखा था। पापा और उनकी टीम नहर के पास खेत में काम कर रही थी कि तभी राजनीतिक आकाओं और उनके गुंडों से भरी एक जीप उनके पास आई। उनके पास बहुत सारे हथियार थे। उन्होंने पापा को धमकाने की कोशिश की और कहा कि परमाणु परीक्षण के नतीजे को लेकर अपने रवैए से पीछे हट जाएँ। पापा आसानी से डर जाने वाले तो थे नहीं, इसलिए उन्होंने विरोध किया, जिस पर उन गुंडों ने उन पर हमला कर दिया और मरने के लिए वहीं छोड़कर चले गए। जगदीश और पापा की टीम के बाकी लोग नहर का अपना काम छोड़कर भागे आए और उन्हें अस्पताल ले गए थे।

ट्रेन दिल्ली की ओर चल पड़ी और मैं सोचता रह गया कि स्कूल शुरू होने के साल में अगर मुझे पापा से वह गिफ्ट न मिला होता तो क्या ऐसा कुछ होता?

काके का पुरा से लौटने के बाद कुछ माह बीत चुके थे और मैं समरजीत को खोने के नुकसान से उबरने में असमर्थ था। मैं पूरी तरह से खो चुका था और दिशाहीन बन चुका था, चाहे स्कूल में रहूँ या घर में। तभी मुझे अपने कमरे के बीचोबीच एक बड़ा बक्सा रखा मिला, जिस पर टेलीविजन और एक काले पैड की तसवीर बनी थी, जिस पर बहुत सारे बटन दिख रहे थे।

काके का पुरा से लौटने के बाद कुछ माह बीत चुके थे और मैं समरजीत को खोने के नुकसान से उबरने में असमर्थ था। मैं पूरी तरह से खो चुका था और दिशाहीन बन चुका था, चाहे स्कूल में रहूँ या घर में। तभी मुझे अपने कमरे के बीचोबीच एक बड़ा बक्सा रखा मिला, जिस पर टेलीविजन और एक काले पैड की तसवीर बनी थी, जिस पर बहुत सारे बटन दिख रहे थे।

"यह तुम्हारे लिए गिफ्ट है!" पापा ने बड़ी-सी मुसकान के साथ घोषणा की। मैंने उन्हें इतना ज्यादा उत्साह में या इतना ज्यादा मुसकराते पहले कभी नहीं देखा था।

"क्या है यह?" दीदी और मैं जानना चाह रहे थे।

"इसे पर्सनल कंप्यूटर कहते हैं। कहा जाता है कि यह इनसान की तरह सोचने और याद रखने के ज्यादातर काम कर सकता है।" उन्होंने समझाया और बॉक्स खोलना शुरू कर दिया।

"यह तो बहुत महँगा आया होगा न!" मैंने पूछा, जबकि मुझे यह भी पता नहीं था कि मैं इसका इस्तेमाल कर भी सकूँगा या नहीं!

"हाँ। इसकी कीमत मेरे पिछले साल के पूरे वेतन के बराबर है। लेकिन विज्ञान और गणित में तुम्हारे लिए यह मददगार होगा, जो तुम रमेश सर के साथ करते हो। मैंने रमेश सर से बात की थी और उन्होंने माना था कि इससे तुम्हारी पढ़ाई में मदद मिलेगी।" उन्होंने बताते हुए उस बॉक्स से टी.वी. जैसा यंत्र निकाला और उसे फर्श पर रख दिया।

अगले कुछ सप्ताह तक मैं कंप्यूटर से ही चिपका रहा और सीखने की कोशिश करता रहा कि इससे क्या-क्या हो सकता है! उसकी प्रोग्रामिंग की बुनियादी बातें समझता रहा तथा यह जानने में लगा रहा कि जो काम अब तक मैं अपने दिमाग में या कागज पर करता था, वह कंप्यूटर पर कैसे करना है। मैं उस पर जितना ज्यादा काम करता था, उतना ही ज्यादा मुझे उससे प्यार हो जाता था। हालाँकि, यह समरजीत की जगह नहीं ले सकता था, लेकिन फिर भी यह मेरा सबसे पक्का मित्र बन गया था, दूसरा बेस्ट फ्रैंड बन गया था। मैंने पाया कि समय सारे जख्म भर देता है, यहाँ तक कि अपने दोस्त को खोने का असीमित दु:ख और पीड़ा भी ठीक कर देता है।

अगले कुछ सप्ताह तक मैं कंप्यूटर से ही चिपका रहा और सीखने की कोशिश करता रहा कि इससे क्या-क्या हो सकता है! उसकी प्रोग्रामिंग की बुनियादी बातें समझता रहा तथा यह जानने में लगा रहा कि जो काम अब तक मैं अपने दिमाग में या कागज पर करता था, वह कंप्यूटर पर कैसे करना है। मैं उस पर जितना ज्यादा काम करता था, उतना ही ज्यादा मुझे उससे प्यार हो जाता था।

हालाँकि, मैं स्कूल जाता था, क्योंकि पापा मुझे स्कूल भेजना चाहते थे और इससे उनको खुशी होती थी, लेकिन मेरी खुद की स्कूल जाने की कोई इच्छा नहीं रह गई थी। खासतौर पर, घर में कंप्यूटर आ जाने से और रमेश सर के उस पर मेरे साथ काम करने के लिए नियमित रूप से घर आने के कारण मुझे सबकुछ घर पर ही मिल जाता था। अगले कुछ महीनों में, मैं सौरमंडल के मॉडल कंप्यूटर पर बना चुका था, जो ग्रहण और अन्य आकाशीय घटनाओं के बारे में सटीक अनुमान लगा सकता था। कंप्यूटर स्क्रीन पर ग्रहीय मॉडलों को चलते-फिरते देखना बहुत आश्चर्यजनक था।

"तुम कुछ और जटिल एवं चुनौतीपूर्ण क्यों नहीं बनाते?" रमेश सर मुझे और ज्यादा कोशिश करने के लिए प्रेरित करते।

"सौरमंडल का ग्रहीय मॉडल बनाना बहुत जटिल था, क्योंकि इसमें न्यूटन के नियमों का ध्यान रखना था, विभिन्न ग्रहों का आपसी संपर्क दिखाना था और खगोलीय द्रव्यमानों एवं दूरियों को सटीक तरह से दिखाना था।" मैंने अपने किए काम की जटिलता को समझाने की कोशिश करते हुए उत्तर दिया।

"कुछ ऐसा हो, जो इतना ही जटिल और हमारे लिए संभावित रूप से उपयोगी हो।" रमेश सर जब यह बोले, तब उनके दिमाग में कुछ चल रहा था। जब भी वे ऐसा करते तो उनकी भौंहें सिकुड़ जाती थीं और वे उँगलियों से अपनी कनपटियाँ खुजाने लगते थे।

"क्या आपके दिमाग में कुछ है ऐसा, जिसका मैं मॉडल बनाऊँ?" मैंने पूछ लिया और किसी ऐसी चुनौती की आशा करने लगा, जो रमेश सर और पापा को खुश कर दे; क्योंकि इस तरह की चीजों से पापा सचमुच बहुत उत्साहित हो जाते थे और मैं जो भी कर रहा होता, उसमें काफी दिलचस्पी लेते थे। बाकी ज्यादातर समय पापा घर आते और अपने काम में या पुस्तकों एवं अखबारों में डूब जाते थे।

"अच्छा, 'स्माइलिंग बुद्धा' न्यूक्लियर टेस्ट का मॉडल कैसा रहेगा, जो यहीं तुम्हारे जन्म से एक साल पहले पोखरण में ही किया गया था?" रमेश सर ने मेरी ओर ध्यान से बिना मुसकराए पूछा, जिससे मैं समझ गया कि वह मजाक नहीं कर रहे थे।

"क्या आपके दिमाग में कुछ है ऐसा, जिसका मैं मॉडल बनाऊँ?" मैंने पूछ लिया और किसी ऐसी चुनौती की आशा करने लगा, जो रमेश सर और पापा को खुश कर दे; क्योंकि इस तरह की चीजों से पापा सचमुच बहुत उत्साहित हो जाते थे और मैं जो भी कर रहा होता, उसमें काफी दिलचस्पी लेते थे। बाकी ज्यादातर समय पापा घर आते और अपने काम में या पुस्तकों एवं अखबारों में डूब जाते थे।

"उसके बारे में तो मुझे यही नहीं पता कि शुरुआत कहाँ से करनी है!" मैंने विरोध जताया, क्योंकि मुझे लगा था कि यह चुनौती मेरे बूते से बाहर की बात थी।

"याद रखो, अगर इस टेस्ट की जिम्मेदारी जिन वैज्ञानिकों की थी, वे इसे कर सके तो तुम भी इसे कर सकते हो।" उन्होंने मुझे आश्वस्त करते हुए कहा।

बाहर अँधेरा हो चुका था और पापा काम से घर लौटे ही थे। दीदी फटाक से कमरे में घुसीं और घोषणा करने लगीं, "इट इज डिनर टाइम! चलो, चैतू।"

"रमेश, प्लीज, हमारे साथ डिनर कीजिए न। अगर आप हमारे साथ डिनर करेंगे तो पापा और हम सबको बहुत अच्छा लगेगा।" दीदी ने रमेश सर से कहा।

डिनर की टेबल पर रमेश सर ने पापा से मेरे बनाए सारे कंप्यूटर प्रोजेक्ट्स एवं वैज्ञानिक मॉडलों के बारे में बताया। वैसे तो, जब से कंप्यूटर घर में आया था, तभी से ऐसे खुशनुमा पल कुछ ज्यादा ही आम हो गए थे, जब पापा मेरे काम के बारे में सवाल करते थे और उसमें शामिल होते थे। जो काम मैं केवल पापा की खुशी के लिए करता था, उसकी तुलना में उन चीजों पर काम करना ज्यादा अच्छा लगता था, क्योंकि मुझे

सचमुच उनमें आनंद आता था। कुछ हद तक उस काम ने मेरा दिमाग देवयानी और समरजीत को खोने के गम से दूर भी कर दिया था।

"आज से ही चैतन्य 'स्माइलिंग बुद्धा' परमाणु परीक्षण के प्रभाव की मॉडलिंग कंप्यूटर पर शुरू करने जा रहा है।" रमेश सर ने यह तो सामान्य रूप से बताया था, लेकिन इसे सुनते ही पापा का खाना अचानक रुक गया।

"यह कंप्यूटर मॉडल क्या अनुमान लगाएगा?" पापा ने अपनी उत्सुकता छिपाने की कोशिश करते हुए पूछ तो लिया, लेकिन उनके लहजे से सब जाहिर हो गया।

"आज से ही चैतन्य 'स्माइलिंग बुद्धा' परमाणु परीक्षण के प्रभाव की मॉडलिंग कंप्यूटर पर शुरू करने जा रहा है।" रमेश सर ने यह तो सामान्य रूप से बताया था, लेकिन इसे सुनते ही पापा का खाना अचानक रुक गया।
"यह कंप्यूटर मॉडल क्या अनुमान लगाएगा?" पापा ने अपनी उत्सुकता छिपाने की कोशिश करते हुए पूछ तो लिया, लेकिन उनके लहजे से सब जाहिर हो गया।

"सारे सही पैरामीटर्स और मॉडलिंग की धारणाओं को देखते हुए कंप्यूटर यह बता सकता है कि क्या परीक्षण के बाद कोई परमाणु दुष्प्रभाव पड़ा था? निस्संदेह, कंप्यूटर यह भी बता देगा कि विस्फोट के केंद्र में कितना तापमान पैदा हुआ होगा और विस्फोट के गड्ढे में कितना रेडियोधर्मी पदार्थ फँसा होगा।" रमेश सर ने समझाया।

पापा की इतनी रुचि और उत्सुकता मुझे परमाणु परीक्षण की मॉडलिंग के काम में जुटाने के लिए काफी थी। उस परमाणु परीक्षण के सारे रहस्य खोलना बहुत मजेदार बात थी, जो कि मेरे जन्म के समय के आसपास ही किया गया था।

"क्या तुमने बम के प्रकार की पहचान की है?" रमेश सर ने मेरी सोच एवं प्रयासों को सही दिशा में लगाने और प्रेरित करने के लिए सीधा टारगेट करके प्रश्न पूछा।

"मैं कैसे अनुमान लगाऊँगा कि एक ग्राम प्लूटोनियम से कितनी मात्रा में ऊर्जा मुक्त हुई होगी?" यह पूछते हुए मैं किसी परमाणु विशेषज्ञ की तरह लग रहा था। वैसे भी, बम के बारे में अपनी पूरी जिंदगी में मैंने उतना नहीं जाना था, जितना मैं पिछले कुछ सप्ताहों में जान गया था। यह सोचना एकदम अवास्तविक था कि विस्फोट मेरे घर से कुछ ही किलोमीटर की दूरी पर हमारे घर के पीछे की तरफ हुआ होगा।

कई बार ऐसा भी हुआ कि मैं मॉडल बनाते समय कहीं फँस गया और रमेश सर

के पास भी उसका जवाब न होता तो वे अपने एक मित्र से पूछते थे, जो अमेरिका में एक बड़े कॉलेज में प्रोफेसर था। अगले कुछ सप्ताह बाद तो मैं खुद ही प्रो. गोपाल को पत्र लिखने लगा था, जो बहुत होशियार थे और परमाणुवीय भौतिकी एवं परमाणु बमों के बारे में जाननेवाली सारी बातें जानते थे।

कुछ सप्ताह के अथक सुधारों के बाद मुझे यकीन हो गया कि मॉडल तैयार हो चुका है। बम के प्रकार, आकार और विखंडनीय सामग्री को देखते हुए मॉडल विस्फोटक आउटपुट और उप-परमाणु स्तर पर कणों के व्यवहार का अनुमान लगा सकता था। आखिर में, मैं उस मॉडल को रमेश सर के सामने पेश करने के लिए तैयार हो गया।

"मेरे मॉडल के आधार पर, विस्फोट का टोटल आउटपुट 13 किलो टन टी.एन. टी. होना चाहिए।" मैंने रमेश सर को अपना मॉडल दिखाते हुए उसके नतीजे उन्हें बताए, जबकि वे अपने सामने फैले विवरण को देखने में डूब चुके थे।

कुछ सप्ताह के अथक सुधारों के बाद मुझे यकीन हो गया कि मॉडल तैयार हो चुका है। बम के प्रकार, आकार और विखंडनीय सामग्री को देखते हुए मॉडल विस्फोटक आउटपुट और उप-परमाणु स्तर पर कणों के व्यवहार का अनुमान लगा सकता था। आखिर में, मैं उस मॉडल को रमेश सर के सामने पेश करने के लिए तैयार हो गया।

"तुम्हारे मॉडल के नतीजे उस समय के अखबारों में छपे आधिकारिक आँकड़ों से ज्यादा हैं। आधिकारिक आँकड़ों के अनुसार, 12 किलो टन टी.एन.टी. था और अंतरराष्ट्रीय मीडिया ने इसे 2 से 20 किलो टन टी.एन.टी. बताया था।" मॉडल के विवरणों की जाँच करते हुए वे बताते जा रहे थे।

"चलो, इस मॉडल को गोपाल के पास भेजते हैं। वह अपने डाटा से इसकी तुलना करेंगे और हमें बताएँगे कि तुम्हारा मॉडल परमाणु बमों के आउटपुट का अनुमान लगाने में उपयोगी होगा या नहीं।" उन्होंने सारे ब्योरे से खुद को आश्वस्त करते हुए अंत में कह दिया।

इस बीच पापा पूछते रहे कि मॉडल का काम कैसा चल रहा है? यह भी पहली ही बार हो रहा था, जब मेरे किसी काम के संभावित परिणामों का वे इंतजार कर रहे थे। अचानक मैं खुद को जिम्मेदार महसूस करने लगा और समझ गया कि मेरे प्रयासों का उन पर असर हो रहा है। मैं चाहता था कि अपने मॉडल के उत्तरों के प्रति पूरी तरह से आश्वस्त हो जाऊँ या कम-से-कम रमेश सर इस लायक मान लें कि अब इन्हें पापा से बताया जा सकता है। तभी मैं मॉडल के विवरण और परिणाम पापा को बताना चाहता था।

"कल मेरी गोपाल से बात हुई। उन्हें लगता है कि तुम्हारा मॉडल सचमुच संपूर्ण है और उन सभी परमाणु परीक्षणों के वास्तविक आउटपुट का बहुत सटीकता से अनुमान

लगा पाने में सक्षम है, जिनके डाटा एम.आई.टी. डाटा रेपॉजिटरी में उपलब्ध हैं। उन्हें लगता है कि अगर तुम एम.आई.टी. में पढ़ाई करने का निश्चय करो तो तुम्हारा बहुत अच्छा भविष्य बन सकता है।" रमेश सर स्कूल में कक्षा के बाद मेरे पास आकर बोले। तब तक सभी छात्र जा चुके थे और मैं भी अपनी व्हीलचेयर को आगे बढ़ाने ही वाला था।

"लेकिन, यह सटीक कैसे हो सकता है ? इस मॉडल ने तो 'स्माइलिंग बुद्धा' टेस्ट के दौरान परमाणु विस्फोट में किसी तरह से परमाणु बिखराव की भविष्यवाणी की ही नहीं ?" मैंने अपने निष्कर्ष निराशा के साथ उन्हें बताए, क्योंकि मैं अंतिम उत्तर जानने की कोशिश कर रहा था, जिसका पापा को बेसब्री से इंतजार था।

> ***"क्या तुमने इस बात को ध्यान में रखा था कि बम तहखाने के जिस गड्ढे में रखा गया था, वह कितनी गहराई पर था ?" उन्होंने पूछा। वे यह सुनिश्चित करने की कोशिश कर रहे थे कि मैंने सभी परवर्ती कारक सही रखे थे।***
> ***"मैंने सतह से सौ मीटर की गहराई ली थी।" मैंने बताया तो वे सहमत दिखे।***
> ***"तुमने किस तरह की मिट्टी का मॉडल लिया था ?" उन्होंने पूछा।***

"क्या तुमने इस बात को ध्यान में रखा था कि बम तहखाने के जिस गड्ढे में रखा गया था, वह कितनी गहराई पर था ?" उन्होंने पूछा। वे यह सुनिश्चित करने की कोशिश कर रहे थे कि मैंने सभी परवर्ती कारक सही रखे थे।

"मैंने सतह से सौ मीटर की गहराई ली थी।" मैंने बताया तो वे सहमत दिखे।

"तुमने किस तरह की मिट्टी का मॉडल लिया था ?" उन्होंने पूछा।

"पूरी तरह से रेतीली मिट्टी का।" मैंने जवाब दिया।

"हम्म..." कहकर वे थोड़ा रुके और कुछ सोचने लगे। "हमें तुम्हारे पिता से इनपुट लेना चाहिए। कैनाल इंजीनियरिंग के अपने काम के आधार पर उन्हें बेहतर पता होगा कि इस इलाके में कितनी गहराई पर किस तरह की मिट्टी होती है !" उन्होंने सलाह दी।

उस दिन, रमेश सर स्कूल से घर आते हुए पूरे समय दीदी और मेरे साथ रहे। मैं अपने को सँभाल नहीं पा रहा था, क्योंकि मैं पापा से उनके इनपुट्स के बारे में पूछने के लिए बहुत बेचैनी से इंतजार कर रहा था और मुझे उम्मीद थी कि पोखरण की मिट्टी की वास्तविक जानकारी से पता चल सकेगा कि वास्तव में वहाँ परमाणु बिखराव हुआ था और इलाके की आबादी तक पहुँचा था। अगर मुझे उन घटनाओं का जरा भी अंदाजा होता, जिससे यह जानकारी निकली और आखिरकार पापा का बेरहमी से कत्ल कर दिया गया, तो मैं अपने कंप्यूटर और परमाणु मॉडल को उसी समय नष्ट कर देता !

"50 फीट तक तो मिट्टी रेतीली है। उसके नीचे करीब 50 फीट तक कड़ी मिट्टी

है और फिर उसके बाद चट्टानी कोर है।" उस रात पापा ने खुशी-खुशी वे सारे विवरण दिए, जिनकी हमारे पास कमी थी।

एक बार वह जानकारी मॉडल में समाहित कर दी तो यह स्पष्ट हो गया कि बम की ताकत को सोखने में वह गहराई पर्याप्त नहीं थी। कड़ी चट्टानों ने विस्फोट के परावर्तक का काम किया और उसे ऊपर की ओर उछाला।

"हाँ, विस्फोट से परमाणु बिखराव हुआ था!" मैं उत्साह में आकर चिल्ला पड़ा, जबकि रमेश सर पल-पल बदल रही कंप्यूटर स्क्रीन पर गौर से देख रहे थे।

पापा मेरे मॉडल का परिणाम देखकर बहुत उत्साहित लग रहे थे। उनका चेहरा कुछ इस तरह से चमक रहा था, जैसे वे पहली बार रोशनी में आए हों।

"तुम्हें पक्का विश्वास है?" उन्होंने रमेश सर और मेरी तरफ देखते हुए पूछा।

हम दोनों ने सिर हिलाया और इस बात की पुष्टि की कि हम मॉडल के परिणामों के बारे में आश्वस्त हैं, क्योंकि हम जानते थे कि परमाणु मॉडल बनाने में जितनी मेहनत लगी और सबसे बड़ी बात, प्रो. गोपाल से इसकी पुष्टि भी हुई, उससे यह स्पष्ट था कि हमारे पूर्वानुमान वास्तविक आउटपुट के बहुत निकट थे।

हम दोनों ने सिर हिलाया और इस बात की पुष्टि की कि हम मॉडल के परिणामों के बारे में आश्वस्त हैं, क्योंकि हम जानते थे कि परमाणु मॉडल बनाने में जितनी मेहनत लगी और सबसे बड़ी बात, प्रो. गोपाल से इसकी पुष्टि भी हुई, उससे यह स्पष्ट था कि हमारे पूर्वानुमान वास्तविक आउटपुट के बहुत निकट थे।

"मैं यह जानता था!" पापा अपने हाथ में लिपटा हुआ अखबार लिये हुए मेज पर उछल पड़े और खड़े हो गए।

"परीक्षण करनेवाले वैज्ञानिक दल को यह पता होगा और इसे देश को बताना चाहिए था। उस समय के राजनीतिक नेतृत्व को यह जानकारी देनी चाहिए थी और परमाणु बिखराव साफ करने के उपाय किए जाने चाहिए थे। सबसे बड़ी बात कि उस विस्फोट को कवर करनेवाले अखबारों और मीडिया को बोलना चाहिए था, क्योंकि सच बताना उनकी जिम्मेदारी होती है।" वे अपना गुस्सा और खीझ हर उस व्यक्ति पर निकालते जा रहे थे, जो उस परमाणु परीक्षण में शामिल था।

"मैं उस परीक्षण के प्रमुख वैज्ञानिक को पत्र लिखूँगा और तुम्हारे मॉडल के परिणाम के बारे में उन्हें बताऊँगा। कम-से-कम वे इसे मान तो सकते हैं और यह सुनिश्चित कर सकते हैं कि इस परमाणु बिखराव से प्रभावित लोगों को अच्छे-से-अच्छा इलाज मुहैया कराएँ, जो देश में हो सकता हो।" बोलते-बोलते उनकी मुट्ठियाँ भिंच गई थीं।

प्रिय श्री सुब्रमण्यम,

पोखरण में 'स्माइलिंग बुद्धा' परमाणु बम का सफल परीक्षण करके आपने और आपकी टीम ने जो असाधारण सफलता हासिल की है, मैं उसकी बहुत सराहना और सम्मान करता हूँ।

जब मुझे पता चला कि 18 मई, 1974 की सुबह आया भूकंप आपकी टीम के सफल विस्फोट का नतीजा था तो जितना राष्ट्रीय गौरव मैंने महसूस किया, उतना मैंने पहले कभी नहीं किया था। मुझे याद है कि मैंने अगले दिन सुबह नाश्ते के समय अखबार में परीक्षण का ब्योरा देखने के बाद बड़े गर्व से अपनी पत्नी को उसके बारे में बताया था।

उस समय मुझे तनिक भी पता नहीं था कि वह परीक्षण मेरी जिंदगी पर बहुत गहरा और बड़ा भारी असर डालनेवाला होगा।

परीक्षण के परमाणु बिखराव के कारण मेरी पत्नी की प्रसव के दौरान मौत हो गई और मेरा बेटा शारीरिक रूप से विकलांगता के साथ पैदा हुआ। करीब 15 साल पहले जयपुर के डॉ. शुभ्रो बोस से बातचीत के आधार पर मैंने उस दौरान विभिन्न तरह की विकलांगताओं के साथ पैदा होनेवाले बच्चों के बारे में जानकारी हासिल की है।

वैसे तो, परमाणु बिखराव के बारे में सरकारी तौर पर कुछ नहीं कहा गया और न ही किसी अखबार में उसके बारे में आया, लेकिन हमने पोखरण में जो कंप्यूटर मॉडल विकसित किया है, उसके आधार पर और अमेरिका की एम.आई.टी. यूनिवर्सिटी के न्यूक्लियर प्रोफेसर से पुष्टि के बाद मुझे पर्याप्त विश्वास है कि परमाणु बिखराव अपरिहार्य था; क्योंकि बम जिस गड्ढे में रखा गया था, उसकी गहराई काफी कम थी।

उस समय इलाके में पैदा हुए बच्चों के भारी भौतिक सबूतों के साथ-साथ कंप्यूटर मॉडल पर आधारित सबूतों को देखते हुए मेरा आपसे अनुरोध है कि अपने निष्कर्षों का फिर से आकलन कीजिए और ऐलान कीजिए कि वास्तव में परमाणु बिखराव हुआ था।

इससे परमाणु बिखराव के शिकार हुए लोगों को उचित इलाज और सरकार से जरूरी आर्थिक मदद पाने में काफी मदद मिलेगी।

भवदीय,

—परमवीर

मुख्य अभियंता, नहर निर्माण, पोखरण, राजस्थान

पापा ने यह पत्र सुब्रमण्यम आयंगार को भेजा तो वे वैज्ञानिक खोजों से सेवानिवृत्त हो चुके थे और निर्वाचित सांसद के रूप में राजनीतिक गलियारे में शामिल हो चुके थे। हो सकता है कि सुब्रमण्यम अपने लिए किसी तरह की मुसीबत पैदा नहीं करना चाहते थे, इसलिए यह स्पष्ट था कि वे यह नहीं स्वीकार करना चाहते थे कि किसी तरह का परमाणु बिखराव हुआ था। आखिरकार, कुछ महीनों के इंतजार के बाद पापा को सुब्रमण्यम का पत्र मिला, जिसे पढ़कर वे काफी उद्विग्न और क्षुब्ध हो गए। इतना उद्विग्न और क्षुब्ध मैंने उन्हें पहले कभी नहीं देखा था।

प्रिय श्री परमवीर,

आपकी क्षति और आपके बेटे की शारीरिक विकलांगता के बारे में जानकर मुझे सचमुच बहुत दुःख हुआ।

यह दुर्भाग्यपूर्ण है; लेकिन इसका परमाणु परीक्षण से कोई लेना-देना नहीं है।

हमारे पास दृश्यात्मक पुष्टि भी है और हमारे खुद के मॉडल पर आधारित पुष्टि भी है कि विस्फोट से किसी तरह का परमाणु बिखराव नहीं हुआ था।

आपका,

—सुब्रमण्यम

यही अवसर था, जब पापा ने अपनी व्यक्तिगत कहानी और कंप्यूटर मॉडल के निष्कर्ष राष्ट्रीय समाचार-पत्रों एवं टी.वी. चैनलों पर प्रकाशित-प्रसारित कराने का निश्चय किया और तभी उन्हें स्थानीय राजनेताओं से जान से मारने की धमकियाँ मिलने लगी थीं। हालाँकि, कोई भी मीडिया उस कहानी को छापने का इच्छुक नहीं था, लेकिन जान से मारने की धमकियाँ आती रहीं। पापा की सुरक्षा के प्रति हमारी आशंकाओं के बावजूद, हमने यह कभी नहीं सोचा था कि अब तक उपेक्षित रही किसी जानकारी की ओर सबका ध्यान खींचने के लिए पापा का सुनियोजित तरीके से कत्ल कर दिया जाएगा।

"हम लोग पहुँच गए! मैं सामान सँभाल लूँगा और तुम चैतन्य को ट्रेन से उतरने में मदद करो।" रमेश सर ने दीदी की ओर देखते हुए कहा, जिसे सुनकर मेरे विचारों की ट्रेन भी थम गई और मैंने पाया कि ट्रेन दिल्ली स्टेशन पर पहुँच चुकी है।

अगले कुछ दिनों कई सारे काम होते रहे। रमेश सर ने अमेरिका में प्रो. गोपाल से बात की और सभी कागजात व्यवस्थित करके मेरे स्टूडेंट वीजा के लिए अमेरिकी वाणिज्य दूतावास में भिजवाए। 15 साल के बच्चे को अमेरिका में सीधे पी-एच.डी. प्रोग्राम में दाखिला मिलना कोई साधारण बात नहीं थी, क्योंकि आमतौर पर 20 साल से बड़ी उम्र के छात्र ही उसमें दाखिला पाते हैं।

"प्रो. गोपाल ने मुझसे वादा किया है कि वह तुम्हारे वहाँ पहुँचते ही तुम्हारी देख-रेख सँभाल लेंगे।" दीदी ने मुझे फिर से आश्वस्त करने की कोशिश की।

"मुझे अपनी चिंता नहीं है। काश, पापा होते और मुझे अमेरिका जाते देखते! उन्हें मुझ पर गर्व होता।" मैं अपनी आँखों से आँसुओं को बहने से नहीं रोक पाया; हालाँकि, पापा मेरे साथ कभी बहुत प्यार से बात नहीं करते थे, लेकिन मेरे आगे बढ़ने और अच्छे-से-अच्छा काम करने के पीछे कारण वही होते थे। उन्होंने अपने खुद के उदाहरण से यह साबित किया था कि निरंतर कड़ी मेहनत और एकाग्रचित्त होकर किए गए प्रयासों से अपने परिवार समेत अपने आसपास के सभी लोगों की जिंदगियों को प्रभावित किया जा सकता है। मौत से पहले उनका आखिरी काम भी उन लोगों को न्याय और निष्पक्ष व्यवहार दिलाना था, जो अपनी बात खुद नहीं कह सकते।

"चलो अब! अगर तुम रोए तो मैं भी रोने लगूँगी।" जब हम हवाई अड्डे पर विमान का इंतजार कर रहे थे तो दीदी ने मुझे सहज बनाने की कोशिश की।

"मैं रोज तुम्हें पत्र लिखा करूँगा।" आखिरी बार मैंने उन्हें जोर से पकड़ लिया और फिर रमेश सर मेरी व्हीलचेयर को बोर्डिंग गेट की ओर धकेलने के लिए आ गए।

"मैं वादा करता हूँ कि तुम्हारी दीदी की बहुत अच्छी तरह से देखभाल करूँगा।" रमेश सर ने मेरी एक चिंता दूर करने की कोशिश की, क्योंकि मेरा मन विमान पर चढ़ने का नहीं कर रहा था। "शुरू के कुछ महीने ही दिक्कत होगी, फिर तो तुम नई जगह पर अभ्यस्त हो जाओगे। लेकिन जब तुम एक बार वहाँ सेटल हो जाओगे, तब तुम जितना सोच रहे हो, उससे ज्यादा आसानी से वापस हमारे पास आ-जा सकोगे।"

भारी मन और आँखों से आँसू बहाते हुए मैंने दीदी से मुँह फेर लिया। मैं जानता था कि यही करना ठीक है। पापा भी चाहते थे कि मैं ऐसा ही किया करूँ।

एयरलाइन का स्टाफ मेरी व्हीलचेयर को मेरी सीट की तरफ ले गया और उन्होंने मुझे मेरी सीट पर बैठाने में मदद की। जब विमान का इंजन स्टार्ट हुआ तो मुझे अपने ऊपर एक थकावट हावी होती महसूस हुई और मैं उस बात को याद करता हुआ गहरी नींद में चला गया, जिसे पापा बार-बार कहा करते थे और जो उनके मुझसे आखिरी शब्द भी थे—'याद रखना, जिंदगी का सबसे ज्यादा आनंद दूसरों की सेवा करने में आता है।' □

5

चैतन्य एम.आई.टी. में

(1990-2000)

मुझे याद नहीं कि इतना आह्लादित और उत्साहित मैंने पिछली बार कब महसूस किया था, जितना मैंने तब महसूस किया, जब मैंने पार्किंग स्थल से निकलने के लिए अपनी मोटरवाली व्हीलचेयर का लीवर दबाया। इस तरह से मैं बोस्टन बिजनेस डिस्ट्रिक्ट में दस मंजिला इमारत से बाहर निकल आया। सुबह काफी सर्द थी, जो पार्किंग स्थल और सड़क किनारे जमा बर्फ पर पड़कर परावर्तित होनेवाली सूरज की किरणों से कुछ ज्यादा ही चमकीली लग रही थी।

बोस्टन के उस इलाके में बहुत से पेड़ नहीं थे और एक-दो जो भी पेड़ सीधी ग्रिड की तरह की सड़कों पर थे भी, उनके लगभग सारे पत्ते सर्दी का मौसम शुरू होने के कारण झड़ चुके थे।

छह फीट लंबे और चौड़े कंधोंवाले लगभग 40 वर्षीय जॉन रैडक्लिफ ने इराक के डेजर्ट स्टॉर्म ऑपरेशन में काम किया था, जहाँ उनका काम दुश्मनों की जासूसी करना और उन पर नजर रखना था। मुझे उम्मीद थी कि वह फिल्मों में दिखाए जानेवाले प्राइवेट जासूस की तरह दिखते होंगे, लेकिन ऐसा कुछ नहीं था। उन्होंने मुझसे साफ-साफ बात की और मेरे सभी सवालों का सच-सच जवाब भी दिया। मैं जिस वक्त उनसे मिला, मुझे तभी से पता चल गया था कि अपने काम के लिए मुझे ऐसे ही किसी व्यक्ति की जरूरत थी। उन्होंने उचित प्रश्न किए। उनके पास सफल होने के लिए जरूरी सभी खूबियाँ थीं, साधन थे और दुनिया भर के खुफिया नेटवर्क में उनकी पहुँच थी। उनसे मिलते ही मुझे इस बात का अहसास हो गया कि अगर जॉन उसे नहीं ढूँढ़ सकते तो कोई और भी उसे नहीं ढूँढ़ सकता।

"इसे 10 साल बीत चुके हैं और उस तक पहुँचने के सभी रास्ते भी अब तक बंद हो चुके होंगे।" जॉन ने यह बात साफ-साफ बोल दी थी कि 10 साल पहले गायब हुए व्यक्ति को ढूँढ़ना बेहद कठिन है।

"तुम अपना धन बरबाद कर रहे हो।" उन्होंने मुझे समझाने की कोशिश की कि यह हारी हुई बाजी है।

"मैं चाहता हूँ कि आप अपनी तरफ से पूरी कोशिश करें। वह मेरे लिए बहुत महत्त्वपूर्ण है।" मैंने उन्हें साइन किया और उनका भुगतान भी कर दिया, ताकि वह तलाश शुरू कर सकें। वह मेरे लिए सबसे अच्छे आदमी थे और मेरे पास उनके सिवा कोई और विकल्प भी नहीं था। मुझे विश्वास करना ही था कि वह सफल होंगे, क्योंकि नाकामी का कोई विकल्प था ही नहीं।

पिछले साल से, जब से मैंने जॉन को काम पर लगाया, तब से अब तक विश्व के अलग-अलग हिस्सों के उन कई सारे खुफिया नेटवर्कों से मेरे पास बिल आने लगे थे, जिन्हें उन्होंने मध्य-पूर्व के सारे देशों में काम पर लगाया था। अत: जब कल जॉन ने फोन करके मुझे अपने ऑफिस आने को कहा, क्योंकि वह मुझे कुछ बताना चाहते थे तो मैं खुद को रोक नहीं पाया। जॉन ऐसे इनसान नहीं थे, जो अपना या किसी और का समय बरबाद करें।

"मैं चाहता हूँ कि आप अपनी तरफ से पूरी कोशिश करें। वह मेरे लिए बहुत महत्त्वपूर्ण है।" मैंने उन्हें साइन किया और उनका भुगतान भी कर दिया, ताकि वह तलाश शुरू कर सकें। वह मेरे लिए सबसे अच्छे आदमी थे और मेरे पास उनके सिवा कोई और विकल्प भी नहीं था। मुझे विश्वास करना ही था कि वह सफल होंगे, क्योंकि नाकामी का कोई विकल्प था ही नहीं।

नीचे बैठे सिक्योरिटी गार्ड ने मेरा अपॉइंटमेंट चेक किया और मुझे आठवीं मंजिल पर स्थित जॉन के ऑफिस जानेवाले एलिवेटर की तरफ जाने का इशारा किया। हालाँकि, मैं समय से पहले पहुँच गया था, लेकिन उनकी सेक्रेटरी मुझे फौरन जॉन के ऑफिस ले गई और अंदर बैठा दिया।

जॉन की डेस्क एकदम साफ-सुथरी थी और उसके बीच में केवल एक डायरी पड़ी थी। उसके साइड में कुछ पेन पड़े थे और दूसरी तरफ एक काले रंग का फोन था। उनकी डेस्क पर एक ट्रे भी थी, जिसमें कुछ फोल्डर भी रखे हुए थे। उनकी टेबल को देखकर मुझे इस बात का बहुत अच्छे से अहसास हो रहा था कि वह अपने काम पर कितना ध्यान देते हैं और उनका दिमाग कितना सुलझा हुआ है। उन्हें देखकर मुझे मेरे पिता की याद आ गई, जो कम बोलते थे, लेकिन दिल से बहुत कोमल थे और सबसे बड़ी बात कि मुश्किल वक्त में भी हार नहीं मानते थे।

जॉन के ऑफिस में ऊपर छत से नीचे फर्श तक काँच की खिड़कियाँ थीं, जहाँ से बोस्टन का नजारा और मैसाचुसेट्स की खाड़ी का नीला पानी बहुत अच्छे से दिखता

था। उनके ऑफिस की दीवारों पर उनके इराकी साथी सैनिकों की तसवीरें और पुरस्कार लटके हुए थे, जो उन्हें इराक में सैन्य सेवा के दौरान मिले होंगे। इन तसवीरों और बीचोबीच रखी डेस्क के अलावा उनके ऑफिस में सबकुछ सादा था और कुछ भी ऐसा नहीं था, जो फालतू हो। उनके ऑफिस की एक नजर से ही किसी को भी पता लग सकता था कि इस आदमी में तनिक भी हलकापन नहीं है। वह जो भी कुछ करते थे, बहुत अच्छी तरह से सोच-विचार के और स्पष्ट मकसद के साथ करते थे और मैं जितना ज्यादा उनको जानने लगा था, वह मुझे उतना ही अच्छा लगने लगे थे।

दरवाजे पर कुछ दस्तक सुनते ही मैंने अपने को सीधा किया और तैयार किया। जॉन उन महोगनी के दरवाजों से आए और मुसकराते हुए अपनी कुरसी पर बैठ गए। उन्होंने सहज हँसीवाली ऐसी कोई भी औपचारिकता नहीं की, जिसे ज्यादातर लोग करते हैं। मैं भी सीधे असली मामले को जानने के लिए इंतजार नहीं कर सकता था।

"तुम्हारे लिए एक खुशखबरी है मेरे पास; बहुत बड़ी खुशखबरी कहना चाहिए!" वह उत्साह के साथ बोले। वह पहचान चुके थे कि यह जानने के लिए मेरा सब्र टूटने वाला था कि वह मुझे क्या बताने वाले हैं।

"वह मिल गई क्या? कहाँ है वह? कैसी है?" मुझे विश्वास नहीं हुआ कि मैं अपनी जिंदगी के एकमात्र प्यार को फिर से पाने की कोशिश में कभी ऐसी स्थिति में भी आ जाऊँगा।

"क्या यह वही है?" उसने काले हिजाब में लिपटी एक महिला के छह बाई छह के कुछ फोटो फैलाते हुए पूछा। उनमें से कुछ फोटो में उसके चेहरे का क्लोजअप था, जिनमें वही शरारती आँखें, सीधी पतली नाक और किसी भी समय मुसकराने को तैयार सुंदर होंठ थे। वह अपनी वास्तविक उम्र से काफी बड़ी लग रही थी, लेकिन थी तो वही।

"तुम्हारे लिए एक खुशखबरी है मेरे पास; बहुत बड़ी खुशखबरी कहना चाहिए!" वह उत्साह के साथ बोले। वह पहचान चुके थे कि यह जानने के लिए मेरा सब्र टूटने वाला था कि वह मुझे क्या बताने वाले हैं।

"वह मिल गई क्या? कहाँ है वह? कैसी है?" मुझे विश्वास नहीं हुआ कि मैं अपनी जिंदगी के एकमात्र प्यार को फिर से पाने की कोशिश में कभी ऐसी स्थिति में भी आ जाऊँगा।

"हाँ, यही है वो।" मुझे अपनी आँखों पर अब भी भरोसा नहीं हो रहा था कि वे देवयानी के ही फोटो थे!

"यह आबू धाबी में है। उस इलाके में मेरा एक आदमी उससे संपर्क करने के लिए तुम्हारी पुष्टि का इंतजार कर रहा है। अगर सब सही हुआ और वह तुमसे बात करने को तैयार हुई तो वह तुमसे फोन पर बात कराने की कोशिश करेगा।" जॉन वापस

अपनी कुरसी पर बैठ गए और अपने हाथों में टेलीफोन का रिसीवर उठाकर मेरे इशारे का इंतजार करने लगे।

मैंने अपने सपने में भी नहीं सोचा था कि एक ही दिन में मुझे देवयानी के जीवित होने की खबर के साथ-साथ यह भी पता लग जाएगा कि वह कहाँ है और उससे बात करने का भी मौका मिल जाएगा! मेरा दिल उससे बात करने की प्रत्याशा में जोर-जोर से धड़क रहा था और उत्साह के कारण मेरा दिमाग फटा जा रहा था। मैंने देवयानी से बात कराने के लिए सहमति में सिर हिला दिया।

जॉन ने आबू धाबी में अपने आदमी को फोन लगाया और उससे थोड़ी बात करने के बाद फोन रख दिया तथा मेरी ओर घूमकर बोले, "इसी ऑफिस में तीन घंटे तक इंतजार करो। उसे तभी समय मिलता है, जब वह शनिवार की शाम को सेंट्रल मार्केट में किराने का सामान खरीदने जाती है। आज जब वह मार्केट जाएगी, तभी हम उसे फोन लाइन पर लेने की कोशिश करेंगे।"

मैंने अपने सपने में भी नहीं सोचा था कि एक ही दिन में मुझे देवयानी के जीवित होने की खबर के साथ-साथ यह भी पता लग जाएगा कि वह कहाँ है और उससे बात करने का भी मौका मिल जाएगा! मेरा दिल उससे बात करने की प्रत्याशा में जोर-जोर से धड़क रहा था और उत्साह के कारण मेरा दिमाग फटा जा रहा था। मैंने देवयानी से बात कराने के लिए सहमति में सिर हिला दिया।

जॉन की सेक्रेटरी आई और उसने मुझे वेटिंग रूप में बैठा दिया, जहाँ एक बड़ा टेलीविजन सेट एवं एक टेलीफोन लगा था, यहाँ तक कि बोस्टन बंदरगाह का और ज्यादा चामत्कारिक नजारा वहाँ से दिखता था, जो कि जॉन के ऑफिस से भी नहीं दिखता था। हालाँकि, मेरा दिमाग कहीं और नहीं लग पा रहा था, क्योंकि मैं अपनी व्हीलचेयर को आगे-पीछे घुमाते हुए फोन के बजने का बहुत बेसब्री से इंतजार कर रहा था। मेरे विचार अपरिहार्य रूप से वहीं पहुँच गए, जहाँ से मेरी जिंदगी की कहानी में भयानक बदलाव आया था।

मैं गहरी नींद से झटके से उठा। बोस्टन लोगान इंटरनेशनल एयरपोर्ट पहुँचने की घोषणा करती हुई कैप्टन की आवाज स्पीकरों पर गूँज रही थी और जब एयरपोर्ट पर लैंड करने के लिए विमान के पहिए जमीन पर आए तो पूरा विमान हिल गया और थरथरा गया। मेरा दिल डूबने लगा, क्योंकि उस पल मैं पोखरण से, अपनी दीदी से, रमेश सर

से और हर उस चीज से लाखों मील दूर था, जिसे मैं अपनी जिंदगी में जानता था। प्रो. गोपाल से कभी-कभार हुए पत्राचार के अलावा मैं यहाँ किसी को नहीं जानता था। मेरा मन तो तुरंत वापस होने और घर पहुँचने का कर रहा था, जबकि मुझे पता था कि यह विचार कितना मूर्खतापूर्ण है।

डर खत्म हुआ और भारत व पोखरण की यादें पार्श्व में चली गईं। मैं एयरलाइन स्टाफ के बताए रास्ते पर चलते हुए निकल पड़ा। उनकी मदद से मैं खुद को और अपनी व्हीलचेयर को बढ़ाते हुए एयरपोर्ट की इमीग्रेशन और कस्टम प्रक्रिया से गुजरता हुआ आगे बढ़ा तो मुझे करीब 20 साल से थोड़े ही ऊपर की उम्र के दो युवा दिखे, जो मेरा नाम लिखे प्लेकार्ड हाथों में लिये थे। लंबे बालों और कई सारे टैटू वाले उनके गैर-परंपरागत लुक के बावजूद उनकी स्वागत करनेवाली मुसकराहटें और तनाव-मुक्त चाल-ढाल ने मुझे एकदम बेफिक्र कर दिया।

डर खत्म हुआ और भारत व पोखरण की यादें पार्श्व में चली गईं। मैं एयरलाइन स्टाफ के बताए रास्ते पर चलते हुए निकल पड़ा। उनकी मदद से मैं खुद को और अपनी व्हीलचेयर को बढ़ाते हुए एयरपोर्ट की इमीग्रेशन और कस्टम प्रक्रिया से गुजरता हुआ आगे बढ़ा तो मुझे करीब 20 साल से थोड़े ही ऊपर की उम्र के दो युवा दिखे, जो मेरा नाम लिखे प्लेकार्ड हाथों में लिये थे।

"अब हम लोग इन्हें सँभाल लेंगे।" कृष्ण ने अमेरिकी लहजे में एयरलाइन स्टाफ से कहा। मैं भारत में जिस लहजे का अभ्यस्त था, वह तो इससे बेहद भिन्न था।

"मैं पैडल खुद ही मार लेता हूँ। शुक्रिया।" मैंने किसी और पर बोझ न बनने का इरादा जाहिर करते हुए कह दिया।

"डूड, तुम हमें मिल गए हो। मैं कृष्ण हूँ। तुमसे मिलकर बहुत अच्छा लगा। अमेरिका में तुम्हारा स्वागत है!" मेरी व्हीलचेयर के पीछे आकर कृष्ण ने बड़ी-सी मुसकान के साथ कहा, जिसे देखकर मैं भी मुसकराने लगा। कृष्ण मास्टर्स का छात्र था, जो प्रो. गोपाल के साथ काम करता था। हालाँकि, वह तो अमेरिका में ही पैदा हुआ था, लेकिन उसके माता-पिता भारत से ही आए थे। एयरपोर्ट से यूनिवर्सिटी तक, सारे रास्ते वह मुझसे बातें करता रहा और मैं उसकी बातें सुनकर पूरे समय मुसकराता व हँसता रहा। मैंने महसूस किया कि वह अपनी बातों के बजाय अपने बोलने के तरीके और नजरिए से माहौल में सकारात्मकता और ऊर्जा भर देता है।

"मैं रॉब हूँ। तुमसे मिलकर अच्छा लगा, चैतन्य।" रॉब का लहजा कृष्ण के लहजे से बिल्कुल ही अलग था। रॉब लूसियाना का था और वह भी प्रो. गोपाल का रिसर्च स्टूडेंट था। रॉब ज्यादा चिंतनशील था और जिस हॉस्टल को वे लोग डॉर्म्स कह रहे थे,

वहाँ तक जाने के रास्ते में वह बिल्कुल चुपचाप रहा।

"तुम कितने साल के हो?" कृष्ण ने मुझे कार में बैठने में मदद करते हुए पूछा, जबकि रॉब ने इंजन चालू रखा, क्योंकि वे कार को मुझे बैठाने के लिए एयरपोर्ट के गेट के पास ले आए थे, ताकि मुझे पार्किंग स्थल से गेट तक पैडल न चलाने पड़ें।

"सोलह।" मैंने बता तो दिया, लेकिन मुझे पता नहीं था कि वे मेरी उम्र जानकर क्या प्रतिक्रिया देंगे!

"डूड, तुम तो सचमुच बच्चे हो अभी। अभी तो तुम ड्रिंक भी नहीं कर सकते हो।" यह बोलते हुए वह हँस पड़ा। शराब पीने का खयाल तो मेरे मन में कभी आया ही नहीं था। मैं तो यहाँ कॉलेज में पढ़ाई करने और पापा का गौरव बढ़ाने आया था। मेरे दिमाग में बस, यही एक विचार था।

रास्ते में, कृष्ण ने कार में तेज आवाज में म्यूजिक बजा दिया और पलटकर मुझसे पूछने लगा कि क्या मैंने वह गाना सुना है? पोखरण की सड़कों पर पड़ोसियों के रेडियो पर कभी-कभार बजनेवाले हिंदी संगीत के अलावा मैंने कभी कोई संगीत नहीं सुना था। अमेरिकी संगीत से यह मेरा पहला परिचय था और उस पल मुझे इस बात के लिए सचमुच बहुत खुशी हुई कि कृष्ण मुझे लेने आया था। पापा के जाने के बाद मैंने पहली बार खुद को मुसकराते पाया था।

रास्ते में, कृष्ण ने कार में तेज आवाज में म्यूजिक बजा दिया और पलटकर मुझसे पूछने लगा कि क्या मैंने वह गाना सुना है? पोखरण की सड़कों पर पड़ोसियों के रेडियो पर कभी-कभार बजनेवाले हिंदी संगीत के अलावा मैंने कभी कोई संगीत नहीं सुना था। अमेरिकी संगीत से यह मेरा पहला परिचय था और उस पल मुझे इस बात के लिए सचमुच बहुत खुशी हुई कि कृष्ण मुझे लेने आया था। पापा के जाने के बाद मैंने पहली बार खुद को मुसकराते पाया था।

एक घंटे के अंदर हम लोग डॉर्म पहुँच गए। रॉब ने डॉर्म के मुख्य दरवाजे के ठीक सामने कार रोकी और दोनों ने मुझे उतरने में मदद की। मैंने मदद के उनके प्रस्ताव को स्वीकार करने से मना कर दिया, क्योंकि मैंने अपने को शारीरिक रूप से आत्मनिर्भर बनाने की ठानी थी, ताकि कॉलेज कैंपस में आने-जाने में मुझे किसी की मदद की जरूरत न पड़े।

"मैं तुम्हारा रूममेट बनने जा रहा हूँ। यह तुम्हारा बिस्तर होगा। कभी किसी चीज की जरूरत पड़े तो मुझे बता भर देना।" रॉब ने कमरे में घुसते ही एक बिस्तर की ओर इशारा करते हुए कहा।

जैसा कि मुझे बाद में पता चला कि यह अमेरिका की किसी अन्य इमारत या कमरे

की तरह ही था, लेकिन मुझे तो ऐसा लगा, जैसा यह भविष्य की कोई चीज हो। बिस्तर बहुत ही नरम और आरामदायक था। कमरे में तापमान बिल्कुल नियंत्रण में था और पूरी तरह से सील था। कमरे की लाइनें एकदम सीधी और सीलिंग, फर्श, खिड़कियों एवं दरवाजों के समानांतर थीं। पापा इस तरह के कमरे में रहने पर खुश होते और पूर्वी जर्मनी की अपनी यात्रा में शायद यही चीज उन्होंने नोटिस की थी, जिसके बारे में वे बड़े शौक से बताया करते थे।

"एक बार तुम सेटल हो जाओ, फिर इस मोटराइज्ड व्हीलचेयर को ट्राई करना। प्रो. गोपाल ने तुम्हारे लिए इसे मँगाया है, ताकि तुम यूनिवर्सिटी कैंपस में अपने आप चल-फिर सको।" कृष्ण ने एक सुंदर, काली व्हीलचेयर की ओर इशारा करते हुए बताया, जिसकी चमड़े की सीट आरामदायक थी और उसे आगे बढ़ाने के लिए दाईं ओर सिंगल लिवरवाले चमड़े के हैंडल थे।

"हर रात इसे ध्यान से चार्ज करना है। इसके बाद दिन भर तुम इसका इस्तेमाल कर सकते हो।" उसने आगे बताया।

वह व्हीलचेयर मेरे पूरी तरह से आत्मनिर्भर होने का उत्तर थी। प्रो. गोपाल ने मेरे वहाँ पहुँचने से पहले ही मेरी जरूरतों के बारे में जिस तरह से सोचा था, उसके लिए न तो मैं दिल से शुक्रिया अदा कर पा रहा था और न ही तब कर पाया, जब मैं उनसे पहली बार मिला।

"एक बार तुम सेटल हो जाओ, फिर इस मोटराइज्ड व्हीलचेयर को ट्राई करना। प्रो. गोपाल ने तुम्हारे लिए इसे मँगाया है, ताकि तुम यूनिवर्सिटी कैंपस में अपने आप चल-फिर सको।" कृष्ण ने एक सुंदर, काली व्हीलचेयर की ओर इशारा करते हुए बताया, जिसकी चमड़े की सीट आरामदायक थी और उसे आगे बढ़ाने के लिए दाईं ओर सिंगल लिवरवाले चमड़े के हैंडल थे।

"डूड, उठ जाओ! तुम्हें सोते हुए चौबीस घंटे से ज्यादा हो चुके हैं।" कृष्ण ने मेरे चेहरे पर ठंडा पानी छिड़कते हुए कहा, क्योंकि रॉब तो पहले ही मुझे जगाने में नाकाम हो चुका था। मैं नींद में डूबा था और अब तक होश में नहीं आया था।

"यह जेट लैग के कारण तुम्हें इतनी नींद आ रही है। चलो, तुम्हारे लिए कुछ खाने को लाते हैं और कॉलेज के स्टोर से कुछ सामान्य स्टेशनरी भी ले आते हैं।" कमरे में घूमता हुआ वह बोलता जा रहा था।

जब हम डॉर्म से बाहर निकले तो सूरज छिपने में दो-तीन घंटे ही बचे थे। मेरे लिए

वह कैंपस स्वर्ग जैसा लग रहा था, क्योंकि वहाँ पर हर उस कठिनाई का ध्यान पहले से ही रखा जा रहा था, जो मुझे अपनी शारीरिक विकलांगता के कारण झेलनी पड़ती थी। सभी मार्गों पर बीच-बीच में व्हीलचेयर चढ़ाने व उतारने की व्यवस्था थी और सभी इमारतों में व्हीलचेयर के लिए ढलानवाले रास्ते बने थे। कैंपस के डिजाइन में हर एक पहलू पर जिस तरह से ध्यान दिया गया था, उसे देखकर मैं हतप्रभ था। जब मैं कैंपस से निकला तो मैंने महसूस किया कि नगरों और इमारतों के निर्माण में इसी सोच का ध्यान रखा गया था, साथ ही शारीरिक चुनौतियों का सामना करनेवाले लोगों के लिए हर चीज पहुँच-योग्य बनाई गई थी।

पतझड़ शुरू ही हुआ था और ज्यादातर पेड़ों के पत्ते भूरे, लाल एवं पीले होने लगे थे; क्योंकि पेड़ सर्दियों के लिए तैयार हो रहे थे। पोखरण में तो जहाँ तक नजर जाती थी, मुझे झुलसानेवाली गरमी और रेत ही दिखाई देती थी। इसलिए यहाँ कैंपस में हरे-भरे मैदान देखना मेरे लिए विस्मयकारी था, जिनमें पेड़ों से गिरे भूरे पत्तों के ढेर लगे दिखते थे। जब हम ऐसे ही एक पार्क से गुजरे तो पत्तों को उछालते, उनमें लोटते और पत्तों के ढेर में घुसते बच्चों को देखकर बड़ा आनंद आया। सड़कें साफ थीं और उनमें चौराहे एकदम सही कोण से बने हुए थे। कारें व्यवस्थित तरीके से एक के पीछे एक आ रही थीं और देखकर लग रहा था कि हर कोई अपनी बारी का इंतजार करता हुआ एकदम सही कतार बनाए हुए है।

पतझड़ शुरू ही हुआ था और ज्यादातर पेड़ों के पत्ते भूरे, लाल एवं पीले होने लगे थे; क्योंकि पेड़ सर्दियों के लिए तैयार हो रहे थे। पोखरण में तो जहाँ तक नजर जाती थी, मुझे झुलसानेवाली गरमी और रेत ही दिखाई देती थी। इसलिए यहाँ कैंपस में हरे-भरे मैदान देखना मेरे लिए विस्मयकारी था, जिनमें पेड़ों से गिरे भूरे पत्तों के ढेर लगे दिखते थे।

"क्या खाना चाहोगे?" हमारे एम.आई.टी. कैंपस के निकट बने रेस्टोरेंटों के पास पहुँचते ही कृष्ण ने पूछा।

"कोई भी चटपटी चीज चलेगी।" मिरचीवाली दाल-बाटी या बाजरा रोटी के बारे में सोचते हुए मेरे मुँह में पानी आ गया। इसके पहले तक तो मैं इन सबको सहज उपलब्ध ही मानता रहा था।

"यहाँ आसपास तो सिर्फ मेक्सिकन फूड ही तुम्हें सबसे ज्यादा चटपटा मिल सकेगा। ट्राई करना चाहोगे?" कृष्ण ने रॉब और मेरी तरफ देखते हुए पूछा।

बहुत सारे विकल्पों से गुजरना काफी तकलीफदेह था, क्योंकि काउंटर पर बैठी लड़की लगातार पूछती जा रही थी, "साल्सा कैसा चाहिए, हॉट या माइल्ड? चीज वाला

या बिना चीज का? ब्राउन या ब्लैक या पिंटो बीन?" पोखरण में बड़ी आसानी थी। मैं बस, एक चीज के लिए पूछता था और ज्यादातर मौकों पर मेरे पास कोई और विकल्प होता ही नहीं था; क्योंकि जो मैं बोलता था, वह मिल ही जाती थी।

"यहीं खाओगे या जाओगे?" जब मैं आखिरी काउंटर पर पहुँचा तो उसने अंतिम सवाल दाग दिया।

"मुझे गोपाल बोला करो। परमाणु बम के लिए कंप्यूटर मॉडल बनाने में तुमने जो प्रयास किया और जो विस्तृत सोच दिखाई, उसके लिए तुम्हें यहाँ आने का हक था। बाकी सारी चीजें तो बस, इसके लिए हैं कि तुम अपनी पढ़ाई पर ध्यान दे सको। इसके बारे में सोचने की जरूरत नहीं।" प्रो. गोपाल ने मुझसे हाथ मिलाते हुए कहा।

"अरे…" सवाल को समझने की कोशिश में मेरी जुबान लड़खड़ा गई। फिर मैंने अपनी तरफ से सबसे अच्छा जवाब देने की कोशिश की, "मैं यहीं खाऊँगा और तब जाऊँगा।"

मेरे जवाब से काउंटर गर्ल भी अचकचा गई, जबकि कृष्ण और रॉब जोर-जोर से हँस पड़े।

"यहीं खाएँगे।" उसने मेरी तरफ से काउंटर गर्ल को जवाब दिया और भुगतान करते हुए वह लगातार हँसता ही रहा।

"तुम लोगों को हँसाकर मुझे अच्छा लगा।" मैंने अपने आपको सँभालने की कोशिश की और कृष्ण व रॉब के साथ हँसने लगा।

"गोपाल सर, इस मोटराइज्ड व्हीलचेयर के लिए और जो भी आपने मेरे लिए किया, उसके लिए बहुत-बहुत शुक्रिया!" प्रो. गोपाल से पहली बार मिलते ही मैं तपाक से बोल पड़ा।

"मुझे गोपाल बोला करो। परमाणु बम के लिए कंप्यूटर मॉडल बनाने में तुमने जो प्रयास किया और जो विस्तृत सोच दिखाई, उसके लिए तुम्हें यहाँ आने का हक था। बाकी सारी चीजें तो बस, इसके लिए हैं कि तुम अपनी पढ़ाई पर ध्यान दे सको। इसके बारे में सोचने की जरूरत नहीं।" प्रो. गोपाल ने मुझसे हाथ मिलाते हुए कहा।

कई तरह से प्रो. गोपाल बिल्कुल रमेश सर की तरह थे, क्योंकि दोनों ही दुबले-पतले थे और दोनों का कद भी लगभग पाँच फीट दस इंच था तथा दोनों की नाक भी पतली थी। रमेश सर का चेहरा मौसम से तपा हुआ था, जो कि पोखरण की गरमी के ज्यादा अनुकूल था, जबकि गोपाल का चेहरा तरतीब से सँवारे गए भूरे बालों के साथ,

लकड़ी की अलमारियों और ढेर सारी पुरानी पुस्तकोंवाली एयर कंडीशंड लाइब्रेरी में रहनेवाला लग रहा था। वे हमेशा ब्लेजर पहने रहते थे और गले में ऊन का मफलर डाले रहते थे। उनकी कलाई में एक छोटी घड़ी भी रहती थी।

"जो भी समस्या हो, हमेशा उसके मूल कारण को समझने की कोशिश किया करो।" गोपाल ने जोर देकर कहा, "शोधकर्ता और वैज्ञानिक के तौर पर तुम्हारी यह जिम्मेदारी है कि जब तक तुम समस्या के मूल कारणों तक न पहुँच जाओ, तब तक सवाल करते रहो।"

रमेश सर का ध्यान वह जानने-समझने पर ज्यादा रहता था, जिसकी पहले ही खोज की जा चुकी थी और इसका कारण उस जगह में निहित था, जहाँ उनकी जड़ें थीं; जबकि गोपाल का जोर नई अंतर्दृष्टियों एवं जानकारियों की खोज और रचना पर रहता था। ऐसे प्रोफेसर के साथ काम करना भयभीत करनेवाला भी था और उत्साहपूर्ण भी था।

"एक बार जब तुम्हारा इस जगह से लगाव हो जाएगा, तब मैं चाहूँगा कि तुम हमारे कंप्यूटर लैब आओ। हम तुम्हारे मॉडल को रिफाइन करना शुरू करेंगे, ताकि यह सभी हालात में काम कर सके।" गोपाल ने अपनी क्लास के बाद आकर मुझसे कहा और मेरे कॉलेज के प्रथम वर्ष के लिए मेरी पढ़ाई की रूपरेखा तय कर दी।

मुझे दीदी को पत्र लिखने के लिए समय निकालने की बड़ी इच्छा थी। वे ही मेरी भावनात्मक सहारा थीं और कठिन समय में उन्होंने ही मुझे राह दिखाई थी। अब वे बहुत दूर थीं और उनसे बात करना संभव नहीं था, तो ऐसे में पत्र लिखना ही उनसे बात करने का एकमात्र तरीका था। जब मैंने उन्हें पत्र लिखा और पोस्ट कर दिया तो मेरे अंदर नई आशा एवं ऊर्जा का संचार हो गया और अब मैं उनका जवाब आने तक इंतजार कर सकता था।

प्रिय दीदी,

मैं आखिरकार अपनी नई जगह जम गया हूँ। मुझे तुम्हारी बहुत ज्यादा याद आती है और मेरा बहुत मन करता है कि तुम भी यहाँ मेरे साथ होतीं। तुमको यहाँ बहुत अच्छा लगता। तुम्हें पता है, यहाँ लड़के-लड़कियों के साथ समान बरताव किया जाता है और लड़कियाँ अपने पहनावे के बारे में ज्यादा फिक्र करती नहीं दिखतीं। इस बात की फिक्र उन्हें नहीं करनी पड़ती कि उनके पहनावों को देखकर कोई उनके साथ छेड़खानी करेगा। यह ऐसी चीज है कि जिसकी तुम्हें

वहाँ फिक्र करनी पड़ जाती है।

अपनी मोटराइज्ड व्हीलचेयर से मैं कॉलेज में कहीं भी आ-जा सकता हूँ और बिना किसी परेशानी के वापस अपने कमरे में आ जाता हूँ। सुबह एक घंटे के लिए एक नर्स भी आती है, जो मुझे तैयार करने में मदद करती है। मुझे नहीं लगता कि मुझे उसकी कोई जरूरत है, क्योंकि मैं यहाँ अब पूरी तरह से अपने आप सक्षम हूँ।

प्रो. गोपाल की तो हर बात निराली है। कंप्यूटर मॉडल पर उनके साथ काम करते हुए हम दोनों ही समय के बारे में भूल जाते हैं। कृष्ण और रॉब भी मॉडल में दिलचस्पी लेने लगे हैं। इसे और ज्यादा उपयोगी बनाने के लिए जहाँ कहीं भी और ज्यादा प्रोग्रामिंग की जरूरत पड़ती है, वे हमारी मदद करते हैं।

कृष्ण बहुत ही आशावादी है और हमेशा हर चीज के उजले पक्ष को ही देखता है। उसके साथ रहकर कोई भी उदास या परेशान नहीं रह सकता है। रॉब बहुत होशियार भौतिक-शास्त्री है, जिसके रोमांटिक होने के कतई आसार नहीं लगते। लगभग हर माह वह अपने गृह नगर न्यू ऑर्लिएंस जाता है और इसी भरोसे के साथ लौटता है कि उसे अपनी जिंदगी का प्यार मिल गया है। अगली यात्रा तक वह प्यार जा चुका होता है और उसकी जगह कोई और ले चुकी होती है। हालाँकि, प्यार में वह हार कभी नहीं मानता। जब वह अपनी प्रेम कहानियाँ सुना रहा होता है तो मुझे देवयानी की सबसे ज्यादा याद आती है। मुझे तो यह तक पता नहीं कि वह जिंदा भी है या नहीं; लेकिन मुझे केवल उसी का खयाल रहता है, और किसी का नहीं।

रमेश सर कैसे हैं? उनको मेरा प्रणाम कहिए और जो कुछ उन्होंने मुझे यहाँ पहुँचाने के लिए किया है, उसके लिए धन्यवाद बोलिए।

आपका भाई,

—चैतू

इस पत्र का जवाब आने में तीन से चार सप्ताह लगे, जो कि मेरे लिए कभी खत्म न होनेवाली अवधि लगती थी। लगभग हर दिन अपनी क्लास खत्म होने के बाद मैं अपना मेल बॉक्स चेक करने के लिए पोस्ट ऑफिस में रुक जाता था। जिस दिन दीदी का कोई पत्र आता, वह मेरे लिए सबसे ज्यादा खुशी का दिन होता था।

प्यारे चैतू,

मेरे पास एक खुशखबरी है और मुझे भरोसा है कि उसे सुनकर तुम प्रसन्न

होगे। रमेश मुझसे शादी के लिए, मेरा हाथ माँगने के लिए तुम्हारी इजाजत चाहते हैं। तुम मुझे अभी फोन कर सकते हो, क्योंकि हाल ही में स्कूल में टेलीफोन लग गया है।

जल्द ही तुमसे बात करने की आशा में,

तुम्हारी प्यारी बहन,

—दीदी

आखिरकार, रमेश सर दीदी को प्रपोज करना चाहते थे। वे दोनों लोग शादी करने को तैयार थे, जिनकी मैं अपनी जिंदगी में सचमुच बहुत परवाह करता था। मैं एकदम खुशी से भर गया। वह पहला मौका था, जब मैंने अमेरिका में आने के बाद दीदी और रमेश सर से पहली बार टेलीफोन पर बात की थी। यह बात बहुत सुकून भरी थी कि दीदी विवाह करने जा रही हैं और रमेश सर भविष्य में उनका खयाल रखेंगे।

"अमेरिका के सबसे बड़े डिफेंस कॉण्ट्रेक्टरों में से एक लॉकहीड मार्टिन तुम्हारे परमाणु बम के कंप्यूटर मॉडल के राइट्स खरीदने का इच्छुक है। पिछले चार वर्षों में तुमने कृष्ण और रॉब के साथ जो काम किया है, उससे यह मॉडल बहुत उपयोगी साधन बन गया है। क्या तुम चाहते हो कि मैं उसके साथ बात आगे बढ़ाऊँ?" गोपाल ने मुझसे पूछा।

"मैं तो वही करूँगा, जैसा आप कहेंगे और जैसी सलाह देंगे। वे इसका क्या करना चाहते हैं?" मैंने कुछ और जानने की कोशिश में पूछ लिया। मुझे यकीन ही नहीं हो रहा था कि जिस काम को मैंने शौकिया तौर पर, पापा और रमेश सर को खुश करने के लिए शुरू किया था, वह किसी बड़ी कंपनी को इतना उपयोगी लगेगा कि वह उसे खरीदने तक को तैयार हो जाएगी!

"वे इसे कॉमर्शलाइज करना चाहते हैं और बड़े पैमाने पर इसे बेचना चाहते हैं।" गोपाल उस प्रस्ताव में मेरी दिलचस्पी का स्तर नापने में लगे रहे।

"इसका मतलब, दुनिया में और भी ज्यादा परमाणु विस्फोट होंगे?" मैंने इस निर्णय के प्रभाव को समझने की कोशिश की, क्योंकि मैं इस दुनिया में और ज्यादा अव्यवस्था एवं तबाही नहीं चाहता था। पापा का हमेशा से मानना था कि खुशी हमेशा दूसरों की सेवा में तलाशी जाती है और मैं भी यही जानता हूँ कि मुझे भी इसी काम में खुशी मिलेगी।

"भविष्य की कौन जान सकता है! क्या पता कितने देश परमाणु ऊर्जा का इस्तेमाल करेंगे; लेकिन तुम्हारे न्यूक्लियर मॉडल से सेनाओं को बमों का असर कंप्यूटरों के जरिए वर्चुअली या डिजिटली तरीके से पहले से जानने में मदद मिलेगी और सचमुच के विस्फोट करने की जरूरत इसके लिए नहीं पड़ेगी। इसलिए, मुझे लगता है कि अभी तुम्हारे मॉडल के बिना दुनिया जैसी है, फिर उससे ज्यादा सुरक्षित हो सकेगी।" उन्होंने संभावित बिक्री के बारे में अपने विचार बताए।

"क्या मैं इस पर कुछ सोच-विचार कर लूँ और फिर आपको बताऊँ?" मैंने पूछा, क्योंकि मैं चाहता था कि अपने पहले महत्त्वपूर्ण फैसले के बारे में दीदी और रमेश सर के साथ चर्चा कर लूँ।

"क्यों नहीं! यह तुम्हारा निर्णय है। आराम से सोचकर बताओ।" गोपाल बहुत समझदार थे।

जब मैं वापस अपने कमरे में आया तो मैंने पोखरण के स्कूल में दीदी को फोन लगाया। दीदी और रमेश सर—दोनों को लगा कि अपने कंप्यूटर मॉडल को उसे कॉण्ट्रेक्टर को बेचना सही काम होगा, क्योंकि इससे हमारा काम ज्यादा लोगों की निगाह में आएगा और उसका इस्तेमाल भी ज्यादा हो सकेगा। रमेश सर गोपाल के इस विचार से सहमत थे कि लॉकहीड मार्टिन के इस सॉफ्टवेयर मॉडल के कॉमर्शलाइज करने से निश्चित ही दुनिया को मदद मिलेगी, या कम-से-कम दुनिया अभी जैसी है, उससे और ज्यादा खराब तो नहीं होगी।

जब मैं वापस अपने कमरे में आया तो मैंने पोखरण के स्कूल में दीदी को फोन लगाया। दीदी और रमेश सर—दोनों को लगा कि अपने कंप्यूटर मॉडल को उसे कॉण्ट्रेक्टर को बेचना सही काम होगा, क्योंकि इससे हमारा काम ज्यादा लोगों की निगाह में आएगा और उसका इस्तेमाल भी ज्यादा हो सकेगा। रमेश सर गोपाल के इस विचार से सहमत थे कि लॉकहीड मार्टिन के इस सॉफ्टवेयर मॉडल के कॉमर्शलाइज करने से निश्चित ही दुनिया को मदद मिलेगी, या कम-से-कम दुनिया अभी जैसी है, उससे और ज्यादा खराब तो नहीं होगी।

अगले दिन, मैंने अपना निर्णय गोपाल को बता दिया, जबकि कृष्ण और रॉब बेसब्री से मेरे निर्णय को जानने का इंतजार कर रहे थे।

"मैंने रमेश सर और अपनी बहन—दोनों से बात की। वे इस मॉडल को बेचने के पक्ष में हैं। मुझे भी लॉकहीड मार्टिन के साथ बात आगे बढ़ाने और इस मॉडल को बेचने में कोई आपत्ति नहीं है।"

"बधाई हो! लॉकहीड ने जो देने की बात की है, उसके हिसाब से तुम्हें 10

मिलियन डॉलर मिल जाएँगे और कृष्ण एवं रॉब को भी 2 या 3 मिलियन डॉलर मिल जाएँगे।" गोपाल ने ऐलान किया। यह इतनी बड़ी रकम थी कि मैं अपनी पूरी जिंदगी में इसका इस्तेमाल नहीं कर पाया था।

"डूड, तुम बेमिसाल हो!" कृष्ण ने मुझे गले लगा लिया और मुझे व्हीलचेयर से उठाकर खुशी से उछलने लगा। रॉब अपनी चिंतनशील मुद्रा एवं संयत व्यवहार को तोड़कर उछलते हुए आया और शैंपेन की बोतल खोलकर उसने फर्श पर शैंपेन बिखेर दी। उसने हम सभी के ऊपर भी शैंपेन उड़ेल दी, जो कि 20 साल की उम्र में शराब का मेरा पहला स्वाद रहा।

"डूड, तुम बेमिसाल हो!" कृष्ण ने मुझे गले लगा लिया और मुझे व्हीलचेयर से उठाकर खुशी से उछलने लगा।

रॉब अपनी चिंतनशील मुद्रा एवं संयत व्यवहार को तोड़कर उछलते हुए आया और शैंपेन की बोतल खोलकर उसने फर्श पर शैंपेन बिखेर दी। उसने हम सभी के ऊपर भी शैंपेन उड़ेल दी, जो कि 20 साल की उम्र में शराब का मेरा पहला स्वाद रहा।

जब खुशियाँ मना ली गईं तो मेरा पहला काम दीदी और रमेश सर के पास इतना धन भेजने का था कि वे जहाँ भी चाहें, एक आरामदायक मकान खरीद सकें; और अगला कदम जॉन रैडक्लिफ को देवयानी का पता लगाने के काम पर लगाने का था, क्योंकि आखिरकार, अब मेरे पास उस काम के लिए पर्याप्त धन आ चुका था। वास्तव में तो मेरे पास इतना धन हो गया था, जितना मैंने पहले कभी इस्तेमाल नहीं किया था।

'खट, खट!' सुनकर मैंने पलटकर देखा तो जॉन उस कमरे में चले आ रहे थे, जहाँ मैं फोन कॉल का इंतजार कर रहा था।

"मेरी सेक्रेटरी कॉल इस कमरे में पैच कर रही है। देवयानी के वापस घर जाने से पहले तुम्हारे पास संभवतः पंद्रह या बीस मिनट होंगे।" जॉन ने संकेत किया, ताकि मैं फोन कॉल का अच्छी तरह से इस्तेमाल कर सकूँ।

बिल्कुल तभी फोन की घंटी बजनी शुरू हुई। मैं फोन का स्पीकर ऑन करने के लिए मेज के और पास आ गया तथा जॉन के दरवाजा बंद करने का इंतजार करने लगा, क्योंकि वह कमरे से बाहर जा रहे थे।

"हैलो, तुम सचमुच चैतू हो?" निस्संदेह यह वही पुरानी आवाज थी। आवाज तब

से कुछ परिपक्व जरूर हो गई थी और पहले की तुलना में कुछ संयत भी हो चुकी थी।

"हाय देवी! मैं चैतू ही हूँ।" मुझसे अपनी खुशी पर काबू नहीं हो रहा था।

"मैंने कभी नहीं सोचा था कि कभी तुमसे या पायरादंगा की अपनी पुरानी जिंदगी के किसी और से कभी बात कर पाऊँगी।" देवयानी फूट पड़ी थी और बेकाबू होकर रोए जा रही थी। यहाँ मेरी भी हालत कोई बेहतर नहीं थी। मेरी बड़ी इच्छा थी उसको गले लगाने की; लेकिन फिर भी, मुझे खुशी थी कि कम-से-कम उससे बात तो हो पा रही थी।

"मेरे दादाजी कैसे हैं?" उसने अपने को आखिरकार सँभालते हुए पूछा।

"चोटों के कारण उनकी मौत हो गई थी और तुम्हारे अगवा होने के कुछ ही दिन बाद वे गुजर गए थे।" मैंने भरसक बहादुर बनने की कोशिश की थी।

काफी देर तक चुप्पी रही और फिर वह बोली, "मेरी तलाश करने के लिए शुक्रिया। 10 साल हो चुके हैं और मैं तो सोच रही थी कि हर कोई मुझे भूल चुका होगा। तुम क्यों नहीं भूले?"

"मैंने कभी नहीं सोचा था कि कभी तुमसे या पायरादंगा की अपनी पुरानी जिंदगी के किसी और से कभी बात कर पाऊँगी।" देवयानी फूट पड़ी थी और बेकाबू होकर रोए जा रही थी। यहाँ मेरी भी हालत कोई बेहतर नहीं थी। मेरी बड़ी इच्छा थी उसको गले लगाने की; लेकिन फिर भी, मुझे खुशी थी कि कम-से-कम उससे बात तो हो पा रही थी।

"मैं तुम्हें कभी अपने खयालों से निकाल ही नहीं पाया। तुम्हारे साथ समय बिताते हुए जैसा मुझे लगता था, तुमसे तैराकी सीखना, आसपास शरारतें करना—सब याद है; और अपने दाएँ गाल पर तुम्हारा चुंबन तो मुझे ऐसे याद है, जैसे कल की ही बात हो।"

"वो तो बहुत पुरानी बात हो गई, चैतू। अब मैं वैसी नहीं रह गई हूँ।" वह सुबक रही थी।

"इससे कुछ फर्क नहीं पड़ता। मैं अब भी तुमसे प्यार करता हूँ और अपनी जिंदगी में तुम्हें चाहता हूँ।" मेरा स्वर अनुरोध करने का हो गया था।

"मैं तुम्हारे साथ नहीं रह सकती। मेरे दो बेटे हैं और मैं उनसे प्यार करती हूँ। वही अब मेरी जिंदगी हैं।" वह अब धरातल पर आ चुकी थी और उसकी आवाज सामान्य हो चुकी थी।

"तो क्या हुआ, तुम अपने दोनों बेटों के साथ मेरे पास रह सकती हो।" मैं उसके लिए हर चीज का सामना करने को तैयार था, बस, वह मान जाए।

"इतना आसान नहीं है ये। मेरे बेटों को उनके पिता की जरूरत है और मुझे उनके साथ यहीं रहना होगा।" वह बोले जा रही थी।

"मैं आबू धाबी आ सकता हूँ, वहीं रह सकता हूँ। कम-से-कम तुम्हें देख तो सकूँगा।" इससे ज्यादा मेरे मुँह से और कुछ न निकल सका।

"नहीं। मैं तुम्हें यहाँ नहीं आने देना चाहती और न ही यह चाहती हूँ कि तुम मेरा इंतजार करो। मैं बच्चे के तौर पर तुम्हें प्यार करती थी; लेकिन अब ऐसा कुछ नहीं है।" वह तय किए थी कि अब वह अपनी उस जिंदगी को छोड़ने वाली नहीं है।

"कम-से-कम इतना तो कह दो कि तुम खुश हो। मैं यही सुनना चाहता हूँ।" कुछ और सुनता तो मेरा दिल टूट जाता।

"मैं जितनी खुश हो सकती हूँ, उतनी खुश हूँ। मैं अपने शौहर को प्यार नहीं करती, मुझे ज्यादा आजादी नहीं है; लेकिन मैं अपने बेटों को प्यार करती हूँ और उनकी देखभाल करना ही मेरी जिंदगी बन चुकी है। मुझे अब जाना होगा।" इतना कहकर उसने फोन रख दिया और चली गई। मुझे देवयानी के बिना जिंदगी में आगे बढ़ने को छोड़कर वह जा चुकी थी।

मेरे पूरे बचपन में दीदी ही मेरी रक्षक होती थीं और परेशानी के पलों में मेरा सहारा होती थीं। वे मुझे सँभालती थीं, मुझे शांत करती थीं और जब भी कभी चीजें गड़बड़ा जाती थीं तो मुझे जिंदगी का अर्थ समझने में मदद करती थीं। देवयानी का साथ पाने की उम्मीद पूरी तरह से खो चुकने के बाद मैं फिर से निराशा और मायूसी के जाल में फँस चुका था।

प्रिय दीदी,

मैंने आखिरकार देवयानी का पता-ठिकाना मालूम कर ही लिया और उससे फोन पर बात भी की। वह आबू धाबी में है और वहाँ के मजबूर हालात में वह जितनी ठीक हो सकती है, उतनी ठीक है। मैंने सोचा था कि एक बार उससे बात हो जाए तो मैं उसे अमेरिका ले आऊँगा या उसके साथ रहने लगूँगा; लेकिन वह ऐसा कुछ भी नहीं चाहती। उसके अब दो बच्चे हैं और उसने वहीं, अपनी उसी जिंदगी में रहने का फैसला कर लिया है।

हालाँकि, पहले तो मुझे निराशा हुई और क्रोध भी आया कि वह मेरे साथ आना ही नहीं चाहती; लेकिन बाद में मैंने उसके नजरिए को समझा। मैं उन हालात पर क्षुब्ध हूँ, जिन्होंने हमें इस मोड़ पर ला दिया।

जैसा कि प्रो. गोपाल कहते हैं, "हमेशा समस्या के मूल कारण की तलाश करो।" मेरा मन इन कष्टप्रद घटनाओं में से हरेक को कुरेदता रहता है और

उनके मूल कारणों की खोज की कोशिश करता रहता है। ये खयाल कभी दिल से नहीं जाते, चाहे मैं जाग रहा होऊँ या सो रहा होऊँ।

देवयानी के घरवाले अगर कूच बिहार से विस्थापित न हुए होते तो उसका अपहरण नहीं हो पाता, क्योंकि वहाँ वे अच्छी तरह से स्थापित थे। यह चलन बहुत खराब है कि कुछ लोगों को कुछ लोगों के चयन के लाइसेंस मिल जाएँ कि उनके परिवार अपनी आजीविका खो बैठें और उन्हें अपने मूल स्थान को छोड़कर जाने पर मजबूर होना पड़े!

समरजीत एक बागी और डकैत के रूप में नहीं मारा जाता, अगर सरकार ने राष्ट्रीयकृत जमीन को बाँटने के काम में ढिलाई न बरती होती, अगर जमीन स्थानीय राजनेताओं ने न हथियाई होती; और जमीन का सही तरह से वितरण हुआ होता तो दादा साहेब को गरीबों के हितों की रक्षा के लिए न लड़ना पड़ता।

अगर मीडिया ने अपना काम ठीक से किया होता तो मैं पापा के मर्डर के लिए सुब्रमण्यम और उनकी टीम को बदला लेने के लिए न ढूँढ़ रहा होता। उन्हें तथ्यों के आधार पर रिपोर्ट देनी थी और अगर उन्होंने परमाणु परीक्षण के बारे में पहले ही ऐसा किया होता तो पापा अब भी जिंदा होते।

आपका भाई,

—चैतू

मैंने दीदी के लिए लिखा यह पत्र पोस्ट नहीं किया, क्योंकि मुझे इसका कोई मतलब समझ नहीं आया। दूसरों की सेवा में, अगर मैं उनमें से कोई चीज ठीक करना चाहता या बदलना चाहता, तो भी मुझे पता नहीं था कि कहाँ से और कैसे शुरुआत करनी चाहिए थी!

मैं इस मोड़ पर खुद को बेबस, मन के बेसिर-पैर के खयालों में फँसा पा रहा था, जो ऐसी परिस्थितियों के कारण थे, जिन पर मेरा नियंत्रण नहीं था, जिन्होंने मेरी बहुमूल्य और मनपसंद चीजों को मुझसे छीन लिया था। उन समस्याओं को सुलझाने या उनके मूल कारणों का समाधान करने में अपनी असमर्थता के बावजूद मेरा मन उनसे उबर नहीं पा रहा था और यह नहीं समझ पा रहा था कि इन घटनाओं से आगे कैसे बचा जाए या इनकी पुनरावृत्ति को कैसे रोका जाए!

□

6

जारा से मुलाकात

(2000-2010)

"देखा तुमने? उस श्वेत ग्राहक के साथ पहले वह किस तरह से चहक रही थी और मुसकरा रही थी और जैसे ही तुम उसे दिखे, उसने मुसकराना बंद कर दिया!" कॉफी का कप हाथ में लिये उस लड़की ने आश्चर्य जताते हुए कहा। उसकी आँखें चौड़ी हो रही थीं। घिसी हुई नीली जींस, सफेद टी-शर्ट और खुली जिप के साथ लाल हुडी एवं जूते पहने वह लड़की करीब 20 साल की थी। कैंब्रिज टाउनशिप में ग्रोसरी स्टोर पर भुगतान करने की कतार में इस तरह से मेरी मुलाकात जारा कलश से हुई थी।

"इसके अलावा, उसे 'लेन क्लोज्ड' का साइन दिखाने की हिम्मत कैसे हुई, जबकि तुम कतार में इंतजार कर ही रहे थे!" उसने अपनी आवाज उठाई और स्टोर के मैनेजर से मिलाने की माँग की, ताकि वह ग्रोसरी स्टोर में चेकआउट काउंटर पर बैठी महिला के बरताव के बारे में शिकायत कर सके।

कुछ तो मुझे आभास हो गया था कि वह कहाँ की है; लेकिन चेकआउट स्टाफ के इस तरह के खराब बरताव के खिलाफ मैंने कभी आवाज नहीं उठाई थी।

"यह भारी भेदभाव है।" वह बोले जा रही थी।

"नहीं, कतार से मत हटो। उसे तुम्हारा काम करना पड़ेगा और इस चेकआउट लेन को बंद करने से पहले तुम्हारा चेकआउट पूरा करना पड़ेगा।" वह मेरे पास आकर मेरे सामने खड़ी हो गई थी, जबकि मैं उस कतार से निकलकर दूसरी चालू कतार में जाने के लिए व्हीलचेयर को आगे बढ़ा रहा था; क्योंकि मैं नहीं चाहता था कि सबका ध्यान मेरी तरफ हो जाए।

हालाँकि, वह लड़की इस तरह की नहीं थी और जब तक मेरे साथ सही बरताव न हो, तब तक वह हटने को तैयार ही नहीं थी। उसने सुनिश्चित किया कि वही काउंटर गर्ल मेरा काम करे और इस बार मुसकराते हुए करे।

"हाय! आय एम जारा और अमेरिका में चेकआउट लेंस पर जो भेदभाव होता है,

उसे रोकने के मेरे निजी अभियान में साथ देने के लिए तुम्हारा शुक्रिया।" वह चमकीली मुसकराहट के साथ मेरे पास आते हुए बोली। उसकी भूरी आँखें चमक रही थीं। जब मैं ग्रोसरी के सामान के साथ स्टोर से बाहर आने लगा तो उसने मेरा हाथ हिलाया।

"हाय! आय एम चैतन्य। तुमने मेरे लिए जो किया, वह मैं नहीं कर पाता। थैंक्यू!" मैंने जवाब दिया, क्योंकि मैं इस तरह के भेदभाव के सूक्ष्म और निष्क्रिय आक्रामक स्वरूप पर ध्यान देने से बचने के लिए काफी सचेत रहता था।

"ओह, तुम भी एम.आई.टी. में पढ़ते हो?" मेरी व्हीलचेयर के पीछे लाल अक्षरों में एम.आई.टी. लिखा देखकर उसने पूछ लिया।

"मैं एम.आई.टी. में कंप्यूटर प्रोग्रामिंग पढ़ाता हूँ।" जवाब देने के साथ ही हम लोग पार्किंग की तरफ बढ़ते जा रहे थे, जहाँ मेरी टैक्सी मेरा इंतजार कर रही थी।

"हाय! आय एम चैतन्य। तुमने मेरे लिए जो किया, वह मैं नहीं कर पाता। थैंक्यू!" मैंने जवाब दिया, क्योंकि मैं इस तरह के भेदभाव के सूक्ष्म और निष्क्रिय आक्रामक स्वरूप पर ध्यान देने से बचने के लिए काफी सचेत रहता था। "ओह, तुम भी एम.आई.टी. में पढ़ते हो?" मेरी व्हीलचेयर के पीछे लाल अक्षरों में एम.आई. टी. लिखा देखकर उसने पूछ लिया।

"तुम प्रोफेसर होने लायक तो बड़े नहीं दिखते!" वह हैरान हुई।

"मेरे बच्चों जैसे लुक और शक्लो-सूरत पर मत जाओ। उम्र मेरी काफी ज्यादा हो सकती है।" मैंने मजाक करने की कोशिश की।

"हा-हा!" उसने मेरे मजाक की हवा निकाल दी और अपनी कार की तरफ बढ़ चली।

"तब तुम्हें स्मार्ट होना चाहिए।" सहज मुसकान के साथ उसने कार अनलॉक करते हुए कहा।

"स्मार्टनेस का तो पता नहीं। मैं लगता भले ही नहीं हूँ, लेकिन मैं 30 साल का हूँ और अभी कुछ ही समय पहले मैंने अपनी डॉक्टरेट पूरी की है।"

मैंने अपनी शक्ल-सूरत के बारे में बाकी छात्रों के कमेंट्स के बारे में कभी ज्यादा नहीं सोचा।

"तुम एम.आई.टी. में क्या करती हो?" मैंने बातचीत बढ़ाने की कोशिश की।

हालाँकि, मैं उसे कुछ मिनट पहले ही मिला था, लेकिन उसके साथ कुछ तो विशेष महसूस हो रहा था कि मैं चाह रहा था कि बातचीत रात तक चलती रहे।

"मास्टर्स इन जर्नलिज्म, साथ में अर्बन प्लानिंग। हो सकता है, कैंपस में भी हम लोग कभी एक-दूसरे से टकराएँ।" जारा बोली और झुककर अपनी कार में बैठ गई।

मेरे दिमाग में कोई नया विचार या कोई बात ऐसी नहीं सूझी कि जिसके सहारे उसको जाने से रोक सकूँ। अपनी व्हीलचेयर को अपनी टैक्सी तक ले जाते हुए मेरे चेहरे पर एक बड़ी-सी मुसकान थी और मैं ग्रोसरी स्टोर की सारी घटनाओं पर सिलसिलेवार सोच रहा था।

टैक्सी तेज रफ्तार से घर की तरफ बढ़ चली और मेरा दिमाग फिर से देवयानी की ओर चल दिया। अचानक ही मेरे पास इस जिंदगी में किसी और के लिए कोई विचार नहीं रह गया। इससे कुछ फर्क नहीं पड़ता था कि देवयानी मुझे कभी नहीं मिलेगी। मेरा मन बस, किसी और संभावना के लिए तैयार नहीं था।

"डूड, ग्रोसरी रखने में कोई मदद चाहिए?" मेरे घर में घुसते ही रॉब ने पूछ लिया। कृष्ण और रॉब को जब भी अपने परिवारों की याद सताती थी, वे मेरे घर चले आते थे। हाल ही में हम लोगों ने एक नए प्रोजेक्ट पर मिलकर काम करना शुरू किया था, जिसमें हम ब्लॉग, सोशल मीडिया के उभरते क्षेत्रों, तमाम वेबसाइटों पर उनके कमेंट्स, लाइक्स या डिस्लाइक्स जैसे मंचों पर उनकी पोस्टों के आधार पर उनके पर्सनैलिटी प्रोफाइल इकट्ठे कर रहे थे।

"डूड, ग्रोसरी रखने में कोई मदद चाहिए?" मेरे घर में घुसते ही रॉब ने पूछ लिया। कृष्ण और रॉब को जब भी अपने परिवारों की याद सताती थी, वे मेरे घर चले आते थे। हाल ही में हम लोगों ने एक नए प्रोजेक्ट पर मिलकर काम करना शुरू किया था, जिसमें हम ब्लॉग, सोशल मीडिया के उभरते क्षेत्रों, तमाम वेबसाइटों पर उनके कमेंट्स, लाइक्स या डिस्लाइक्स जैसे मंचों पर उनकी पोस्टों के आधार पर उनके पर्सनैलिटी प्रोफाइल इकट्ठे कर रहे थे। इंटरनेट पर बहुत ज्यादा डाटा उपलब्ध होने के कारण मेरे दिमाग के सामने ध्यान लगाने में एक दिलचस्प समस्या आ गई।

"नहीं, मैं ठीक हूँ। यह सब मैं किचन में रख आऊँ, फिर तुम लोगों के पास आता हूँ।" मैंने किचन में जाकर ग्रोसरी का सारा सामान वहाँ रखा और फिर अपने कंप्यूटर के पास लौट आया।

"पता है, हमने इस 'मायस्पेस नेटवर्क' से डाटा फीडबैक को हासिल कर लिया है।" रॉब मायस्पेस के डाटा मैनेजर का इ-मेल पाते ही खुश होकर बोला। हम काफी समय से उसके लिए लगे थे। इंटरनेट पर मौजूद लोगों का बड़ा भंडार बनाना और उनसे उनकी प्राथमिकताओं के बारे में बताने की काबिलियत हासिल करने की वास्तविक खुशी बहुत मेहनत के बाद हासिल हुई थी, जिसके लिए हम तीनों ने 'सोशल मीडिया प्रेफरेंस गैदरिंग टूल' बनाने में अनगिनत घंटे खर्च किए थे।

गरम और हवादार वसंत की शाम थी, जब मैं कैंपस से वापस लौटा। घर लौटते समय रास्ते में मैं मेलबॉक्स के पास रुका, क्योंकि पिछले हफ्ते से मैं मेल नहीं देख पाया था। एम.आई.टी. पत्रिका पर मेरी निगाह गई, जिसके कवर पेज पर एक हेडलाइन चीख-चीखकर कह रही थी—'प्रच्छन्न भेदभाव—क्या हम इससे छुटकारा पा सकते हैं?'

जब मैंने पत्रिका के पन्ने पलटे तो मुखपृष्ठ पर उसी हेडलाइन के आर्टिकल पर मैं ठहर गया।

'सीरिया में करबाश में एक यजीदी के तौर पर पलते-बढ़ते हुए मैंने अपनी धार्मिक मान्यताओं के कारण भेदभाव और धार्मिक प्रताड़ना का सामना किया, क्योंकि मेरा धर्म इसलाम से अलग था। मेरा परिवार 1980 के दशक में सद्दाम हुसैन के शासनकाल में अत्याचार और दमन से बचने के लिए इराक से भाग आया था। सीरिया के हालात काफी बेहतर थे, क्योंकि करबाश पूरी तरह से स्वायत्ततावाला यजीदी बहुल गाँव था। जब तक सीरिया में स्थायी सरकार रही, हमारी जिंदगी खेती और भेड़-बकरी पालन के सहारे चलती रही। हालाँकि, हम लोग अल्पसंख्यक थे, लेकिन हम अपने को किसी से कमतर नहीं मानते थे। हमारे धार्मिक विश्वास मात्र अलग थे और हम बाकी सीरियाई आबादी से अपने को किसी भी तरह से श्रेष्ठ या कम नहीं मानते थे; जबकि सीरिया में ज्यादातर लोग मुसलिम या ईसाई थे।

जब हमें पहली बार शरणार्थी के तौर पर अमेरिका यात्रा करने का वीजा मिला तो मेरा परिवार बहुत उत्साहित था और मैं भी बहुत खुश थी। मुझे खुशी है कि दुनिया में अमेरिका जैसा देश मौजूद है, जो धार्मिक रूप से प्रताड़ित व दमित लोगों को सुरक्षित पनाह देता है और उनको भी देता है, जिनकी अपनी कोई आवाज नहीं होती। तो अमेरिका आने के कुछ साल तो मैं बहुत खुश रही और अपनी इच्छानुसार, बिना किसी धार्मिक प्रताड़ना के, अपने सपनों को पूरा करने के लिए आजाद महसूस करती रही। बाद में कुछ साल यहाँ रहने पर, मैंने एक छिपा हुआ भेदभाव महसूस किया, जो मेरे या मेरे अन्य यजीदी मित्रों को तुलनात्मक साँवली त्वचा के कारण झेलना पड़ता था। ऐसा खुलेआम कभी नहीं होता था। हमें कोई नौकरी देने से इनकार नहीं करता था, न ही किसी सरकारी व्यवस्था में हमें कोई नीचा दिखाता था। बारीक शारीरिक भाव-भंगिमा या घूरती

निगाहें देखकर हमें यह अहसास होता था कि जैसे हम यहाँ अवांछित हों!

यह मान लिया जाए कि इनसानों के अंदर भेदभाव की एक अंतर्निहित जरूरत होती है, चाहे वह त्वचा के रंग के आधार पर हो या धर्म के आधार पर या शिक्षा के स्तर के आधार पर हो अथवा व्यक्तिगत धन के आधार पर; लेकिन इस प्रश्न पर विचार करना दिलचस्प होता है कि इस तरह के भेदभाव का खुला या छिपा होना बेहतर होता है या नहीं?

अगर यह खुलेआम है तो इससे लड़ा जा सकता है या वैर-भाव रखनेवाले समुदाय से परहेज किया जा सकता है; लेकिन अगर यह छिपे हुए रूप में है तो भेदभाव का शिकार होनेवाले समुदाय के हर सदस्य को इस रूढ़ि के जाल में फँसना मजबूरी हो जाता है। किसी एक यजीदी के काम या गुणों के आधार पर सारी यजीदी आबादी को परखा जाएगा। अगर कोई यजीदी किसी रेस्टोरेंट में टिप नहीं देता है तो सारे यजीदियों के बारे में मान लिया जाएगा कि वे बेड-टिपर हैं या कोई एक यजीदी अपराध करता है तो सारे यजीदियों को अपराधी मान लिया जाएगा। यह उसी तरह से है, जैसे मध्य-युग में किसी औरत को डायन बता दिया जाता था। जब किसी अल्पसंख्यक समुदाय पर कोई नकारात्मक ठप्पा लग जाता है या उसकी छवि खराब हो जाती है तो उस अल्पसंख्यक समुदाय के हर सदस्य का यह कर्तव्य बन जाता है कि सक्रिय तौर पर यह दिखाए कि उस पर वह ठप्पा लगाना सही नहीं है, फिर भले ही वह गुण उसमें हो या नहीं।

हालाँकि, मुझे खुशी है कि अमेरिका में मुझे सुविधा-संपन्न जिंदगी जीने को मिल रही है; लेकिन मुझे यह नहीं लगता कि मुझे यहाँ पूरी तरह से स्वीकार किया गया है। हो सकता है, यह मेरे सोचने का तरीका हो या मेरे दिमाग में यह बात भरी हो। यजीदियों के बारे में अपनी धारणा बनाने के लिए मैं श्वेत अमेरिका को दोष नहीं देती, क्योंकि वे भी इनसान ही हैं। किसी दिन मैं खुशी-खुशी अमेरिका की इस भौतिक सुख-सुविधा वाली जिंदगी को त्याग दूँगी और एक ऐसा छोटा देश बनाऊँगी, जो कि यजीदियों के लिए सुरक्षित पनाह होगा और अन्य सभी धर्मों के लोग, जब तक चाहें, मिल-जुलकर शांति से उसमें रह सकेंगे।

किसी भी तरह के भेदभाव से निपटने के लिए मैं ऐसे समय की कल्पना करती हूँ, जिसमें सभी यजीदी मिलकर अपने मन-मुताबिक एक नया देश बनाएँगे, जिसमें शरणार्थियों का स्वागत होगा, जो अपने नागरिकों को पूरी आजादी देगा और आजादी के किसी भी तरह के दुश्मनों से अपनी पूरी ताकत से रक्षा करेगा। यह सुनिश्चित किया जाएगा कि यजीदियों की पूरी दुनिया में इज्जत हो। अगर हम ऐसा नहीं कर सके तो दूसरा एकमात्र विकल्प शरणार्थी बने रहने

का है और शरण देनेवाले देश में भेदभाव का शिकार होते रहने का है, फिर चाहे वह अमेरिका हो, जर्मनी हो या कोई और देश हो। बिना इज्जत की जिंदगी की तुलना में मैं मर जाना पसंद करती हूँ।

—जारा कलश

मुख्य संपादक, एम.आई.टी. कैंपस मैगजीन

मैं अब जान गया था कि यह वही जारा है, जिससे मैं कुछ महीने पहले ग्रोसरी स्टोर में मिला था। बेजोड़ उत्साह, चारित्रिक बल और सही-गलत की स्पष्ट पहचान वाले लोग बहुत ज्यादा नहीं होते। हालाँकि, प्रवासी होने के कारण मेरे भी कुछ अनुभव ऐसे थे, लेकिन मेरे दिमाग में यह कोई बहुत खास मुद्दा नहीं था। मैं उस लेख से प्रभावित हुआ और निश्चित मत एवं यजीदी पृष्ठभूमि में गर्व की उसकी भावना के लिए मैं उसकी सराहना करना चाहता था।

उस रात मैंने उसे इ-मेल भेजा और उसके लेख की प्रशंसा की। मैंने उसे अपनी कक्षा में आने के लिए आमंत्रित किया, क्योंकि मैं जानता था कि कृष्ण और रॉब के साथ जिस प्रौद्योगिकी का मैंने विकास किया था, उसकी बदौलत दुनिया भर में बिखरे यजीदी समुदाय को जोड़कर यजीदी राष्ट्र की उसकी इच्छा पूरी करने में मैं उसकी मदद कर सकता था।

उस रात मैंने उसे इ-मेल भेजा और उसके लेख की प्रशंसा की। मैंने उसे अपनी कक्षा में आने के लिए आमंत्रित किया, क्योंकि मैं जानता था कि कृष्ण और रॉब के साथ जिस प्रौद्योगिकी का मैंने विकास किया था, उसकी बदौलत दुनिया भर में बिखरे यजीदी समुदाय को जोड़कर यजीदी राष्ट्र की उसकी इच्छा पूरी करने में मैं उसकी मदद कर सकता था।

इ-मेल भेजने के करीब एक सप्ताह बाद वह मेरी कंप्यूटर प्रोग्रामिंग क्लास खत्म होते समय आई। सभी छात्र उठ चुके और क्लास से जा चुके तो वह क्लास के पीछे से उठकर मेरे पास आई। जब मेरी क्लास चल रही थी, तभी वह बीच में आकर सबसे पीछे बैठ गई थी। वह लाल ड्रेस पहने थी और उसके लंबे व भूरे बाल उसके सुंदर चेहरे को घेरे थे। उसके चेहरे पर गर्व और आत्मविश्वास झलक रहा था।

"बच्चों जैसी शक्लो-सूरत और मनमोहनी सूरतवाले प्रोफेसर साहब, आपसे मिलकर अच्छा लगा!" ग्रोसरी स्टोर में हुई हमारी पिछली बातचीत को याद करते हुए उसने कहा तो उसकी आवाज पूरी कक्षा में गूँज गई।

"हा-हा! तुम्हारी याददाश्त बहुत शानदार लगती है।" मैंने पहली मुलाकात की झेंप

छिपाने की कोशिश करते हुए मुसकराते हुए जवाब दिया।

"मेरे लेख की प्रशंसा के लिए शुक्रिया!" क्लास में आगे मेरी डेस्क की ओर आते हुए उसने कहा।

"इंटरनेट पर किसी-न-किसी रूप में मौजूद यजीदी समुदाय को एक साथ लाने में शायद मैं तुम्हारी मदद कर सकता हूँ। इसके अलावा, मैं ऐसे लोगों की पहचान कराने में भी मदद कर सकता हूँ, जो यजीदियों से सहानुभूति रखते हैं और जो यजीदियों के विरोधी हैं।" यह कहते हुए मैं क्लास से बाहर निकलने लगा।

"क्या तुम कॉफी पियोगी?" बाहर निकलकर मैंने पूछ लिया।

"मेरे कुछ मित्र और मैं कंप्यूटर प्रोग्राम डेवलप करते रहे हैं, जो भारी-भरकम ऑनलाइन डाटा की पड़ताल करते हैं और लोगों के प्रोफाइल, उनकी प्राथमिकताओं, उनके विचारों, उनके दूसरों पर असर के स्तर को परखते हैं। मैं तुम्हें ऐसे ही प्रोग्रामों के बारे में बता सकता हूँ, जो तुम्हारे उद्देश्य में मददगार हो सकते हैं।" मैंने आसान शब्दों में बताने और कंप्यूटर की ऊबड़-खाबड़ शब्दावली से बचने की कोशिश करते हुए कहा।

उसने सिर हिलाकर सहमति दी, लेकिन अपनी बात चालू रखी, "तुम यह कैसे करोगे?"

"मेरे कुछ मित्र और मैं कंप्यूटर प्रोग्राम डेवलप करते रहे हैं, जो भारी-भरकम ऑनलाइन डाटा की पड़ताल करते हैं और लोगों के प्रोफाइल, उनकी प्राथमिकताओं, उनके विचारों, उनके दूसरों पर असर के स्तर को परखते हैं। मैं तुम्हें ऐसे ही प्रोग्रामों के बारे में बता सकता हूँ, जो तुम्हारे उद्देश्य में मददगार हो सकते हैं।" मैंने आसान शब्दों में बताने और कंप्यूटर की ऊबड़-खाबड़ शब्दावली से बचने की कोशिश करते हुए कहा।

"और तुम मेरी यह मदद क्यों करोगे? इससे तुम्हें क्या मिलेगा?" उसने पूछा। शायद उसे मुफ्त में मदद करने के मामलों की आदत नहीं थी।

"तुमने ग्रोसरी स्टोर में बिना किसी फायदे के मेरी मदद की थी। अगर हमारी टेक्नोलॉजी तुम्हारे यजीदी समुदाय को एक करने में और उनकी जिंदगी के हालात बेहतर बनाने में मददगार हो सके तो मुझे खुशी होगी। यह पूरी तरह से मुफ्त सेवा है और कुछ भी इसमें शामिल नहीं है।" हम कैंपस की कॉफी शॉप में एक कोने में बैठ चुके थे। इसलिए मैंने कॉफी का घूँट पीते हुए जवाब दिया।

"इस समय इंटरनेट पर कितने यजीदी जुड़े होंगे, बता सकते हो?" उसकी आवाज में व्यापक यजीदी समुदाय को जोड़ने की संभावना का उत्साह साफ झलक रहा था।

"मुझे डाटा छाँटना होगा; लेकिन करीब 4 लाख यजीदी तो होंगे इंटरनेट पर।" मैंने

अपना लैपटॉप खोला और अपने प्रोग्राम को कमांड देने लगा।

"तुम्हें पता है, करीब एक सदी पहले हमारे समुदाय की आबादी करीब 2 करोड़ थी। ऑटोमन साम्राज्य के बाद शुरू हुई धार्मिक प्रताड़ना के कारण हम लोग 10 लाख से भी कम बचे हैं, और यह प्रताड़ना अब भी जारी है।" अपनी भावनाओं पर काबू पाने की कोशिश करते हुए उसने कहा; लेकिन उसकी आवाज काँपने लगी थी।

"एक अच्छी बात यह है कि इंटरनेट पर करीब 50 लाख लोग यजीदियों से सहानुभूति रखनेवाले मौजूद हैं।" मैंने बातचीत में कुछ खुशी लाने की कोशिश की।

"सचमुच! क्या मैं देख सकती हूँ, वे कौन लोग हैं?" वह मेरी तरफ आ गई और लैपटॉप स्क्रीन पर झुककर देखने लगी। उसकी निकटता, उसका परफ्यूम और कॉफी शॉप की मद्धिम रोशनी ने मेरे ऊपर जादू-सा कर दिया था। मेरा मन देवयानी के विचारों के साथ-साथ जारा की इस निकट बातचीत से बिना किसी टकराव के आसानी से निपट सकता था। उसकी मौजूदगी में बैठने भर से मेरे पूरे शरीर में एक अजीब और अद्‌भुत गरमी आ गई थी।

"सचमुच! क्या मैं देख सकती हूँ, वे कौन लोग हैं?" वह मेरी तरफ आ गई और लैपटॉप स्क्रीन पर झुककर देखने लगी। उसकी निकटता, उसका परफ्यूम और कॉफी शॉप की मद्धिम रोशनी ने मेरे ऊपर जादू-सा कर दिया था। मेरा मन देवयानी के विचारों के साथ-साथ जारा की इस निकट बातचीत से बिना किसी टकराव के आसानी से निपट सकता था।

मुझे उन खयालों को खुद से दूर रखने और स्क्रीन के डाटा पर ध्यान लगाने के लिए काफी कोशिश करनी पड़ी थी। "यजीदियों से सहानुभूति रखनेवाले लोग दुनिया के अनेक हिस्सों में हैं, जिनमें अमेरिका, जर्मनी, ब्रिटेन जैसे विकसित देश भी हैं, जो आधिकारिक तौर पर शरणार्थियों को स्वीकार करते हैं और भारत जैसे विकासशील देश भी हैं, जिनकी शरणार्थियों के बारे में कोई स्पष्ट नीति नहीं है। भारत में कुछ समर्थकों का मानना है कि यजीदी एक तरह से हिंदू धर्म से संबंधित हैं, क्योंकि उनमें तावसी मेलेक, यानी मोर देवता की मौजूदगी है, पुनर्जन्म या अवतार की मान्यता है; और केवल मनुष्यों में ही नहीं, बल्कि सभी जीवधारियों में आत्मा के अस्तित्व को माना जाता है।

"भारत के एक गाँव पोखरण में पले-बढ़े होने के कारण मुझे यजीदियों के बारे में या उनकी कठिनाइयों के बारे में पता नहीं था। ऐसे में, यह देखना मेरे लिए सुखद आश्चर्य और गर्व की बात है कि मेरे देश में ऐसे लोग हैं, जिन्होंने इस पर गंभीरता से सोच-विचार किया है।" मैं बोलता जा रहा था, साथ ही कंप्यूटर टूल पर जुटाए समर्थकों की सूची देखता जा रहा था।

"मैं उन सभी 4 लाख यजीदियों से जुड़ना चाहूँगी, जो तुम्हारे प्रोग्राम ने ढूँढ़े हैं। मुझे इसके लिए क्या करना होगा?" बच्चों की तरह उत्साह में भरकर उसने पूछा।

"उनके कॉण्टेक्ट डिटेल्स निकालने में कुछ समय लगेगा; लेकिन यह हो जाना चाहिए। तुम मेरे घर आ जाओ और कृष्ण व रॉब से भी मिल लेना, जो मेरी खुराफातों में साथी हैं और इस प्रोग्राम को डेवलप करने में मेरी मदद करते रहे हैं। वे बेहद होशियार हैं और उनके साथ बैठना मजेदार होता है। वे तुम्हारी खोज में भी मदद करेंगे ही।" मैंने कहा, क्योंकि मुझे पता था कि उसकी तलाश का सफर बहुत लंबा होने वाला है। मैं उसे हर जरूरी मदद मुहैया कराना चाहता था और सबसे बड़ी बात, इससे मुझे उसकी चमकीली संगति में ज्यादा समय बिताने का अवसर मिल सकता था।

"उनके कॉण्टेक्ट डिटेल्स निकालने में कुछ समय लगेगा; लेकिन यह हो जाना चाहिए। तुम मेरे घर आ जाओ और कृष्ण व रॉब से भी मिल लेना, जो मेरी खुराफातों में साथी हैं और इस प्रोग्राम को डेवलप करने में मेरी मदद करते रहे हैं। वे बेहद होशियार हैं और उनके साथ बैठना मजेदार होता है। वे तुम्हारी खोज में भी मदद करेंगे ही।" मैंने कहा, क्योंकि मुझे पता था कि उसकी तलाश का सफर बहुत लंबा होने वाला है।

तभी उसने अपनी घड़ी पर नजर डाली और उसे अहसास हुआ कि काफी रात हो चुकी है। "यहाँ आकर समय का पता ही नहीं चला। कल सुबह मुझे एक क्लास अटेंड करनी है, इसलिए मुझे अभी जाना होगा, ताकि कुछ नींद ले सकूँ।"

वह मेरे सामने से गई तो मुझे उसकी कमी खलने लगी। सबसे ज्यादा समय तक देवयानी मेरे दिलो-दिमाग पर छाई रहती थी। मुझे नहीं लगता था कि अब मैं किसी और के बारे में दोबारा उस तरह से सोच पाऊँगा; लेकिन यह भावना अभी बची थी और कॉफी शॉप में बीती रात लाल ड्रेसवाली लड़की से उस मुलाकात से वह फिर से उभर आई थी। आखिरकार, मुझे महसूस हुआ कि मैं फिर से खुलकर साँस ले सकता हूँ और फिर से जीवित महसूस कर सकता हूँ।

वह वसंत ऋतु की बादलों वाली एक सुबह थी। हलकी बौछार पड़ने से हरे मैदानों और पेड़ों पर लदी हरी पत्तियों से भरा कैंपस सजीव हो उठा था। पोखरण की भूरी सूखी रेत की तुलना में यह नजारा एकदम विपरीत था। रॉकीज के पहाड़ी इलाके में बसे डनबर नगर के प्रतिनिधि बड़े काँच के इलाके में घूमना शुरू कर चुके थे, जो कि एम.आई.टी.

आर्किटेक्चर विभाग की ग्यारह मंजिला इमारत के टॉप फ्लोर पर था। काँच की छत पर गिरनेवाली बारिश की बूँदों की आवाज नगर नियोजन के उस सत्र के लिए आरामदायक पार्श्व संगीत का काम कर रही थी, जिसे जारा कोऑर्डिनेट कर रही थी।

"आज के इस टाउन प्लानिंग सेशन में शामिल होने के लिए आप सभी का शुक्रिया।" भूरे स्कर्ट और सूट में जारा कॉन्फ्रेंस टेबल के आगे व्हाइट बोर्ड के पास खड़ी थी। डनबर टाउन प्लानर्स के इस सेशन को चला रहे लगभग बीस छात्र-छात्राओं को देखना दिलचस्प था।

"डनबर के लिए मेरे पास सही उत्तर नहीं है। कम-से-कम अभी तो नहीं ही है। दरअसल, हम में से किसी के पास पूरा उत्तर नहीं है, लेकिन हम सब मिलकर डनबर के लगातार विस्तार के लिए सही योजना विकसित करेंगे।" वह कमरे में शानदार तरीके से घूमते हुए बोले जा रही थी और टेबल के सामने बैठे हर किसी को वह सहज रूप में आँखों में आँखें डालकर देख रही थी।

"हमारे पास इस कमरे में स्वास्थ्य, जल, शिक्षा, सड़क, इमारत, कचरा प्रबंधन, ऊर्जा और परिवहन के विशेषज्ञ हैं। आप में से हरेक की जानकारी और समस्या-समाधान करने की रचनात्मकता के सहारे हम डनबर के लिए ऐसा प्लान तैयार करेंगे, जो उसके चट्टानोंवाले पहाड़ी इलाके और इसकी यूनिक लोकेशन के मुताबिक होगी।" उसने नगर की भौगोलिक स्थिति के नक्शे की ओर इशारा करते हुए बताया, जो व्हाइटबोर्ड पर दिखाया जा रहा था।

"हमारे पास इस कमरे में स्वास्थ्य, जल, शिक्षा, सड़क, इमारत, कचरा प्रबंधन, ऊर्जा और परिवहन के विशेषज्ञ हैं। आप में से हरेक की जानकारी और समस्या-समाधान करने की रचनात्मकता के सहारे हम डनबर के लिए ऐसा प्लान तैयार करेंगे, जो उसके चट्टानोंवाले पहाड़ी इलाके और इसकी यूनिक लोकेशन के मुताबिक होगी।" उसने नगर की भौगोलिक स्थिति के नक्शे की ओर इशारा करते हुए बताया, जो व्हाइटबोर्ड पर दिखाया जा रहा था। वह जितनी सहजता से इस सत्र को हैंडल कर रही थी, वह इस बात का प्रमाण था कि वह ऐसा कई बार पहले भी कर चुकी है।

जारा को टाउन प्लान तैयारी को गाइड करते, तमाम विशेषज्ञों की जानकारी को शामिल और समाहित करते, मत-विमत एवं दलीलों को टकराव के बिना स्वस्थ तरीके से इस्तेमाल करते अपनी आँखों से देखना मंत्रमुग्धकारी थी। वह डिजाइन को आगे और सही दिशा में बढ़ाती जा रही थी।

"वाटर स्टोरेज टैंक नगर में सबसे ऊँची जगह होने चाहिए।" वाटर एक्सपर्ट ने सुर में सुर मिलाते हुए कहा, "अस्पताल बिल्कुल सीधी पहुँच में होने चाहिए, इसलिए

उनका मुख्य राजमार्गों पर होना जरूरी है और नगर के सबसे दूर के छोर से भी अस्पताल पहुँचने में आधे घंटे से ज्यादा नहीं लगना चाहिए।" स्वास्थ्य विशेषज्ञ ने अपनी राय साझा की और जारा ने इसे भी नगर की डिजाइन में जोड़ दिया, जो कि तुरंत व्हाइटबोर्ड पर दिखने लगी।

शाम तक नगर डिजाइन का ज्यादातर विवरण निकाल लिया गया था। ज्यादातर प्लानिंग उस डिजाइन के अनुरूप थी और उसमें शामिल हो चुकी थी।

"यह बहुत अच्छा है। टाउनशिप के प्लान में हम कुछ आखिरी रिवीजन करेंगे और अगले सप्ताह इसे मेयर के सामने रखेंगे। अपने कलेक्टिव इनपुट्स के लिए आप सभी को बहुत-बहुत शुक्रिया।" जारा ने वह सत्र समाप्त किया, तब पूरे कमरे में इस बात पर सहमति और सहजता थी कि उस कमरे में उस दिन सभी ने जो नगर डिजाइन तैयार की, वह बेहतरीन थी।

"यह बहुत अच्छा है। टाउनशिप के प्लान में हम कुछ आखिरी रिवीजन करेंगे और अगले सप्ताह इसे मेयर के सामने रखेंगे। अपने कलेक्टिव इनपुट्स के लिए आप सभी को बहुत-बहुत शुक्रिया।" जारा ने वह सत्र समाप्त किया, तब पूरे कमरे में इस बात पर सहमति और सहजता थी कि उस कमरे में उस दिन सभी ने जो नगर डिजाइन तैयार की, वह बेहतरीन थी।

"तुम्हारे आज के सेशन का हिस्सा होकर मुझे अच्छा लगा। मुझे आमंत्रित करने के लिए धन्यवाद। जब सुबह तुमने सेशन शुरू किया था, तब क्या तुम्हें पता था कि सेशन के खत्म होते-होते नगर के लिए तुम सही लेआउट तैयार कर चुकी होगी?" मैं यह देखकर हैरत में था कि उसने हर किसी के इनपुट का इस्तेमाल करके बेहद जटिल समस्या का ऐसा हल तैयार किया, जो डनबर में कभी-न-कभी रहनेवाले हर नागरिक की जिंदगियों पर असर डालेगा। वह कमरे में मौजूद तमाम विशेषज्ञों को स्वीकार्य था।

"बचपन से ही अर्बन प्लानिंग और टाउन प्लानिंग मेरी जिंदगी का अहम हिस्सा रहा है। शरणार्थियों के लिए उचित टाउन प्लानिंग या अस्थायी बस्ती की प्लानिंग का मतलब स्वस्थ और स्वच्छ जीवन या गंदगी और मलिनता के बीच अंतर हो सकता है।" उसने अपना सामान पैक करते और उस परिसर से बाहर निकलते हुए जवाब दिया।

"तुम्हें तो पहले से ही पता होगा कि किसी शहर के लिए सही लेआउट क्या होगा, क्योंकि तुम तो पहले भी कुछ बार यह कर चुकी हो?" मैं उसके मोहक दिमाग के काम करने के तरीके को समझने के लिए उत्सुक था।

"आंशिक रूप से तुम सही हो। ज्यादातर नगरों में एक सर्वोत्कृष्ट लेआउट शायद

अपनाया जा सकता है, जो बाकी जगह अपनाया जा चुका हो। हालाँकि, हर नगर की भौगोलिक स्थिति और इलाके अलग-अलग तरह के होते हैं और नगर का फोकस एवं उसके लोग अलग-अलग हो सकते हैं। तुम जानते हो, कुछ लोग पर्यटन पर ध्यान देना चाहते हैं तो बाकी बच्चों के पालन-पोषण पर ध्यान देना चाहते हैं, तो कुछ ऐसे भी होंगे, जो बुजुर्ग नागरिकों को अहमियत देना चाहते हैं। नगर नियोजन के संदर्भ में इन सारी बातों के बेहद अलग-अलग उत्तर होते हैं, जो एक तरह से नगर को अद्वितीय बना देंगे।" वह मेरे साथ दरवाजे की ओर बढ़ती हुई बोलती गई।

"इसके अलावा, इन विचारोत्तेजक सत्रों के लिए दूसरा और ज्यादा महत्त्वपूर्ण कारण भी है। डिजाइन प्रोसेस की शुरुआत में ही नगर के इन विशेषज्ञों को शामिल करने से वे फाइनल डिजाइन तैयार करने में अपना समय और ऊर्जा लगाते हैं। वे अपना निवेश और प्रयास लगाते हैं, इसलिए यह उनकी संतान होती है और उनकी योजना होती है और इस कारण से वे अपनी डिजाइन के अमल के लिए प्रतिबद्ध होंगे और विरोध तथा सड़क जाम नहीं करेंगे।" वह लोगों को समझती थी। लोगों के साथ काम करने और टीम को एक समान लक्ष्य हासिल करने को जुटाने की उसकी क्षमता ने मुझे समरजीत की याद दिला दी, जिसे अपने आप पता होता था कि भरोसेमंद अनुयायियों का निर्माण और नेतृत्व कैसे करना है! दोनों के व्यक्तित्व बेहद भिन्न थे, लेकिन दोनों लोगों की बुनियादी स्तर पर समझ थी, जिसके कारण वे दूसरों को प्रेरित कर लेते थे—चाहे हॉकी के मैदान में जीत हासिल करनी हो या महान् नगरों एवं शहरों का निर्माण करने की बात हो।

इसके अलावा, इन विचारोत्तेजक सत्रों के लिए दूसरा और ज्यादा महत्त्वपूर्ण कारण भी है। डिजाइन प्रोसेस की शुरुआत में ही नगर के इन विशेषज्ञों को शामिल करने से वे फाइनल डिजाइन तैयार करने में अपना समय और ऊर्जा लगाते हैं। वे अपना निवेश और प्रयास लगाते हैं, इसलिए यह उनकी संतान होती है और उनकी योजना होती है और इस कारण से वे अपनी डिजाइन के अमल के लिए प्रतिबद्ध होंगे और विरोध तथा सड़क जाम नहीं करेंगे।

उसके पीछे-पीछे परिसर से बाहर आते समय मेरे मन में यही विचार आ रहे थे कि कोई अपने काम में इतना सुंदर और नफीस कैसे हो सकता है! शरणार्थी और धार्मिक आधार पर प्रताड़ित होते हुए भी इतना जिंदादिल कैसे हो सकता है! वह जहाँ भी जाती थी, अपने अतीत के लिए दया की पात्र बनने के बजाय आशा की किरण बन जाती थी और उज्ज्वल आशावाद से चमकने लगती थी।

इस तरह की कठिनाइयों से गुजरने के बावजूद वह बेहद बुद्धिमान महिला थी और

अपने साथियों के साथ-साथ विशेषज्ञों के बीच आदर हासिल करती थी तथा इस देश में दूसरों की तुलना में काफी ज्यादा योगदान करती थी। अपने यजीदी समुदाय के लिए और व्यापक अमेरिकी समुदाय के लिए उसकी सेवा सचमुच उल्लेखनीय थी। दूसरों की सेवा करने की उसकी इच्छा और जुनून को देखकर मुझे पापा की याद आने लगती थी।

"तुम इंटरनेट के सभी यजीदी लोगों की कॉण्टेक्ट इन्फॉर्मेशन निकाल पाए क्या?" जारा ने मेरे घर के रास्ते पर चलते हुए पूछा।

"हाँ, लगभग निकाल ली है। चलो, कृष्ण और रॉब जल्दी ही किसी भी समय वहाँ पहुँचने वाले होंगे।" चौक में मैंने अपनी कॉफी खत्म करते हुए और अंदर घुसते हुए जवाब दिया। जारा मेरे पीछे-पीछे चल रही थी।

जिन दिनों वह दिखाई नहीं देती थी, मैं काफी दुःखी रहता था। मैं जानता था कि यह बात केवल दोस्ती तक सीमित नहीं है; लेकिन मैं काफी सतर्क रहता था और अपनी तरफ से कोई पहल नहीं करना चाहता था। बौद्धिक स्तर पर तो मैं किसी को भी प्रभावित कर सकता था, लेकिन जहाँ शारीरिक पहलू की बात आती, वहाँ मैं कभी सहज महसूस नहीं कर पाता था।

अगले कुछ सप्ताहों तक जारा लगभग हर दिन शाम को मेरे घर आती रही। मेरा घर उसके यजीदी समुदाय के तलाशी अभियान का अड्डा बन गया था। मैं अपने आप में भी यजीदी समुदाय की मदद करके खुश था, क्योंकि मुझे पता था कि पापा भी ऐसा ही चाहते थे कि मैं अपना जीवन दूसरों की सेवा में लगाऊँ। इसके अलावा, अपने दिल में अंदर से मेरा कुछ स्वार्थ भी था। मैं इस बात से खुश था कि जारा की खुशी में योगदान कर पा रहा था।

जिन दिनों वह दिखाई नहीं देती थी, मैं काफी दुःखी रहता था। मैं जानता था कि यह बात केवल दोस्ती तक सीमित नहीं है; लेकिन मैं काफी सतर्क रहता था और अपनी तरफ से कोई पहल नहीं करना चाहता था। बौद्धिक स्तर पर तो मैं किसी को भी प्रभावित कर सकता था, लेकिन जहाँ शारीरिक पहलू की बात आती, वहाँ मैं कभी सहज महसूस नहीं कर पाता था। ऐसे में, एक राहत और सुखद आश्चर्य का पल तब आया, जब इंटरनेट पर यजीदी समुदाय की खोज करते हुए मैंने जारा के कजिन ईमान का पता लगा लिया। बहुत कम उम्र में जारा का उससे संपर्क खत्म हो गया था। जब उसे पता चला कि ईमान सकुशल है और अभी जर्मनी में रह रहा है तो वह खुशी से उछल पड़ी और मेरे गले लग गई। उत्साह में उसने मेरे

होंठों को चूम लिया। पहले तो छोटा-सा जल्दबाजी भरा चुंबन था, लेकिन जल्द ही वह गहरे और लंबे चुंबन में बदल गया, जिससे मेरी साँस एकदम थम गई; क्योंकि मेरा दिल उछल-उछलकर फटने को तैयार हो गया था।

"सॉरी, मैं भावनाओं में बह गई थी।" वह शरमाते हुए पीछे हटी, "ईमान का पता लगाने के लिए शुक्रिया। मुझे तो लगता था कि मैं उसे खो चुकी हूँ।"

"नहीं, नहीं। सॉरी की कोई जरूरत नहीं।" मुझे समझ नहीं आ रहा था कि मैं उसे कैसे बताऊँ कि मैं कैसा महसूस कर रहा था!

"मैं खुद यह करना चाहती थी, लेकिन तुम्हारी पहल का इंतजार कर रही थी।" जारा स्वीकार करते हुए अब भी शरमा रही थी।

"सॉरी, मैं भावनाओं में बह गई थी।" वह शरमाते हुए पीछे हटी, "ईमान का पता लगाने के लिए शुक्रिया। मुझे तो लगता था कि मैं उसे खो चुकी हूँ।"

"नहीं, नहीं। सॉरी की कोई जरूरत नहीं।" मुझे समझ नहीं आ रहा था कि मैं उसे कैसे बताऊँ कि मैं कैसा महसूस कर रहा था!

"मैं खुद यह करना चाहती थी, लेकिन तुम्हारी पहल का इंतजार कर रही थी।" जारा स्वीकार करते हुए अब भी शरमा रही थी।

"मुझे ये सब चीजें नहीं आतीं। अपनी शारीरिक स्थिति के कारण मैं इन सब में कभी सहज नहीं रहा।" मैंने बहुत कोशिश की कि मेरी आवाज सधी रहे, लेकिन ऐसा हो नहीं पाया।

"मुझे तुम बहुत आकर्षक लगे हो और तुम्हारा दिमाग व बुद्धि सेक्सी है।" उसने मेरे पास आकर मुझे इस बार और ज्यादा जोर से गले लगा लिया तथा मुझे दोबारा चूम लिया।

उस रात वह मेरे साथ ही रुकी और वह रात मेरी जिंदगी की सबसे अद्‌भुत रात बन गई थी। अपनी जिंदगी में पहली बार, हर बात के बावजूद, जब मैंने उसे अपने बिस्तर में आलिंगन किया तो मैंने अपने को संपूर्ण महसूस किया।

यह मेरी जिंदगी में शानदार समय की शुरुआत थी। जारा को यात्रा करना पसंद था। उसे प्राकृतिक स्थलों का भ्रमण भी पसंद था और अमेरिका के सुनियोजित तरीके से बसे शहरों को देखना भी पसंद था। उसने मुझे प्रेरित किया और मैंने एक ऐसा सुविधा-युक्त वाहन खरीदा, जो एक बड़ी बस थी, जिसमें बाथरूम, बेडरूम और किचन भी था। उसके सहारे मुझे बिना किसी की मदद के यात्रा करने का मौका मिला, क्योंकि उसमें तमाम ऐसे उपकरण और साधन लगे थे, जिनका इस्तेमाल मैं स्वतंत्र रूप से कर सकता था।

गरमियों के कुछेक सप्ताहों के लिए जारा और मैं बस पर सवार होकर महीने

भर के लिए बड़े प्राकृतिक बागों एवं रिसोर्ट्स के लिए निकल गए। रास्ते में हम डनबर टाउनशिप में रुके, क्योंकि उसके मेयर से मिलना था, जो कि टाउनशिप की डिजाइन करने में मदद के लिए जारा का बेहद शुक्रगुजार था। उसने हमें डनबर में पूरे दिन के लिए सेरेमोनियल चाभी तक सौंप दी थी।

जारा के साथ यात्राओं में मैंने कई कस्बे और शहर कवर किए थे; लेकिन इन सब में मुझे सबसे ज्यादा प्रभावित किया लास वेगास ने। हालाँकि, जब लोग लास वेगास का नाम सुनते हैं तो उनके दिमाग में जुआ, माफिया एवं तमाम तरह के अपराधों और अनैतिक कार्यों की छवि बनती है; लेकिन मैंने वहाँ ऐसा कुछ नहीं देखा।

मुझे तो वहाँ पर वीरान रेगिस्तान दिखाई दिया, जो कि पोखरण से किसी भी तरह से अलग नहीं लग रहा था। वहाँ भी वैसी ही तेज गरमी थी, जो कारों के टायरों को पिघलानेवाली थी। आसमान में शायद ही कहीं कोई बादल था। नमी लगभग शून्य थी। बहुत थोड़ी प्राकृतिक जंगली हरियाली थी और कोलोरेडो नदी पर बने हूवर बाँध से बनी झील के अलावा पानी का कोई प्राकृतिक स्रोत नहीं था। अगर लास वेगास नेवादा रेगिस्तान के बीच हरा-भरा नखलिस्तान बन सकता है तो पोखरण भी थार के रेगिस्तान के बीच में वैसा ही नखलिस्तान क्यों नहीं बन सकता?

मुझे तो वहाँ पर वीरान रेगिस्तान दिखाई दिया, जो कि पोखरण से किसी भी तरह से अलग नहीं लग रहा था। वहाँ भी वैसी ही तेज गरमी थी, जो कारों के टायरों को पिघलानेवाली थी। आसमान में शायद ही कहीं कोई बादल था। नमी लगभग शून्य थी। बहुत थोड़ी प्राकृतिक जंगली हरियाली थी और कोलोरेडो नदी पर बने हूवर बाँध से बनी झील के अलावा पानी का कोई प्राकृतिक स्रोत नहीं था।

"इस बिजनेस डिस्ट्रिक्ट और लास वेगास स्ट्रिप की प्लानिंग बहुत शानदार है।" मैंने उस शहर से गुजरते हुए कहा।

"लेकिन बाकी के नगर की डिजाइनिंग बहुत अच्छी नहीं है। यह शहर बाहर से आनेवाले पर्यटकों के लिए तो ठीक है, लेकिन जो लोग यहीं रहते हैं, उन्हें खराब इन्फ्रास्ट्रक्चर और बेकार सुविधाओं को झेलना पड़ता है। अगर इसे सही ढंग से किया जाए तो यह पर्यटकों के लिए भी बहुत बेहतर हो सकता है और यहाँ के निवासियों के लिए भी।" वह बोलती जा रही थी।

टाउन डिजाइन को लेकर वह बहुत उत्साहित थी। इस विषय पर बात करते समय उसकी आँखों में चमक आ जाती थी। मैं उसके विचारों को सुनकर बहुत खुश था और समझ गया था कि उसके विश्लेषण के बाद मैं उसी शहर को एकदम नए तरीके से देख सकता था।

जब हमारा लास वेगास का टूर समाप्त हुआ तो अँधेरा होने लगा था। हम लोग शानदार घाटियों और दर्रों वाले पास ग्रैंड केन्यॉन की तरफ बढ़ चले और आर.वी. पार्क में जाकर रुक गए।

उस जगह से समूची घाटी का स्पष्ट नजारा दिखता था, जो कि उतनी दूर तक फैला हुआ था, जितनी दूर तक हमारी नजर जा सकती थी।

जैसे ही क्षितिज में सूर्यास्त हुआ, आसमान नारंगी रोशनी से भर गया और तापमान अचानक कम हो गया। जारा ने कुछ लकड़ियाँ इकट्ठी करके आग जला ली और भोजन गरम करने लगी। मैदान पर उसने एक तंबू लगा लिया, क्योंकि वह कैंप फायर के पास खुले आसमान के नीचे सोना चाहती थी।

"घाटी की नारंगी रोशनी और छाया को प्यार करो। मेरे पास आकर बैठो।" उसने स्लीपिंग बैग को अपने पास खींच लिया।

"आई लव यू!" मेरी आँखों में देखते हुए वह बोली।

"आई लव यू टू!" मेरे मुँह से भी निकल पड़ा। वह पल एकदम संपूर्ण था। मैं एकदम शांतचित्त था। पापा के हत्यारों का पता लगाने, देवयानी को बचाने, समरजीत को खोने जैसे जितने विचार पीछे पड़े रहते थे, वे सब अचानक गायब हो गए थे। मेरे दिमाग से वे एकदम ओझल हो गए थे।

□

7

जारा से विवाह

(2010)

"तुम मेरी पॉलिटिकल पार्टी में शामिल क्यों नहीं हो जाते? मैं तुम्हें लेह से विधायक का टिकट दिलवा सकता हूँ।" सुब्रमण्यम ने रणवीर के अपार्टमेंट में डाइनिंग टेबल पर बैठते हुए तथा सुबह की कॉफी पीते हुए कहा। सुब्रमण्यम अपने व्यस्त राजनीतिक जीवन से समय निकालकर अपने सबसे बड़े और सबसे होशियार बेटे से मिलने तथा उसे आर्थिक रूप से कमजोर एवं गैर-परंपरागत तरीके के जीवन और काम से दूर करने के लिए आया था।

"ऑफर के लिए शुक्रिया! लेकिन डैड, मेरी इसमें दिलचस्पी नहीं है।" उसने जवाब दिया। लेकिन उसे पता था कि उसके पिता राजनीति में उतरने के लिए उस पर लगातार दबाव डालते रहेंगे।

"इस समय मैं लद्दाख क्षेत्र और उसके आसपास के इलाके में आर्टिफिशियल ग्लेशियर बनाते हुए बहुत खुश हूँ। नॉर्फेल चेवांग ने आर्टिफिशियल ग्लेशियरों के अस्थायी बाँध बनाकर इस इलाके में जो इनोवेटिव काम किया है और वहाँ के सिंचाई जल-संग्रहण में सुधार किया है, जिसके लिए मैं उनकी सराहना करता हूँ।" रणवीर जम्मू व कश्मीर ग्रामीण विकास प्राधिकरण में नोर्फेल के साथ काम करने लगा था। आर्टिफिशियल ग्लेशियरों की खोज और इस्तेमाल के लिए 'आइस मैन' कहलाते हैं।

"उस काम में तो मामूली वेतन मिलता है। इस सबके झंझट में पड़ने की जरूरत ही क्या है?" सुब्रमण्यम चाहते थे कि उनका बेटा जिंदगी में कुछ अच्छा करे और ऐसी गलतियाँ न करे, जिनके लिए उसे बाद में पछताना पड़े।

"मुझे अपने हाथों से चीजें बनाना पसंद है। मुझे अपने प्रयासों का वास्तविक असर देखना अच्छा लगता है। पिछले कुछेक वर्षों के मेरे प्रयासों से करीब 50 गाँवों के लोगों को पेयजल नियमित रूप से उपलब्ध कराया जा रहा है। इस सबकी कीमत मेरे लिए सोने-चाँदी से ज्यादा है और यही बात मुझे हर दिन सुबह उठने के लिए प्रेरित करती

है।" उसने जवाब तो दे दिया, लेकिन वह समझ रहा था कि सुब्रमण्यम उसके नजरिए से जिंदगी की सफलता को नहीं परखते।

"तुम राजनीति में आकर और ज्यादा बड़ा काम कर सकते हो। ज्यादा लोगों की जिंदगी सुधारकर तुम खुद भी ज्यादा धन कमा सकते हो।" सुब्रमण्यम के दिमाग में एकदम स्पष्ट था कि उनके बेटे के लिए क्या बेहतर है। उनके दिमाग में यह स्पष्ट था कि यह केवल समय की बात है और जल्द ही रणवीर को सच्चाई का भान होगा और उसे समझ आ जाएगी।

"पेट भरने के लिए धन कमाने या केवल धन-संग्रह करने में मेरी दिलचस्पी नहीं है, डैड। खासतौर पर आज की राजनीति में जिस तरह से दबे-छिपे तरीके से धन कमाया जाता है, उसमें तो मेरी कतई दिलचस्पी नहीं है।" रणवीर यह कहते हुए पहाड़ी की ढलान पर स्थित अपने अपार्टमेंट की बालकनी में निकल गया। कुरकुरी सर्द सुबह थी, जिसमें हर तरफ से आनेवाली ताजा बर्फ की सफेदी छाई थी, जो नीचे घाटी में छतों पर इकट्ठा हो गई थी।

"पेट भरने के लिए धन कमाने या केवल धन-संग्रह करने में मेरी दिलचस्पी नहीं है, डैड। खासतौर पर आज की राजनीति में जिस तरह से दबे-छिपे तरीके से धन कमाया जाता है, उसमें तो मेरी कतई दिलचस्पी नहीं है।" रणवीर यह कहते हुए पहाड़ी की ढलान पर स्थित अपने अपार्टमेंट की बालकनी में निकल गया। कुरकुरी सर्द सुबह थी, जिसमें हर तरफ से आनेवाली ताजा बर्फ की सफेदी छाई थी, जो नीचे घाटी में छतों पर इकट्ठा हो गई थी।

"जब तुम परमाणु वैज्ञानिक थे तो तुम्हें कम-से-कम मिनिमम गवर्नमेंट सैलरी तो मिलती थी, है न? बुरी तो नहीं थी न?" रणवीर ने कमरे से बाहर निकलकर अपने पास आते सुब्रमण्यम से पूछ लिया। वह जानना चाहता था कि उसके पिता जब भारत सरकार में वैज्ञानिक थे, तब के दौर को कैसे देखते हैं?

"बिल्कुल ठीक! मुझे उसका वैज्ञानिक माहौल और बौद्धिक चुनौती के साथ-साथ परमाणु निवारक क्षमता पसंद थी, जो हम भारत के निर्माण के लिए बना सके थे। इसके अलावा, वह समय अलग ही था। भारत को आजादी मिलने के तुरंत बाद सरकार के सारे लोग ज्यादा देशभक्त थे, जिस वजह से देश की मदद करने की असली इच्छा होती थी; जबकि वेतन काफी कम होता था।" सुब्रमण्यम उस दौर के बारे में सोचने लग गया, जब वह खुद भी काफी आदर्शवादी था।

"अब तो भारत में या कम-से-कम जो राजसत्ता के साथ हैं, वे देश की तरक्की के लिए कुछ करने के बजाय केवल अपनी जेबें भरने में लगे दिखते हैं। देश के ज्यादातर लोगों की यही मानसिकता है। इसलिए महिला हो या पुरुष, सभी देश के लिए कुछ करने

के बजाय केवल अपने बारे में सोचते हैं।" सुब्रमण्यम बोलते जा रहे थे और रणवीर देख रहा था कि उसके पिता में अब भी आदर्शवाद की थोड़ी सी आग मौजूद है, जो कि भारत में राजनेता बनने के क्रम में वर्षों के लालच और सत्ता-संघर्ष के कारण मजबूत परतों के नीचे दफन है।

"मैं उस बहुमत में शामिल नहीं होना चाहता, जो दूसरों के बारे में परवाह नहीं करते। मैं समस्याएँ बढ़ाने में योगदान नहीं करना चाहता, बल्कि समाधान का हिस्सा बनना चाहता हूँ। इसके अलावा, मैं यहाँ जो कुछ भी कर रहा हूँ, वह बहुत अच्छी तरह से कर रहा हूँ!" रणवीर ने स्पष्ट शब्दों में कहा। हालाँकि, वह अपने पिता का सबसे ज्यादा आदर करता था, लेकिन यह नहीं चाहता था कि केवल पिता की खुशी के लिए वह ऐसा काम छोड़ दे, जिसे वह ठीक समझता है।

"सार्वजनिक रूप से किस करने भर से वे तुम्हें कॉलेज से नहीं निकाल सकते!" प्रिया गुस्से में थी और तेजी से अपने हॉस्टल रूम की तरफ बढ़ती ज़ा रहा थी, जबकि जयंती अपना सामान पैक करने में लगी थी। जयंती से रात में ही हॉस्टल और कॉलेज कैंपस से निकल जाने को कह दिया गया था। रोने के कारण जयंती के चेहरे और आँखों पर सूजन दिख रही थी। अपने कपड़े और बाकी सामान उठाते एवं पैक करते वक्त भी वह अपने आँसू नहीं रोक पा रही थी, जो कि उसके गालों पर लुढ़कते जा रहे थे।

दिल्ली के सेंट स्टीफंस कॉलेज में उसका अंतिम वर्ष था और वह कड़ी मेहनत कर रही थी, ताकि उसके ग्रेड इतने अच्छे आएँ कि उसे स्कॉलरशिप मिलती रहे, जिससे वह कॉलेज और हॉस्टल की फीस चुका सके। उसके माता-पिता गाँव में स्कूल शिक्षक थे और बिना स्कॉलरशिप के सेंट स्टीफंस क्या, किसी भी कॉलेज में पढ़ पाना उसके लिए संभव नहीं था। अगर वह भोपाल के पास स्थित अपने गाँव लौट जाती है और वहाँ यह खबर फैल जाती है कि किसी लड़की को किस करने पर उसे कॉलेज से निकाल दिया गया है, तो फिर ऐसी कोई संभावना नहीं थी कि

दिल्ली के सेंट स्टीफंस कॉलेज में उसका अंतिम वर्ष था और वह कड़ी मेहनत कर रही थी, ताकि उसके ग्रेड इतने अच्छे आएँ कि उसे स्कॉलरशिप मिलती रहे, जिससे वह कॉलेज और हॉस्टल की फीस चुका सके। उसके माता-पिता गाँव में स्कूल शिक्षक थे और बिना स्कॉलरशिप के सेंट स्टीफंस क्या, किसी भी कॉलेज में पढ़ पाना उसके लिए संभव नहीं था।

उसके माता-पिता उसकी पसंद की जीवन-शैली का समर्थन करते और अगर उसके माता-पिता उसे स्वीकार कर भी लेते, तब भी गाँव के लोग वहाँ उसका जीना दूभर कर देते। ग्रामीणों के लिए इस लांछन की अनदेखी कर पाना बहुत बड़ी बात थी।

"तुमने उसे किस ही तो किया है, जिसे तुम प्यार करती हो। अब इससे किसी को क्या लेना-देना कि तुम जिसे प्यार करती हो, वह लड़की है, लड़का नहीं।" प्रिया जयंती की रूममेट थी और इकोनॉमिक्स एवं पॉलिटिकल साइंस की अंतिम वर्ष की स्टूडेंट थी।

प्रिया पंत अपनी कक्षा में सबसे छोटे कद की थी; लेकिन वह इतनी तेज-तर्रार और ऊर्जावान् थी कि किसी भी तरह की बेइनसाफी और बदतमीजी के सामने झुकने को तैयार नहीं होती थी, चाहे कैंपस के अंदर हो या बाहर। वह उन लड़कियों में से थी, जो पहनने-ओढ़ने या सजने-सँवरने में ज्यादा दिमाग नहीं लगाती थीं, लेकिन फिर भी हर समय अच्छी ही दिखती थीं। उसका चमकीला खुला चेहरा, सजग आँखें और अपने या अपने अहंकार के प्रति पूरी तरह से लापरवाही से उसका ऐसा व्यक्तित्व सामने आता था, जो हर मामले में अपने निजी लाभ के बजाय हमेशा दूसरों की ही चिंता करती थी। कॉलेज में कोई बड़ा नीतिगत फैसला हो या विरोध-प्रदर्शन हों, वह सभी में शामिल हो ही जाती थी; फिर चाहे वह उस मुद्दे से जुड़ी हो या न भी जुड़ी हो, तो भी कोई-न-कोई उसे अपनी तरफ से तर्क रखने और समर्थन जुटाने के लिए बीच में खींच ही लेता था।

प्रिया पंत अपनी कक्षा में सबसे छोटे कद की थी; लेकिन वह इतनी तेज-तर्रार और ऊर्जावान् थी कि किसी भी तरह की बेइनसाफी और बदतमीजी के सामने झुकने को तैयार नहीं होती थी, चाहे कैंपस के अंदर हो या बाहर। वह उन लड़कियों में से थी, जो पहनने-ओढ़ने या सजने-सँवरने में ज्यादा दिमाग नहीं लगाती थीं, लेकिन फिर भी हर समय अच्छी ही दिखती थीं।

किसी नीतिगत मसले में वह कितनी शामिल है, इसकी परवाह किए बिना वह हमेशा उसका ही पक्ष लेती थी, जिसे वह उस स्थिति में सही समझती थी। अगर उसके दोस्त गलत पक्ष में होते तो वह उनसे सहानुभूति जरूर रखती; लेकिन हमेशा मुद्दे के सही पक्ष का ही समर्थन और बचाव करती थी।

"मैजोरिटी ने यह ठीक नहीं किया।" बोलते समय वह जयंती की ओर लगातार देख रही थी और तेजी से इधर-उधर चल रही थी।

"तुम आज रात कैंपस नहीं छोड़ रही हो। कल हम कॉलेज बोर्ड से बात करेंगे और तुम्हारे निष्कासन के खिलाफ लड़ेंगे।" यह कहकर उसने जयंती के सूटकेस से उसके कपड़े बाहर निकालने और वापस अलमारी में रखने शुरू कर दिए।

"शाम 7 बजे तक सिक्योरिटी गार्ड मुझे कैंपस से बाहर निकालने आ जाएँगे। उन्हें तुम कैसे रोकोगी?" जयंती प्रिया को अपना पक्ष लेते देख खुश थी। हालाँकि, उसे पता था कि कॉलेज बोर्ड के अपना फैसला वापस लेने की संभावना लगभग शून्य है।

"मैं अभी अपने डैड को कॉल करती हूँ। उनकी डीन से अच्छी जान-पहचान है।" यह कहकर प्रिया जयंती को हॉस्टल रूम में छोड़ अपने पिता से बात करने के लिए निकल गई।

"पापा, मुझे अपने कॉलेज के रूल्स पर यकीन नहीं हो रहा है! कितने जाने-माने एल्यूमिनी, कई सांसद, देश में किसी भी कॉलेज से ज्यादा रोड्स स्कॉलर और इसके बावजूद कॉलेज प्रशासन बीसवीं सदी में अटका पड़ा है!" दूसरी ओर से पापा की आवाज सुनते ही वह एकदम से फट पड़ी। उसके अंदर बेशक बहुत सारी अच्छी खूबियाँ थीं, लेकिन सब्र उसके अंदर नहीं था।

"पापा, मुझे अपने कॉलेज के रूल्स पर यकीन नहीं हो रहा है! कितने जाने-माने एल्यूमिनी, कई सांसद, देश में किसी भी कॉलेज से ज्यादा रोड्स स्कॉलर और इसके बावजूद कॉलेज प्रशासन बीसवीं सदी में अटका पड़ा है!" दूसरी ओर से पापा की आवाज सुनते ही वह एकदम से फट पड़ी।

"धीरे-धीरे! बताओ मुझे, हुआ क्या है?" नरेंद्र पंत ने उसे शांत करने की कोशिश की। उन्होंने दुश्मनों की गोलियों और बमों का सामना किया था, परमाणु परीक्षण 'स्माइलिंग बुद्धा' के सफल विस्फोट का नेतृत्व किया था और इस सबके बीच सकुशल बचे रहे थे; क्योंकि उन्होंने हर स्थिति का शांति से मुकाबला करना सीखा था। हालाँकि, वे अपनी यह खूबी अपनी बेटी को देने में नाकाम रहे थे।

"कॉलेज बोर्ड ने मेरी रूममेट जयंती को निकाल देने का फैसला किया है।" उसने उत्तर देते हुए अपनी भावनाओं को काबू में करने की कोशिश की।

"क्यों?" उन्होंने पूछा।

"उन्होंने दो वजहों से उसे निकालने का फैसला किया है। पहली, जयंती का एक और लड़की से संबंध है और कॉलेज के नियमों के हिसाब से समलैंगिक संबंधों की इजाजत नहीं है। दूसरी, उसने इस रिश्ते का सार्वजनिक प्रदर्शन किया। जयंती दूसरे कॉलेज की एक लड़की को किस करते पकड़ी गई थी।" उसने पिछले चौबीस घंटों में जो कुछ हुआ, उसे संक्षेप में बताने की कोशिश की।

"कॉलेज बोर्ड में सब पुराने घाघ बैठे हैं, जो बदलना ही नहीं चाहते। तुम बताओ, मुझसे क्या चाहती हो?" वे सीधे मुद्दे पर आ गए।

हालाँकि, कई साल पहले वे भी इसी कॉलेज में पढ़ते थे और मौजूदा डीन उनका

दोस्त भी था, लेकिन उनका कॉलेज बोर्ड के बाकी सदस्यों पर कोई खास असर नहीं था।

"मैं चाहती हूँ कि आप डीन को फोन करें और जयंती का निष्कासन एक सप्ताह के लिए टलवा दें। मैं चाहती हूँ कि जब हम उसके खिलाफ लिये गए इस फैसले को पलटने की लड़ाई लड़ें तो वह हमारे साथ रहे, कैंपस में रहे।" अब उसके विचारों में स्पष्टता आ चुकी थी और वह अच्छी तरह से जान गई थी कि उसे सब कैसे करना है।

"ओ.के.! मैं उससे बात करूँगा; लेकिन वह क्या करेगा या फैसले को टलवाने में वह कितना सक्षम होगा, इसकी कोई गारंटी नहीं है। कुछ और?" हालाँकि, वह अब रिटायर्ड हो चुके थे और उनके पास अब ज्यादा वक्त रहता था, लेकिन तुरंत फोन करने और मामला निपटाने की उनकी पुरानी आदत अब भी थी।

"यस, एक्चुअली जब मैं कॉलेज बोर्ड के साथ बैठूँगी तो कुछ सलाह दीजिए कि मैं किस तरह से उनको यह फैसला बदलने के लिए मना सकूँ।" उसने पूछ लिया, क्योंकि उसे अपने पिता की लोगों के साथ काम करने और उन्हें प्रभावित करने की क्षमता पर पूरा यकीन था।

"मैं बता तो रहा हूँ, लेकिन ऐसे होता नहीं। कॉलेज बोर्ड के हर सदस्य से अलग-अलग मिलने की कोशिश करो, क्योंकि ऐसे में उनकी जड़ मानसिकता को दूर करना आसान होता है। पहले उन लोगों से बात करना शुरू करो, जिनके विचार कुछ उदार हों और फिर सबसे ज्यादा मुखर और कट्टर विरोधियों से बात करना। ज्यादातर लोगों का स्वभाव सबसे ज्यादा मुखर विरोधी के पीछे चल देने का होता है। लेकिन इस तरह से उनके पास कमरे में समर्थन बहुत कम या बिल्कुल नहीं बचता है और सबकुछ तबाह हो जाता है।" उन्हें अपनी बेटी पर गर्व हो रहा था, खासकर उसके अंदर की आग को देखकर वे काफी गर्व महसूस करते थे।

"ओ.के.! मैं उससे बात करूँगा; लेकिन वह क्या करेगा या फैसले को टलवाने में वह कितना सक्षम होगा, इसकी कोई गारंटी नहीं है। कुछ और?" हालाँकि, वह अब रिटायर्ड हो चुके थे और उनके पास अब ज्यादा वक्त रहता था, लेकिन तुरंत फोन करने और मामला निपटाने की उनकी पुरानी आदत अब भी थी।

"तुम्हें पता है, करीब 4,000 ईसा पूर्व के आसपास मेसोपोटामिया में आई भयंकर बाढ़ के बाद यजीदी पूर्व में भारत की ओर आए थे और 2,000 ईसा पूर्व तक रहते रहे। इसके बाद कुछ बेबीलोनिया और असीरिया की ऐतिहासिक संस्कृति को खोजने अपने

मूल स्थान को लौट गए। बाकी यजीदी हिंदू संस्कृति में समाहित होते रहे।" जारा के दादाजी आए और मेरी व्हील चेयर के बगल में बैठ गए तथा सीरिया में बाहरी इलाके में स्थित केरेबास गाँव के यजीदी तीर्थ की दीवारों पर लिखी कुरमानजी कुर्दिश लेखनी का लिप्यंतरण करने लगे।

वह तीर्थ उस गाँव से दो-तीन किलोमीटर की दूरी पर था। उसमें 20 फीट से ज्यादा ऊँचे पत्थर के नक्काशीदार स्तंभ थे और पत्थर की छत थी, जिसमें ऊपर का कुछ हिस्सा खुला रखा गया था, ताकि दिन में मंदिर के गर्भगृह में सूरज की रोशनी आती रहे। तीर्थ के प्रवेश-द्वार का दायाँ हिस्सा नक्काशीदार पत्थर का था, जिसमें पूरी तरह से फन फैलाए साँप का चित्र था, जो कि अपनी पूँछ के बल सीधा खड़ा था और मंदिर के प्रवेश-द्वार पर प्रहरी की भूमिका में था। मंदिर के बीचोबीच और दीवारों पर मोर देवता तावसी मेलेक की नक्काशियाँ थीं, जिसके बारे में माना जाता है कि उसे अच्छे व बुरे—दोनों के धारक के रूप में सेवा करने के लिए भगवान् ने पृथ्वी पर भेजा था।

दोपहर हो चुकी थी। मंदिर में जारा के माता-पिता के अलावा और कोई नहीं था। अमेरिका से वे दोनों भी हमारे साथ केरेबास जारा के दादा-दादी से मिलने आए थे, जिन्होंने अपनी सारी जिंदगी वहीं बिताई थी। साथ में अपने चाचा-चाचियों और चचेरे भाई-बहनों से भी उन्हें मिलना था।

दोपहर हो चुकी थी। मंदिर में जारा के माता-पिता के अलावा और कोई नहीं था। अमेरिका से वे दोनों भी हमारे साथ केरेबास जारा के दादा-दादी से मिलने आए थे, जिन्होंने अपनी सारी जिंदगी वहीं बिताई थी। साथ में अपने चाचा-चाचियों और चचेरे भाई-बहनों से भी उन्हें मिलना था। परिवार की महिलाएँ और पुरुष परंपरागत यजीदी पोशाक में थे—लंबी व रंगीन पोशाकें, टखनों तक लंबे पैंट, महिलाओं के बालों को ढके कढ़ाईदार एवं चमकते-दमकते बंदन, लंबी ढीली बाँहोंवाली शर्टें, लंबे बुने हुए बेल्ट और पुरुषों की पगड़ियाँ।

जारा आड़ू जैसे नारंगी रंग की लहराती पोशाक के साथ सफेद पैंट पहने हुए थी, जो कि मंदिर की हरी झाड़ी और बालू जैसी भूरी पृष्ठभूमि में एकदम अलग लग रही थी। अपने परिवार के साथ कुछ-न-कुछ करने में व्यस्त उसकी आँखें हर थोड़ी देर में मुझे ढूँढ़ने लगतीं और वह यह सुनिश्चित कर रही थी कि मुझे उसके परिवार एवं रिश्तेदारों के बीच कोई दिक्कत न हो रही हो। हालाँकि, मैं कोशिश कर रहा था कि इस सबके बारे में ज्यादा न सोचूँ। ऐसा इसलिए भी, क्योंकि मैं जानता था कि उसे तो कोई भी मिल सकता था। लेकिन कई बार मेरे मन में यह विचार आ ही जाता था कि उसने मुझमें अपने लायक ऐसी कौन सी चीज देख ली थी, जो उसने मुझे पसंद किया था ?

प्रार्थना के बाद सारा परिवार भोजन के लिए एक लंबी मेज के चारों ओर इकट्ठा हो गया, जो कि शहतूत के दो बड़े पेड़ों की छाया में रखी थी। भूमध्य सागर से आ रही शीतल हवा, ऊपर से शहतूत की पत्तियों की आ रही सरसराहट, भोजन की मेज के चारों तरफ जमा मेहमानों की बातचीत, वाइन के गिलासों की खनखनाहट, साफ व नीला आसमान और जारा का साथ, मैंने महसूस किया कि जिंदगी शायद इससे बेहतर नहीं हो सकती।

जारा के दादा खुर्तो को बातें करना पसंद था और वह मुझे अपनी पारिवारिक पृष्ठभूमि एवं अपने धर्म के बारे में बताना चाहते थे, "हमारे धर्म के अनुसार, जारा अगर अपने धर्म से बाहर किसी से संबंध बनाती है या विवाह करती है तो वह स्वर्ग नहीं जा पाएगी। हमारी मान्यता कहती है कि किसी यजीदी को यजीदी समुदाय में ही विवाह करना चाहिए, ताकि आत्मा के विकास की प्रक्रिया जारी रह सके, जो कि कई जिंदगियों में हो पाती है। वह निश्चित ही तुमसे बहुत प्यार करती है, तभी वह इतना बड़ा त्याग करने को तैयार है।"

हमारे धर्म के अनुसार, जारा अगर अपने धर्म से बाहर किसी से संबंध बनाती है या विवाह करती है तो वह स्वर्ग नहीं जा पाएगी। हमारी मान्यता कहती है कि किसी यजीदी को यजीदी समुदाय में ही विवाह करना चाहिए, ताकि आत्मा के विकास की प्रक्रिया जारी रह सके, जो कि कई जिंदगियों में हो पाती है।

मैं जारा को उसकी यजीदी धार्मिक मान्यताओं से दूर कर रहा था; लेकिन उनके शब्दों में मेरे लिए कोई घृणा या वैर नहीं दिख रहा था। वे इस तथ्य पर जोर देने की कोशिश कर रहे थे कि उनकी पोती पर्वतों को हिला रही थी और मुझसे विवाह करने के लिए बहुत कुछ त्याग कर रही है।

"मित्रा हमारे मुख्य देवता हैं।" वाइन पीते हुए वे बोलते जा रहे थे।

"क्या ये वही मित्रा हैं, जो भारतीय वेदों में बताए गए हैं, जिनका काम सुबह करना और पूरे दिन सूर्य की अंतरिक्ष की सुरक्षित यात्रा सुनिश्चित करना होता है?" यजीदी संदर्भ में वैदिक देवता का जिक्र सुनकर हैरान होते हुए मैंने पूछ लिया।

"हाँ, 1,100 ईसवी तक हमारे देवता मित्र थे। इसके बाद हमारे आध्यात्मिक गुरु शेख आदी ने यजीदी धर्म का रूप बदला और उसमें ईसाई, यहूदी एवं इसलाम के तत्त्व शामिल किए। उन्होंने उस समय कथानक ही बदल दिया और कहा कि सबसे पहला यजीदी आदम का बेटा था, जो तब पैदा हुआ था, जब ईश्वर ने आदम और हव्वा के बीज (या पसीने के मोतियों) की परख के लिए उन्हें अलग-अलग पात्रों में रखकर छोड़ दिया था। नौ महीने बाद जब उसने हव्वा का पात्र खोला तो उसमें केवल कीड़े-मकोड़े

थे, जबकि आदम के पात्र में एक सुंदर बच्चा था। वह बच्चा बड़ा हुआ और उसका विवाह हुआ। सभी यजीदी लोग उसके ही वंशज हैं।" खुर्तो ने विस्तार से समझाया।

शांतिपूर्ण वातावरण में हुई उस बातचीत से मुझे अपने बचपन के दिनों की याद आ गई, जब दीदी व मैं देवयानी और उसके दादा, चारु दादा, के घर जाया करते थे और ब्रिटिश राज से भारत को स्वतंत्रता मिलने के बाद चार्वाक संप्रदाय एवं उनके दुःख-तकलीफों की कहानियाँ सुना करते थे।

"यजीदी मानते हैं कि हम अब तक बहत्तर धार्मिक प्रताड़नाएँ झेल चुके हैं और अभी हाल तक हमारे पास कोई लिखित इतिहास तो था नहीं, इसलिए बहुत संभव है कि यह संख्या और भी ज्यादा हो।" खुर्तो ने मुसकराते हुए बताया। लेकिन उनकी आँखों में उदासी भरी हुई थी। अपनी युवावस्था में वे निश्चित ही बहुत सुंदर रहे होंगे। अभी 70 साल से ज्यादा की उम्र में भी मौसम की मार से तपे और सीरियाई धूप से झुलसे उनके चेहरे पर काफी बुद्धिमानी एवं ऊर्जा झलकती थी।

"यजीदी मानते हैं कि हम अब तक बहत्तर धार्मिक प्रताड़नाएँ झेल चुके हैं और अभी हाल तक हमारे पास कोई लिखित इतिहास तो था नहीं, इसलिए बहुत संभव है कि यह संख्या और भी ज्यादा हो।" खुर्तो ने मुसकराते हुए बताया। लेकिन उनकी आँखों में उदासी भरी हुई थी। अपनी युवावस्था में वे निश्चित ही बहुत सुंदर रहे होंगे।

"यजीदी मानते हैं कि हर जीवित वस्तु में आत्मा होती है और आत्मा जीवन एवं मृत्यु के चक्र के जरिए पवित्रता की यात्रा करती है। यही कारण है कि हमारे अपने जीवन के निर्णय केवल इसी जीवन पर आधारित नहीं होते, बल्कि यात्रा या हमारी आत्माओं के विकास का भी उन पर काफी असर होता है। परिणामस्वरूप, हमारे लोगों में शांत स्वभाव की, सभी जीवों का आदर करने की और प्रकृति के साथ सद्भावपूर्ण तरीके से रहने की एक सहज वृत्ति होती है। अन्य धर्मों के लोगों के पास हमारी मान्यताओं को समझने का समय नहीं है, इसलिए वे हमें शैतान का उपासक मानते हैं और दुर्बल मानते हैं; क्योंकि हमारी इच्छा अहिंसक और शांतिप्रिय तरीके से जीने की होती है।" जारा को पास आते देख वह बोलते-बोलते रुक गए, जो हम दोनों को कनाफेह बुलबुल नेस्ट देने आई थी, जो कि मुँह में पानी ला देनेवाला व्यंजन होता है।

"सिपास जी वेरे, जारा।" उन्होंने कुर्दिश भाषा में उसे शुक्रिया बोला।

"तू बी जेर हत्ती, बापिरे।" उसने मेज के दूसरे सिरे की ओर जाते हुए जवाब दिया।

"यह कितनी विचारशील और सुंदर हो गई है! ईश्वर इस पर और इसकी आत्मा पर कृपा करे।" वे उसकी ओर प्यार व स्नेह से देखते हुए बोले।

"मेरी इच्छा है कि एक हमारा अपना देश हो, जहाँ हमें कभी धार्मिक उत्पीड़न न सहना पड़े। अमेरिका ही अभी एकमात्र ऐसा देश है, जो कुछ हद तक हमारी मदद करने का इच्छुक है। लेकिन अमेरिका जा पाना बहुत मुश्किल होता है। कोई और देश मेरे मन में आता है, जहाँ हम शांति से रह सकते हैं तो वह भारत है। लेकिन भारत की अपनी कई सारी समस्याएँ हैं और उसकी स्थिति ऐसी नहीं है कि वह हमारे जैसे धार्मिक शरणार्थियों को सहारा दे सके।" अपने गिलास की वाइन की आखिरी बूँद खत्म करते हुए उन्होंने उत्साहपूर्वक देखा।

"किर कू तू वी बी फेलसेफे, बापिरे।" जारा अपने दादा की ओर मुसकराते हुए बोली और पूछने लगी कि कहीं उन्होंने मुझे अपनी फिलॉसफी से बोर तो नहीं किया?

"थैंक्यू माय लव! तुमने दादाजी की बात इतने धैर्य के साथ सुनी।" वह मेरी ओर मुड़ी और झुककर उसने मुझे किस कर लिया। चिड़ियों के अपने-अपने घोंसलों में वापस चले जाने से मंदिर परिसर में अचानक शांति छा गई। चिड़ियों की चहचहाहट उनके पंखों और पत्तियों की सरसराहट में तब्दील हो गई। भूमध्य सागर की हवा धीरे-धीरे थम गई थी। आकाश काला हो चुका था और उसमें तारे चमकने लगे थे। गाँव की सड़कों पर छिटपुट स्ट्रीट लाइटें जलने लगी थीं और मैं जारा के दिल की धड़कनें अपने सीने में महसूस कर सकता था, क्योंकि वह मुझे मंत्रमुग्ध करनेवाली अपनी सुगंध के साथ जोर से गले लगाए हुए थी। उस समय मेरे लिए दुनिया की कोई चीज मायने नहीं रखती थी—न यजीदियों का संघर्ष और न पोखरण की लड़ाई। जारा से मिलने से पहले मुझे पता ही नहीं था कि इस तरह की शांति और संतुष्टि संभव है।

"थैंक्यू माय लव! तुमने दादाजी की बात इतने धैर्य के साथ सुनी।" वह मेरी ओर मुड़ी और झुककर उसने मुझे किस कर लिया। चिड़ियों के अपने-अपने घोंसलों में वापस चले जाने से मंदिर परिसर में अचानक शांति छा गई। चिड़ियों की चहचहाहट उनके पंखों और पत्तियों की सरसराहट में तब्दील हो गई। भूमध्य सागर की हवा धीरे-धीरे थम गई थी।

"तुम्हें कब पता चला कि जारा तुम्हारे लिए ही बनी है?" नरीन ने मेरी ओर देखते हुए पूछा। खुले में जल रहे अलाव में जलाने के लिए लकड़ियों का बंडल लेकर वह आई थी। काली तारों भरी रात थी और हवा में हलकी-सी ठंडक थी; लेकिन आग की लपलपाती लौ उस ठंड को दूर करने के लिए पर्याप्त थी। समारोह के भोज के लिए रात

में आग पर भूने गए मांस की गंध आसपास की हवा में अब भी मौजूद थी।

जारा की चचेरी बहन नरीन लगभग 19 साल की भूरी आँखोंवाली लड़की थी, जो अलेप्पो में कॉलेज में पढ़ती थी। वह जारा को पसंद करती थी और जारा के ही नक्शे-कदम पर चलते हुए गाँव से बाहर जाकर कॉलेज में पढ़ रही थी। वह ऐसा कॅरियर अपनाना चाहती थी, जो आम यजीदी महिलाओं से हटकर हो, क्योंकि ज्यादातर यजीदी महिलाओं का मुख्य काम तो घर व परिवार सँभालना ही होता था।

“मैंने सबसे पहले उसे कैंब्रिज में एक ग्रोसरी स्टोर पर देखा था। मैं उसके लिए पागल हो गया था और जान गया था कि वह मेरे लिए ही बनी है।” मैंने जारा की तरफ देखते हुए जवाब दिया, जो कि ओक के दो बड़े पेड़ों के बीच पड़े झूले में दुबकी हुई थी और उत्सुकता भरी मुसकान के साथ मुझे देखे जा रही थी कि मेरा जवाब क्या होने वाला है!

“मैंने सबसे पहले उसे कैंब्रिज में एक ग्रोसरी स्टोर पर देखा था। मैं उसके लिए पागल हो गया था और जान गया था कि वह मेरे लिए ही बनी है।” मैंने जारा की तरफ देखते हुए जवाब दिया, जो कि ओक के दो बड़े पेड़ों के बीच पड़े झूले में दुबकी हुई थी और उत्सुकता भरी मुसकान के साथ मुझे देखे जा रही थी कि मेरा जवाब क्या होने वाला है!

“वह इंटेलिजेंट है। उसकी सुंदरता आश्चर्यजनक है। वह बेहद शालीन और आत्मविश्वास से भरी है। अपनी पसंद का कोई भी लड़का उसे मिल सकता था। ऐसे में, मेरा उसे पसंद करना और उसके साथ जिंदगी बिताने का फैसला मायने नहीं रखता। असली सवाल तो यह है कि उसने क्यों मुझे पसंद किया? यहाँ तक कि अब भी, जबकि हम इस मोड़ पर आ चुके हैं और विवाह करने ही वाले हैं, तब भी मुझे नहीं पता कि उसने मुझमें क्या देखा?” उस पल मैं एकदम भावुक हो गया था।

“उसने मुझे अपने से दूर करने की हर संभव कोशिश की थी—वजह चाहे उसे स्वस्थ बच्चे पैदा न होने की उसकी आशंका हो, उसकी शारीरिक विकलांगता से मेरे तंग आ जाने की आशंका हो या अपने को उतना सुंदर न मानना हो, जो मुझे अपने साथ ले जाने के बारे में पूछ सके; लेकिन उसने हर संभव कोशिश की।” जारा मुसकराते हुए बीच में बोल पड़ी, जबकि नरीन वहीं अलाव के बगल में बैठी उसमें लकड़ियाँ डालती जा रही थी और हमारी बातों में पूरी तरह से खोई हुई थी।

“उस समय, भले ही मैं उसे अपने से दूर धकेल रहा था और चाह रहा था कि वह दिमाग से सोचे और स्थिति को समझे; लेकिन तब भी मन-ही-मन में मेरे अंदर उम्मीद थी कि वह मेरे साथ रहने का ही फैसला करेगी।” मैं बोलता जा रहा था कि जारा झूले

से उतर आई और मेरे पास आकर मेरे गले लग गई। उसकी आँखों से आँसू लुढ़ककर उसके गालों पर आ रहे थे।

"तुम मुझसे इतनी आसानी से छुटकारा नहीं पा सकते, पागल!" यह कहकर वह नरीन की ओर देखने लगी और बोली, "अपनी ही कमियाँ गिनानेवाली उसकी बातों और आत्मविश्वास की बेहद कमी के बावजूद एक औरत के रूप में मुझे यह बहुत प्यारे लगे। इनका दिल बहुत दयालु है, यह बहुत स्मार्ट हैं और इनकी कल्पना-शक्ति बहुत ज्यादा है। ये अहसास कराते हैं कि मैं सुंदर हूँ, प्यारी हूँ और दुनिया में केवल मैं ही इनके लिए बनी हूँ। जब मैं इनसे मिली और इन्हें पहली बार किस किया तो मैंने अपने आपको संपूर्ण महसूस किया। उसके बाद कहीं और जाने की इच्छा नहीं बची थी और कोई चाह नहीं रह गई थी मेरे अंदर। मैं एकदम संतुष्ट हो गई थी। तभी मुझे पता चला कि ये मेरे लिए ही बने हैं।" जारा ने मेरी अधूरी बात को पूरा कर दिया था।

"तुम मुझसे इतनी आसानी से छुटकारा नहीं पा सकते, पागल!" यह कहकर वह नरीन की ओर देखने लगी और बोली, "अपनी ही कमियाँ गिनानेवाली उसकी बातों और आत्मविश्वास की बेहद कमी के बावजूद एक औरत के रूप में मुझे यह बहुत प्यारे लगे। इनका दिल बहुत दयालु है, यह बहुत स्मार्ट हैं और इनकी कल्पना-शक्ति बहुत ज्यादा है।

इसके बाद काफी देर तक चुप्पी छाई रही। हम तीनों ही अपने विचारों में खोए थे और ऐसा लग रहा था, जैसे अवचेतन में हमारी आँखें एक साथ आग पर टिकी हुई थीं।

"यजीदियों को अपने धर्म से बाहर विवाह करने की अनुमति नहीं है। तुमने अपने मन में यह बदलाव कैसे किया?" नरीन ने जारा से पूछा।

जारा ने काफी बाद में मुझे बताया कि नरीन धर्म से बाहर विवाह करने पर उठनेवाले मसलों के बारे में जानना चाह रही थी, क्योंकि वह अपने कॉलेज के एक ईसाई सीनियर से प्यार करती है।

"मुझे लगता है कि जब तुम्हें ऐसा कोई मिल जाता है, जो तुम्हारी पसंद का हो, तो बाकी सब बातें अपने आप ठीक हो जाती हैं। कम-से-कम मेरे लिए तो यही स्थिति थी और अब भी यही बात है। मेरे मन में ईश्वर या धर्म को लेकर कोई विवाद नहीं है, क्योंकि मैं जानती हूँ कि हमारा ईश्वर समझ जाएगा। जब मैं चैतन्य के साथ होती हूँ तो खुश रहती हूँ और जब उससे दूर होती हूँ तो परेशान हो जाती हूँ। मैं नहीं मानती कि कोई भी ईश्वर मुझे परेशान देखना चाहेगा।" ऐसा पहली बार हुआ था, जब जारा ने अपने धार्मिक विचारों के बारे में बताया था, क्योंकि यह हम दोनों के ही संबंध से जुड़ी हुई बात थी।

आग की लपटें लपलपा रही थीं, जबकि भुने हुए मांस की गंध लगभग जा चुकी

थी और उसकी जगह लोहबान एवं लैवेंडर की गंध ने ले ली थी, जबकि नरीन एक और गट्ठर से लकड़ियाँ निकालकर आग में डालती जा रही थी। नया चंद्रमा ऊपर आता जा रहा था और क्षितिज में काले पहाड़ों के पीछे से निकलता हुआ साफ दिखाई दे रहा था।

"आपने जारा को कब और कैसे प्रपोज किया था?" काफी देर की चुप्पी के बाद नरीन ने पूछ लिया।

"इससे विवाह करने के लिए पूछने को हिम्मत जुटाने में मुझे काफी वक्त लगा। हमारी पहली मुलाकात के तीन साल बाद मैंने इसे प्रपोज करने का फैसला किया। देरी का कारण यह नहीं था कि मैं अपनी तरफ से निश्चिंत नहीं था, बल्कि इसलिए देरी हुई, क्योंकि मुझे यह बात निश्चित तौर पर पता नहीं थी कि यह मुझे चाहती है या नहीं!" मैंने उसके सवाल का जवाब देने की कोशिश शुरू की।

"इससे विवाह करने के लिए पूछने को हिम्मत जुटाने में मुझे काफी वक्त लगा। हमारी पहली मुलाकात के तीन साल बाद मैंने इसे प्रपोज करने का फैसला किया। देरी का कारण यह नहीं था कि मैं अपनी तरफ से निश्चिंत नहीं था, बल्कि इसलिए देरी हुई, क्योंकि मुझे यह बात निश्चित तौर पर पता नहीं थी कि यह मुझे चाहती है या नहीं!" मैंने उसके सवाल का जवाब देने की कोशिश शुरू की।

"मुझे तो संख्या भी याद नहीं कि मैंने कितनी बार इनको इशारा किया कि ये इस बात को समझ जाएँ कि मैं सचमुच इनके साथ रहना चाहती हूँ।" जारा ने अपनी तरफ से बात जोड़ी।

"उस दिन मेरा जन्मदिन था। मैं प्लानिंग काउंसिल को टाउनशिप की डिजाइनें देने डनबर गई थी और वहाँ से लौटते-लौटते मुझे काफी रात हो गई थी। रॉब व कृष्ण चैतन्य के साथ घर पर ही थे और अपने काम में लगे थे, जैसा कि वे लोग सप्ताह के ज्यादातर दिनों में अकसर किया करते थे।" वह बोले जा रही थी।

"जब मैं घर आई तो तीनों एकदम से चिल्ला-चिल्लाकर 'हैपी बर्थडे' गाने लगे। मैं एकदम हैरान रह गई। डाइनिंग टेबल पर केक के पास सुंदर लाल गुलाबों का बुके रखा हुआ था। कृष्ण ने केक की मोमबत्तियाँ जलाईं, चैतन्य ने मुझे चाकू पकड़ने को कहा। उस समय बहुत आनंद आ रहा था।" जारा की आवाज में उत्साह झलक रहा था।

"जब मैंने चाकू निकालने के लिए ड्रॉयर खोला तो मेरी नजर एक सुंदर तरीके से लपेटे गए गिफ्ट बॉक्स पर पड़ी, जो करीब एक इंच चौड़ा और करीब एक पेन के बराबर लंबाई का था। वह सब देखकर मैं बहुत ज्यादा आश्चर्यचकित हो रही थी। इस तरह से गिफ्ट रखा मैं पहली बार देख रही थी और चकित थी।" जारा थोड़ा रुकी, जैसे कि वह उस दिन की घटनाएँ याद कर रही हो, "उसमें सुंदर हीरे का ब्रेसलेट था। मैंने

वह ब्रेसलेट पहन लिया और केक काटने लगी। सबको केक देने के लिए मैंने कुछ प्लेटें निकालने के लिए किचन की अलमारी खोली तो वहाँ प्लेटों के ढेर के ऊपर एक और गिफ्ट रखा था, जो सुनहरे व लाल कागज में लिपटा हुआ था।

"उस बॉक्स में एक सुंदर हार था, जिसका लॉकेट हीरे का था। मेरा दिल तेजी से धड़क रहा था। मैंने सारी अलमारियाँ और ड्रॉयर खोलकर देखे कि और कहाँ-कहाँ गिफ्ट छिपे रखे हैं; जबकि चैतन्य, रॉब एवं कृष्ण मुसकराए जा रहे थे।" जारा बोले जा रही थी।

"'कोई और भी गिफ्ट हैं क्या?' मैंने चैतन्य से पूछा, क्योंकि अब सस्पेंस मुझसे बरदाश्त नहीं हो रहा था।"

"तो और भी गिफ्ट थे क्या?" नरीन से भी अब सस्पेंस सहन नहीं हो रहा था, इसलिए उसने भी पूछ लिया।

"उस बॉक्स में एक सुंदर हार था, जिसका लॉकेट हीरे का था। मेरा दिल तेजी से धड़क रहा था। मैंने सारी अलमारियाँ और ड्रॉयर खोलकर देखे कि और कहाँ-कहाँ गिफ्ट छिपे रखे हैं; जबकि चैतन्य, रॉब एवं कृष्ण मुसकराए जा रहे थे।" जारा बोले जा रही थी। "'कोई और भी गिफ्ट हैं क्या?' मैंने चैतन्य से पूछा, क्योंकि अब सस्पेंस मुझसे बरदाश्त नहीं हो रहा था।" "तो और भी गिफ्ट थे क्या?" नरीन से भी अब सस्पेंस सहन नहीं हो रहा था, इसलिए उसने भी पूछ लिया।

"नहीं। वही आखिरी था या कम-से-कम मुझे तो ऐसा ही लगा और फिर हम चारों लोग डिनर के लिए टेबल पर बैठ गए।" जारा ने बोलना जारी रखा।

"उसी समय मैंने सुझाव दिया कि हमें इसका बर्थडे सेलिब्रेट करने के लिए थोड़ी वाइन भी लेनी चाहिए। मुझे पता था कि वह बोतल उठाने के लिए वाइन की अलमारी की तरफ जाएगी।" मैं खुशी से झूम उठा था।

"और जब मैंने अलमारी खोली तो वहाँ बीचोबीच सुनहरे व लाल रंग का वैसा ही एक और गिफ्ट बॉक्स रखा था। बॉक्स का आकार और शेप देखकर मेरा दिल उछलकर बाहर आने को हो गया। मैंने उसे उठाया और पलटी तो देखा, मेरे ठीक पीछे चैतन्य नीचे बैठे थे और रॉब व कृष्ण पास में खड़े थे।" जारा बहुत अच्छी तरह से सारी बात बता रही थी।

"'विल यू मैरी मी?' मैंने पूछा तो रॉब और कृष्ण मिलकर कहने लगे, 'बोलो, यस!' मैंने 'हाँ' कह दिया।"

यजीदी परंपरागत विवाह की रस्मों का पालन करते हुए पूरे तीन दिनों एक अँधेरे कमरे में गुजारने के बाद जारा आखिरकार मेरे कमरे में नादिया, नरीन तथा परिवार की कुछ लड़कियों व महिलाओं के साथ आती दिखी।

मैंने अपनी व्हीलचेयर बढ़ाई और दरवाजा खोल दिया तो उन सबने उसे आगे धकेल दिया और हँसने-खिलखिलाने लगीं। जारा के आने से पहले मुझे एक छोटा कंकड़ दिया गया था, जो मैंने धीरे से उसकी तरफ फेंक दिया, जो उसके कंधे पर जाकर लगा। यह इस बात का संकेत था कि वह अब हमेशा के लिए मेरे प्रति समर्पित हो चुकी है। महिलाओं का इस तरह से समर्पण मेरे लिए कुछ ज्यादा ही था, क्योंकि पुरुषों व महिलाओं की समानता का प्रश्न मेरे मन में कभी परंपरा निभाने के लिए और जारा के माता-पिता एवं दादा-दादी की इच्छाएँ पूरी करने के लिये ये सब कर दिया। कंकड़ मारने के बाद मैं पलटा और वापस बिस्तर की ओर आकर उस पर बैठ गया। मैं बेसब्री से जारा के अपने पास आने का इंतजार कर रहा था। मोबाइल से हमारी तसवीरें लेने की कोशिश कर रहीं अपनी बहनों को जारा ने दूर भगाते हुए धीरे से दरवाजा बंद किया। उसने लैवेंडर के रंग की लहराती सिल्क की ड्रेस, नीबू जैसे हरे रंग का टॉप और लॉन्ग स्कर्ट पहनी थी। कानों में लंबी सुनहरी बालियाँ थीं, जिनमें जामुनी रत्न लगे थे। गले में सिंगल राउंड का हीरे के लॉकेट वाला छोटा पतला हार लटक रहा था। उसके माथे पर मणि-जड़ित एक सुंदर झुमका था, जिसके कारण मंद रोशनी के उस कमरे में उसका चेहरा और आँखें चमक रही थीं। बाईं अनामिका उँगली में एक अनोखी अँगूठी थी, जो उसमें जड़े हलके हरे पन्नों के कारण बहुत सारी सोने की अँगूठियों जैसी लग रही थी और उँगली के आधार से पहले अंक तक खिंची ही थी। कंधों तक लंबे उसके बाल उसके सुंदर चेहरे को लहरदार बना रहे थे।

मैंने अपनी व्हीलचेयर बढ़ाई और दरवाजा खोल दिया तो उन सबने उसे आगे धकेल दिया और हँसने-खिलखिलाने लगीं। जारा के आने से पहले मुझे एक छोटा कंकड़ दिया गया था, जो मैंने धीरे से उसकी तरफ फेंक दिया, जो उसके कंधे पर जाकर लगा। यह इस बात का संकेत था कि वह अब हमेशा के लिए मेरे प्रति समर्पित हो चुकी है।

आमतौर पर, कपड़ों और साज-सामान की उसकी सादगी भरी, किंतु बेहतरीन पसंद को देखते हुए यह परंपरागत पोशाक और भारी गहने जारा के लिए काफी ज्यादा

थे। हालाँकि, वह यह सुनिश्चित करना चाहती थी कि वह किसी भी तरह से यजीदी परंपरा को न तोड़े, क्योंकि मुझसे विवाह करके वह सबसे मुख्य परंपरा को तोड़ ही रही थी।

उसने मेरी तरफ बढ़ना शुरू किया और मुझे याद है, मैं सोच रहा था—

'वह बहुत ज्यादा सैक्सी दिखती है।'

"क्या मैं सारी लाइटें बंद कर दूँ?" उसने बिस्तर से करीब दस फीट की दूरी पर रुककर मुझसे पूछा।

"थोड़ा और धीमा कर दो और कुछ जलती रहने दो, ताकि मैं तुम्हारा चेहरा व आँखें देख सकूँ। मैं चाहता हूँ कि इस रात के एक-एक पल की तसवीर, आवाज, खुशबू और मादकता मेरे दिमाग में इस तरह से बैठ जाए कि जब मैं बूढ़ा भी हो जाऊँ, तब भी मेरे दिमाग में जवानी का यह समय घूमता रहे। यह मेरी खुशनुमा जगह होगी, जहाँ से मैं जिंदगी जीने का कारण हासिल किया करूँगा।" उन पलों को याद करते हुए मुझे ऐसा लग रहा था, जैसे मैं उन्हीं पलों को जी रहा होऊँ!

"अरे, आप भी न, कुछ ज्यादा ही नहीं कर रहे हैं!" उसने मुसकराते हुए कहा और लाइट के स्विच की ओर मुड़ गई।

"वहीं रुक जाओ और अपने कपड़े उतार दो।" जैसे ही वह बिस्तर की तरफ आने लगी, वैसे ही मैंने कुछ अधिकार जमाते हुए उसे आदेश दिया, मानो मैं मालिक होऊँ!

जब जारा उस शानदार कमरे की पृष्ठभूमि में सफेद संगमरमर के फर्श पर लैवेंडर रंग के कपड़ों में खड़ी थी तो ऐसा लग रहा था, जैसे वह हवा में तैर रही हो। कमरे में मौजूद लोहबान और चमेली की सुगंध ऐसा माहौल बना रही थी, जिसमें सारी इंद्रियाँ, खासकर स्पर्श इंद्रिय, झनझना जाएँ। हो सकता है, चमेली का असर हो, लेकिन मैं बिस्तर पर लेटा अपने शरीर के हर अंग को महसूस कर रहा था। मेरा सिर मुलायम तकिए पर टिका था, मेरी पीठ गद्दे पर थी और उसके हर उतार-चढ़ाव को महसूस कर रही थी और मेरे हाथ-पैरों के खुले हिस्से हलकी हवा या परदों की हलचल का अहसास कर रहे थे।

"थोड़ा और धीमा कर दो और कुछ जलती रहने दो, ताकि मैं तुम्हारा चेहरा व आँखें देख सकूँ। मैं चाहता हूँ कि इस रात के एक-एक पल की तसवीर, आवाज, खुशबू और मादकता मेरे दिमाग में इस तरह से बैठ जाए कि जब मैं बूढ़ा भी हो जाऊँ, तब भी मेरे दिमाग में जवानी का यह समय घूमता रहे। यह मेरी खुशनुमा जगह होगी, जहाँ से मैं जिंदगी जीने का कारण हासिल किया करूँगा।" उन पलों को याद करते हुए मुझे ऐसा लग रहा था, जैसे मैं उन्हीं पलों को जी रहा होऊँ!

पिछवाड़े से अरबी संगीत की स्पष्ट आवाज सुनाई दे रही थी। उसकी 'ओउड' और 'कानून' की धुनें उस कमरे को काले अँधेरे सितारों भरे आसमान के नीचे नखलिस्तान में बदल रही थीं।

लैवेंडर रंग की पोशाक, हलका हरा टॉप एवं स्कर्ट उतारकर वह वहाँ बेहद संवेदनशीलता और बहुत सतर्कता के साथ खड़ी रही, क्योंकि उसे अहसास नहीं था कि वह कितनी कमनीय लग रही थी!

"आओ, मेरे बगल में लेट जाओ!" मैंने कुछ-कुछ मजाकिया अंदाज में उसे हुक्म दिया और इस तरह से मैं धीरे-धीरे एक घमंडी यजीदी पति की भूमिका निभाने का आदी हो रहा था। वैसे, मुझे पता था कि यह सब ज्यादा देर तक चलने वाला नहीं है। सीरिया में उसके पैतृक गाँव जाते समय जारा ने मुझे कुछ समय के लिए उस किरदार में शामिल हो जाने दिया था और मेरा इरादा भी था कि जब तक यह चल रहा है, अच्छी तरह से ही चले।

"आओ, मेरे बगल में लेट जाओ!" मैंने कुछ-कुछ मजाकिया अंदाज में उसे हुक्म दिया और इस तरह से मैं धीरे-धीरे एक घमंडी यजीदी पति की भूमिका निभाने का आदी हो रहा था। वैसे, मुझे पता था कि यह सब ज्यादा देर तक चलने वाला नहीं है। सीरिया में उसके पैतृक गाँव जाते समय जारा ने मुझे कुछ समय के लिए उस किरदार में शामिल हो जाने दिया था और मेरा इरादा भी था कि जब तक यह चल रहा है, अच्छी तरह से ही चले।

जिंदगी में पहली बार समय की अवधि के बारे में मेरे विचार उस रात पूरी तरह से बदल गए। यजीदियों में एक कहावत है कि समय सापेक्ष होता है और 'अगर किसी सुंदर लड़की के साथ तुम पाँच घंटे बिताते हो तो ऐसा लगता है कि केवल पाँच ही मिनट बीते हैं।' मेरे लिए समूची रात एक साथ दोनों ही थी—बहुत छोटी भी और बहुत लंबी भी। छोटी इसलिए, क्योंकि वह बहुत जल्दी ही सुबह में बदल गई प्रतीत हुई और लंबी इसलिए, क्योंकि मेरे मन में इतनी सारी स्मृतियाँ भर गई थीं कि मैं उन्हें बार-बार याद कर सकता था और हर बार उस समय के किसी नए पहलू पर मेरा ध्यान चला जाता, जिस पर मैंने पहले गौर नहीं किया था। मैं उस रात को लंबा मानूँ या छोटा, दोनों ही स्थितियों में निस्संदेह बहुत ज्यादा आनंद था, खुशी थी, जो कि समूची रात के हरेक पल से जुड़ी थी।

वह बिस्तर पर मेरे बगल में लेटी थी। उसका सिर सफेद चादर पर टिका था। सफेद चादर पर उसके काले बालों के विपरीत मेल, उसकी चमकीली आँखें और मंत्रमुग्ध कर देनेवाली मुसकराहट पर मेरा ध्यान गया। जब मैंने उसके कानों के पास धीरे से अपनी साँस छोड़ी और कानों के पीछे उसका चुंबन लिया तो उसने जिस तरह से

अपनी आँखें बंद कीं, वह नजारा अद्‌भुत था। प्रत्येक स्पर्श, प्रत्येक चुंबन, प्रत्येक दुलार की उस पर सुखद प्रतिक्रिया हो रही थी। मेरे हर स्पर्श पर उसका बदन कमान की तरह तन जाता था।

ये सब देर रात तक चलता रहा। संगीत बंद हो चुका था और हर कोई सोने जा चुका था। सोया तो मैं भी था, लेकिन केवल यह देखने के लिए कि मैं जागकर देख सकूँ कि वह मुझसे किस तरह से लिपटी हुई है। मैं होश में आ जा रहा था; क्योंकि भावनाओं, मादकता और समग्र अहसास का विशाल भार मेरे ऊपर छाया था। मैंने कभी नहीं सोचा था कि मैं शारीरिक तौर पर उसे खुश करने में सक्षम हो सकूँगा; लेकिन उसने सामंजस्य बनाया और मेरे शरीर ने जवाब देना सीखा। उसके परिणामस्वरूप मुझे अपनी क्षमताओं को परखने का मौका मिला और अपने शरीर से उस सबसे भी ज्यादा कर सका, जो मैं संभव मानता था।

जब वह अपने चरमोत्कर्ष पर पहुँची तो उसे देखना बहुत सुखद था। पूरे शरीर में थिरकन हो रही थी। संभोग की परिणति में हुए स्राव से उसका शरीर रिक्त हो चुका था और वह हाँफ रही थी। उसकी खुशबू मेरे दिलो-दिमाग पर छा चुकी थी और उसके पसीने का स्वाद मेरे अंदर और अधिक पाने की इच्छा जगा रहा था। □

8

जारा की सीरिया यात्रा

(2010-2015)

"आज मैं बहुत खुश हूँ!" जारा अलेप्पो में अपने होटल के कमरे से स्काइप वीडियो कॉल पर उत्साह से चहक रही थी।

"पहली बार आज मैंने अपने पेट में बच्चे का पैर हिलाना महसूस किया। बहुत ही नाजुक पल था और पेट में गुदगुदी-सी हो रही थी।" वह बोलती गई। कैंब्रिज में उसकी व्यस्त दिनचर्या के बावजूद उसने पारिवारिक परंपरा को निभाते हुए अपने दादा-दादी और रिश्तेदारों के पास सीरिया जाने का निश्चय किया था। कराबाश के लिए रवाना होने से पहले वह अलेप्पो में कुछ दिनों के लिए रुकी थी, ताकि वह कुछ खरीदारी कर सके और नरीन के कॉलेज में उसके कामकाज एवं कॅरियर के बारे में बात कर सके।

"क्या नरीन तुम्हारे साथ होटल में ठहरी है?" मैंने पूछा, क्योंकि मुझे लग रहा था कि उसे उसकी मौजूदा हालत में मदद की जरूरत हो सकती है और साथ ही पुराने अलेप्पो शहर की गलियों का पता बताने के लिए भी कोई उसके साथ होना चाहिए था।

"चिंता मत करो। मेरी यहाँ अच्छी तरह से देखभाल की जा रही है। हाँ, वह भी मेरे साथ है और अभी रात का खाना लेने के लिए नीचे गई है।" उसने मुसकराते हुए बोलकर मेरी चिंता दूर करने की कोशिश की। वह एक बड़े किंगसाइज बेड पर बैठी थी, जिसमें रंगीन काँचवाला प्राचीन कला का सिरहाना था और पीछे दीवार पर मोटे अक्षरों में कैलिग्राफी की गई थी।

"नरीन के कॉलेज में अर्बन प्लानिंग एवं आर्किटेक्चर पर हुए मेरे व्याख्यान में उसके कुछ दोस्त शामिल हुए थे। उनमें से ज्यादातर ने बाद में मेरी अमेरिकी जिंदगी के बारे में सवाल किए, महिला के रूप में मेरे पसंद किए कॅरियर में सफलता के बारे में पूछा और उत्तरी अमेरिका एवं यूरोप के अधिक सहिष्णु देशों में प्रवास करने के बारे में जानकारी ली।" वह पूरे दिन की घटनाएँ बताती जा रही थी और मैं चुपचाप सुनता जा रहा था। शाम को हम लोगों के घर लौटने के बाद हर दिन वह यही किया करती थी।

"उन सवालों से यह समझ में आया कि अमेरिका में हम किस तरह की आरामदायक और सुविधा-संपन्न जिंदगी जीते हैं। कभी-कभार होनेवाली नस्लीय टिप्पणियों या सड़कों पर घूरे जाने को छोड़ दिया जाए तो अमेरिका में जिंदगी लगभग उतनी ही अच्छी है, जितनी कि होनी चाहिए।" उसे बोलने के लिए अपना मनपसंद विषय मिल गया था और उसे सुनते हुए मुझे ग्रोसरी स्टोर में हुई उससे पहली मुलाकात याद आ रही थी।

"हम्म…" संस्कृति और नीति से संबंधित विषयों पर उसका सटीक विश्लेषण मुझे बहुत अच्छा लगा। हालाँकि, मैं उसके इस विचार से सहमत था कि अमेरिका उसके आदर्श राष्ट्र के विचार के काफी निकट था; लेकिन जारा के साथ इस बातचीत के दौरान मेरे मन में कहीं यह सोच भी चल रही थी कि भारत भी अपने नागरिकों को लगभग वैसी ही स्वतंत्रता तथा वैसे ही अधिकार देता है और वहाँ इस तरह से खुला एवं हिंसक नस्लीय भेदभाव भी नहीं होता, जो कभी-कभार अमेरिका में देखने को मिल जाता है। लेकिन वहाँ शहरों और कस्बों में कानून व व्यवस्था की स्थिति अपेक्षाकृत खराब है और सार्वजनिक सुविधाओं का विकास समुचित ढंग से नहीं हुआ है।

"अमेरिकी व्यवस्था में दिक्कत केवल यह है कि वहाँ अमीर व गरीब के बीच की असमानता को कभी नहीं दूर किया जाता है। यह पीढ़ी-दर-पीढ़ी बढ़ती ही जाती है।" खासतौर पर, उसके शहरों की आंतरिक योजना एवं वंचित बच्चों को जीवन-शक्ति प्रदान करने और उनके लिए खेल के मैदान बनाने पर उसके जोर के कारण यह बात उसे सचमुच परेशान करती थी।

"अमेरिकी व्यवस्था में दिक्कत केवल यह है कि वहाँ अमीर व गरीब के बीच की असमानता को कभी नहीं दूर किया जाता है। यह पीढ़ी-दर-पीढ़ी बढ़ती ही जाती है।" खासतौर पर, उसके शहरों की आंतरिक योजना एवं वंचित बच्चों को जीवन-शक्ति प्रदान करने और उनके लिए खेल के मैदान बनाने पर उसके जोर के कारण यह बात उसे सचमुच परेशान करती थी।

"तुम्हारा वहाँ आराम करने और मजे करने का इरादा नहीं है क्या? बच्चे को तनाव-मुक्त होकर रहने देने के लिए यह जरूरी है?" मैंने मुसकराते हुए बातचीत को हलका करने की कोशिश की।

"अपने बच्चे का नाम 'पोखरण' रखा जाए तो कैसा रहेगा?" उसने ऐलान-सा किया, जिससे मैं एकदम आश्चर्यचकित रह गया।

"और अगर लड़की हुई तो?" मैंने पूछ लिया। मैं अब भी अपना दिमाग बच्चे का नाम रखने पर लगाने की कोशिश कर रहा था।

"पोखरण तो हमारी बच्ची के लिए भी सही नाम रहेगा।" उसने बिना झिझक के ऐलान कर दिया।

"दुनिया में इतने सारे नाम हैं तो पोखरण ही क्यों? तुमने पक्का सोच लिया है न? खासतौर पर तब, जबकि यह नाम व स्थान परमाणु परीक्षण और उसके नतीजे में मेरी जिंदगी में पैदा हुई हर चीज से इतने विस्तार से जुड़े थे।" पोखरण मेरी जिंदगी का बहुत बड़ा हिस्सा था। मैंने कभी इसे अपनी जिंदगी में सकारात्मक रूप से जोड़ने का नहीं सोचा था।

"जब मैं पहली बार पोखरण पहुँची थी और राधिका एवं उसके परिवार से मिली थी तो मुझे ऐसा लगा था, जैसे मैं वहीं की रहनेवाली हूँ। मुझे उन लोगों ने बिना शर्त स्वीकार किया था और मैं जैसी भी थी, उसे प्यार किया। ऐसा मैंने अपनी जिंदगी में पहली बार अनुभव किया था।" उसने जवाब दिया।

"पोखरण में लोग खुश, संतुष्ट और शांतिप्रिय हैं; जबकि वहाँ देखा जाए तो उनके लिए कुछ भी ठीक नहीं है—न जमीन, न बारिश, न राजनेता। हालाँकि, इस किसी भी चीज से उनके जोश पर असर नहीं पड़ता दिखता है। मैं चाहती हूँ कि वह शाश्वत आशा और आशावाद हमारे बच्चे के बड़े होने पर हमेशा उसके साथ रहे, फिर चाहे वह लड़का हो या लड़की।" उसकी आवाज में एक स्वाभाविक शांति थी। पोखरण में बिताए समय को याद करते हुए उसकी खुशी झलक रही थी।

"पोखरण में लोग खुश, संतुष्ट और शांतिप्रिय हैं; जबकि वहाँ देखा जाए तो उनके लिए कुछ भी ठीक नहीं है—न जमीन, न बारिश, न राजनेता। हालाँकि, इस किसी भी चीज से उनके जोश पर असर नहीं पड़ता दिखता है। मैं चाहती हूँ कि वह शाश्वत आशा और आशावाद हमारे बच्चे के बड़े होने पर हमेशा उसके साथ रहे, फिर चाहे वह लड़का हो या लड़की।" उसकी आवाज में एक स्वाभाविक शांति थी। पोखरण में बिताए समय को याद करते हुए उसकी खुशी झलक रही थी।

"और सबसे खास बात, उस स्थान ने तुम्हारी जिंदगी में और तुम्हें मेरे पास लाने में जो भूमिका निभाई है।" यह कहते हुए उसके गालों पर आँसू लुढ़कने लगे थे। गर्भवती होने के कारण इन दिनों बिना किसी खास कारण के वह बहुत जल्दी भावुक हो जाती थी, जबकि इसके पहले वह कभी भावनाओं को अपने ऊपर हावी नहीं होने देती थी।

"आई लव यू, माय डियर!" धीमे स्वर में जोर देकर जब वह यह बोली, तब वह कैमरा और मेरी तरफ सीधे देख रही थी। अगर मुझे पता होता कि वे शब्द कितने बहुमूल्य थे और हमारी छोटी-सी सुखी दुनिया किस तरह से भयंकर रूप से बदलने ही

वाली थी तो मैं उन पलों को थामकर जरूर लंबा करने की और अनंत काल तक खींचने की कोशिश करता।

ठक! ठक!!

दरवाजों पर जोर की ठक-ठक हो रही थी। बिस्तर पर बैठी जारा ने चौंककर होटल रूम के दरवाजे की ओर देखा और उछलकर दरवाजा खोल दिया। नरीन झपटते हुए रूम में घुसी। जारा अब भी स्काइप वीडियो कॉल पर मुझसे जुड़ी थी। लेकिन उसने अपना लैपटॉप बिस्तर पर रख दिया।

"हमें अभी तुरंत होटल छोड़ना पड़ेगा! दंगाई आ रहे हैं।" नरीन ने लगभग बदहवासी में कहा। वह हाँफ रही थी और उसकी शर्ट पर खून लगा हुआ था। ऐसा लग रहा था, जैसे वह कहीं गिर गई थी।

"कोई भी सामान उठाने का समय नहीं है। हमें तुरंत भागना पड़ेगा। उन लोगों ने सड़क पर सबके सामने ही काट डाला और यह सब वहीं पास में हुआ, जहाँ मैं खड़ी थी और खून के कुछ छींटे मेरे ऊपर भी पड़े। हमें अभी निकलना पड़ेगा!" नरीन जारा का हाथ पकड़कर उसे खींचते हुए दरवाजे की ओर बढ़ने लगी।

यह सब बहुत तेजी से, कुछ ही सेकंडों में हो गया; लेकिन वे कुछ सेकंड मेरी जिंदगी के सबसे लंबे थे। मैं कुछ बोल पाता कि उसके पहले ही जारा उसी दरवाजे से होटल रूम से बाहर निकल गई, जहाँ से नरीन दौड़ती हुई आई थी। मुझे उसकी बस, एक झलक दिखी, क्योंकि जाते हुए उसने मुड़कर 'गुडबाय' जैसा कुछ कहा था। पहली बार उसकी आँखों में मैंने डर देखा था। उसे अपनी सुरक्षा की चिंता नहीं थी, बल्कि अपने बच्चे की चिंता थी और तभी वे दोनों वहाँ से चली गईं।

यह सब बहुत तेजी से, कुछ ही सेकंडों में हो गया; लेकिन वे कुछ सेकंड मेरी जिंदगी के सबसे लंबे थे। मैं कुछ बोल पाता कि उसके पहले ही जारा उसी दरवाजे से होटल रूम से बाहर निकल गई, जहाँ से नरीन दौड़ती हुई आई थी। मुझे उसकी बस, एक झलक दिखी, क्योंकि जाते हुए उसने मुड़कर 'गुडबाय' जैसा कुछ कहा था। पहली बार उसकी आँखों में मैंने डर देखा था। उसे अपनी सुरक्षा की चिंता नहीं थी, बल्कि अपने बच्चे की चिंता थी और तभी वे दोनों वहाँ से चली गईं।

मैं वहाँ बैठा कंप्यूटर और स्काइप की स्क्रीन पर देखता रहा, जिससे कुछ पल पहले मैं जारा से बात कर रहा था, जो अलेप्पो में बैठी वहाँ की बातें मजे से बताते हुए चहक रही थी। मेरे मन में लाखों विचार दौड़ रहे थे, लेकिन समझ में कुछ नहीं आ रहा था। लैपटॉप के जरिए होटल रूम की दीवारें ताकते हुए मैं कुछ नहीं कर पा रहा था; बस, अपने साथ पोखरण और जारा के बारे में सोच रहा था।

"भारत में तुम्हारी शानदार मैरिज सेरेमनी होगी और रमेश के साथ मिलकर मैं इसका इंतजाम करूँगी।" दीदी बिल्कुल अड़ी थीं कि वे पोखरण में भारतीय रीति से विवाह और प्रीतिभोज कराएँगी, जो कि एक तरह से दूसरा विवाह समारोह होगा; क्योंकि एक बार तो कराबास में यजीदी रीति से हम विवाह कर ही चुके थे। दीदी जानती थीं कि मेरा भारत आना सुरक्षित होगा, क्योंकि राजसत्ता बदल चुकी थी और पापा के दौर के ज्यादातर पुराने नेता एवं गुंडे या तो रिटायर्ड हो चुके थे या सत्ता से बाहर हो चुके थे।

"जारा और तुम्हें यहाँ आकर बैठ भर जाना है और बाकी सब तुम मुझ पर छोड़ दो।" दीदी ने अपना अंतिम निर्णय सुना दिया था, जिसमें फेर-बदल की कोई गुंजाइश नहीं बची थी।

"भारत में तुम्हारी शानदार मैरिज सेरेमनी होगी और रमेश के साथ मिलकर मैं इसका इंतजाम करूँगी।" दीदी बिल्कुल अड़ी थीं कि वे पोखरण में भारतीय रीति से विवाह और प्रीतिभोज कराएँगी, जो कि एक तरह से दूसरा विवाह समारोह होगा; क्योंकि एक बार तो कराबास में यजीदी रीति से हम विवाह कर ही चुके थे।

वर्ष 2012 की सर्दियों में जारा और मैं दिल्ली हवाई अड्डे पर उतरे। दीदी एवं रमेश मुझे लेने आए और अपने साथ पोखरण ले गए। जारा भारत की यात्रा को लेकर बहुत खुश थी, क्योंकि उसे पहली बार भारत आने का मौका मिला था और वह पहली बार दीदी तथा मेरे बाकी परिवार एवं मित्रों से आमने-सामने मिलने वाली थी।

"तुम लोग मेरे पास आए हो और पोखरण में भारतीय रीति से विवाह करने जा रहे हो, मुझे बहुत खुशी है। वेलकम टू इंडिया एंड टू अवर फैमिली, जारा!" जैसे ही हवाई अड्डे पर हम उतरे तो दीदी ने आगे बढ़कर जारा को गले से लगा लिया।

"तुम्हें पाकर हम लोग बहुत खुश हैं, जारा।" आमतौर पर चुप रहनेवाले रमेश की आवाज भी एकदम खुलकर उत्साहित लग रही थी और स्पष्ट हो रहा था कि वे हमसे मिलकर खुश हैं। इससे मुझे कुछ साल पहले की याद आ गई, जब दीदी से रमेश का विवाह होने के बाद मैंने उन्हें 'रमेश सर' कहना बंद कर दिया था।

"वापसी में तुम कुछ सो लेना और आज रात आराम करना, क्योंकि अगले तीन दिन तुम चैतू से दूर, मेरे साथ रहोगी। दरअसल, अब तुम उससे तब तक नहीं मिल

पाओगी, जब तक वह विवाह के दिन सफेद घोड़े पर सवार होकर विवाह मंडप में नहीं आ जाता।" जब हम पोखरण रवाना होने के लिए कार में बैठने लगे तो दीदी ने जारा से कहा।

पोखरण के लिए रफ्तार पकड़ते समय हमने रात की ठंडी हवा महसूस की। राजस्थान की ओर बढ़ने पर रास्ते में कभी-कभार शुद्ध शाकाहारी ढाबा दिख जाता था, जब हम जयपुर से आगे निकलकर मेरे बचपन के आँगन और खेल के मैदान की तरफ बढ़ते जा रहे थे और धीरे-धीरे दिल्ली के पेड़-पौधों से भरी हरियाली की जगह सूखे ठूँठोंवाली बंजर जमीन दिखने लगी थी। सफर की थकान और टाइम जोन के अंतर के कारण मुझे अपनी पलकें खोलना तक भारी पड़ रहा था और जारा, दीदी एवं रमेश के साथ बैठे हुए मेरे मन में आखिरी विचार यही आया था कि 'घर में होने का अलग ही आनंद है'। और इसके बाद मैं गहरी नींद में सो गया।

पोखरण के लिए रफ्तार पकड़ते समय हमने रात की ठंडी हवा महसूस की। राजस्थान की ओर बढ़ने पर रास्ते में कभी-कभार शुद्ध शाकाहारी ढाबा दिख जाता था, जब हम जयपुर से आगे निकलकर मेरे बचपन के आँगन और खेल के मैदान की तरफ बढ़ते जा रहे थे और धीरे-धीरे दिल्ली के पेड़-पौधों से भरी हरियाली की जगह सूखे ठूँठोंवाली बंजर जमीन दिखने लगी थी।

अगले दिन, सुबह होने से पहले राधिका दीदी ने जारा को उठाया और जो-जो उसने जारा के लिए सोचा था, उसमें उसे साथ लेकर व्यस्त हो गईं।

"मेरे साथ आओ, जारा। हम तुम्हें हल्दी, चंदन और खुशबूदार जड़ी-बूटियों से नहलाएँगे, जिससे तुम्हारी त्वचा एकदम गोरी होकर चमकने लगेगी, तुम्हारा मूड भी हलका हो जाएगा और तुम्हें अच्छा लगने लगेगा। कस्बे की ये अन्य लड़कियाँ तुमसे मिलने आई हैं और ये अगले तीन दिनों तक तुम्हें तैयार होने में मदद करती रहेंगी।" दीदी जारा से मिलने आईं लड़कियों से उसे मिलाते समय चहक रही थीं। विवाह में पूरे कस्बे को आमंत्रित किया गया था और सब लोग आए भी।

"आप मुझे राजकुमारी जैसा अनुभव करा रही हैं, दीदी। ये सब करने के लिए बहुत-बहुत शुक्रिया!" जारा इतना ज्यादा महत्त्व पाकर बहुत ही ज्यादा खुश थी। सुगंधित माहौल था और बहुत सारे मददगार लोग थे, जो चैतन्य के साथ हो रहे उसके विवाह का सच्चा आनंद लेने आए थे।

"हमने इसकी सतह पर खरोंच तक नहीं लगने दी। तुम्हारे नहाने और नाश्ते के ठीक बाद हम जयपुर चलेंगे, जहाँ हम सुनहरी जरीवाली साड़ी, चूड़ियाँ और शादी के

दिन तुम्हारे पहनने का अन्य सामान खरीदेंगे।" राधिका ने उस दिन की शॉपिंग का पूरा प्लान बता डाला।

"जब चैतू जागेगा तो तुम उसे नाश्ता करा दोगे न?" राधिका ने रमेश से अनुरोध किया।

"तुम्हें पता है, मैंने काफी समय से चैतू को इतना खुश नहीं देखा था!" राधिका बोली और जारा को लेकर जयपुर के लिए रवाना हो गई।

"चैतन्य बचपन में कैसा था?" उत्सुकता से भरी जारा पूछने लगी। जारा और राधिका जौहरी बाजार की तरफ जाते हुए बातें करती जा रही थीं, जो कि दुकानदारों, सड़क किनारे खाने-पीने का सामान बेचनेवालों से भरा था। सड़क के दोनों ओर गहनों की दुकानों की कतारें थीं। बाजार की भीड़भाड़ और सड़क किनारे खड़े ठेलों पर बन रहे भोजन के कारण उस समय सर्दियाँ होने के बावजूद शुरुआती दोपहर में ही गरमी लग रही थी। सड़क किनारे बन रही भूख बढ़ानेवाली मिठाई और चटपटी गंध के साथ-साथ आसपास की दुकानों से अगरबत्तियों का धुआँ और फूलों की खुशबू बाजार के शोरगुल में दिमाग पर छा रहे थे।

"चैतन्य बचपन में कैसा था?" उत्सुकता से भरी जारा पूछने लगी। जारा और राधिका जौहरी बाजार की तरफ जाते हुए बातें करती जा रही थीं, जो कि दुकानदारों, सड़क किनारे खाने-पीने का सामान बेचनेवालों से भरा था। सड़क के दोनों ओर गहनों की दुकानों की कतारें थीं। बाजार की भीड़भाड़ और सड़क किनारे खड़े ठेलों पर बन रहे भोजन के कारण उस समय सर्दियाँ होने के बावजूद शुरुआती दोपहर में ही गरमी लग रही थी।

"खम्मा घणी, देवीजी। कृपया अंदर आइए।" बाजार में मीनाकारी वाले गहनों की सबसे बड़ी दुकान के मालिक ने राधिका को पहचाना तो बाहर निकलकर दोनों का स्वागत किया और उनसे दुकान में आने का आग्रह किया।

जैसे ही वे मनीष की दुकान में अंदर घुसीं, "हमारी राजश्री मैम एक बेहद स्वतंत्र और बहुत दयालु स्वभाव की थीं। जिस दौर में परिवार महिलाओं को स्कूल नहीं जाने देते थे, उस दौर में उन्होंने घर के अंदर और बाहर बहुत विरोध सहते हुए न केवल अपनी पढ़ाई पूरी की, बल्कि स्कूल में पढ़ाना भी शुरू कर दिया था। गाँव में लड़कियों व महिलाओं को पढ़ाई करने और आर्थिक रूप से स्वावलंबी बनने में उनकी मदद करने पर उनका बहुत ज्यादा जोर रहता था। बच्चे के जन्म के समय ही उनकी मौत हो गई थी, इसलिए चैतन्य को तो वह प्यार कभी महसूस नहीं हुआ, लेकिन मुझे उनका प्यार पाने का सौभाग्य मिला था।" राधिका ने चैतन्य के

बचपन के बारे में बताना शुरू कर दिया था। वैसे तो वह बातचीत हलकी-फुलकी रखने की भरसक कोशिश कर रही थी, लेकिन माँ के साथ बिताए समय को याद करते हुए उसकी आँखों से आँसू बह निकले।

"चाहे वह अपनी क्लास में हों या काम पर, उनका ध्यान हमेशा टेक्निकल सब्जेक्ट्स पर रहता है। वह महिलाओं के साथ भेदभाव कभी पसंद नहीं करते। मुझे पता है कि वह स्वाभाविक रूप से मानते हैं कि जो काम पुरुष कर सकते हैं, वह महिलाएँ भी कर सकती हैं। जो तुमने अभी बताया, उसके आधार पर तो लगता है कि यह सब उन्हें उनकी माँ से मिला है।" जारा ने बात पूरी की, क्योंकि वह चैतन्य के व्यवहार में राजश्री का वही स्वभाव देख चुकी थी।

"चाहे वह अपनी क्लास में हों या काम पर, उनका ध्यान हमेशा टेक्निकल सब्जेक्ट्स पर रहता है। वह महिलाओं के साथ भेदभाव कभी पसंद नहीं करते। मुझे पता है कि वह स्वाभाविक रूप से मानते हैं कि जो काम पुरुष कर सकते हैं, वह महिलाएँ भी कर सकती हैं। जो तुमने अभी बताया, उसके आधार पर तो लगता है कि यह सब उन्हें उनकी माँ से मिला है।" जारा ने बात पूरी की, क्योंकि वह चैतन्य के व्यवहार में राजश्री का वही स्वभाव देख चुकी थी।

"हमारे पापा कुछ ज्यादा कड़क थे, एकदम कड़े और अडिग रहनेवाले व्यक्तित्व के मालिक। उनके दिमाग में क्या चल रहा है, यह समझ पाना बहुत मुश्किल होता था। बहुत बाद तक मैं यही समझा करती थी कि वे चैतन्य के प्रति अनावश्यक रूप से कठोर हैं। वह तो बाद में मुझे अहसास हुआ कि वे जो कुछ भी कर रहे थे, उसके पीछे उनका मकसद चैतन्य को एक कठोर वयस्क बनाना था, जो जिंदगी की मुश्किलों का सामना कर सके, उनसे अपना बचाव कर सके और जीत भी सके, साथ ही प्रतिरोध का पहला संकेत न छोड़े। अगर अपने कड़क व्यक्तित्व के साथ वे चैतू के बचपन को कुछ और आरामदायक बनाने के लिए अपना प्रेम कुछ ज्यादा दिखाते तो उसे क्या मिलता?" राधिका चैतू के बचपन को याद करती जा रही थी, जबकि दुकानदार जारा को चूड़ियाँ दिखा रहे थे और उन्हें पहनने में उसकी मदद कर रहे थे।

जारा तो चैतन्य की जिंदगी की ये अद्‌भुत झलकियाँ पाकर मंत्रमुग्ध हो गई थी।

"बचपन में चैतू बहुत शरमीला था और उसकी क्लास के बदमाश लड़के उसे बहुत परेशान करते थे; हालाँकि, बाद में उसकी दोस्ती समरजीत से हुई, जो एक डाकू का बेटा था, जिसे 'भारत का रॉबिनहुड' कह सकते थे। समरजीत की दोस्ती ने उसे शरमीले बच्चे से एक हँसमुख और ज्यादा मुखर बालक बना दिया था।" राधिका बोले जा रही थी और

साथ ही मनीष की दुकान पर चूड़ियों के पैसे भी चुकाती जा रही थी। इसके बाद वे दोनों बाहर निकलकर जौहरी बाजार की साड़ियों की सबसे बड़ी दुकान की ओर बढ़ चलीं।

"समरजीत के माता-पिता और बबलू इस विवाह में शामिल होने आ रहे हैं। बबलू खुद भी डकैत है और समरजीत व चैतू दोनों का दोस्त रहा है। तुम उन लोगों से मिल पाओगी।" राधिका ने बताया।

"समरजीत को क्या हुआ था ?" जारा ने पूछा, क्योंकि चैतन्य ने तो उसे अपने बचपन के बारे में ज्यादा नहीं बताया था।

"पुलिस ने जब उनके गुप्त अड्डे पर छापा मारा था तो बंदूक की गोली से समरजीत की मौत हो गई थी।" राधिका ने बताया और अपने सामने रखीं साड़ियाँ देखने लगी।

"क्या तुम देवयानी से मिली हो ?" जारा ने पूछा; लेकिन उसकी आवाज में ईर्ष्या का भाव नहीं छिप सका, जिससे वह खुद भी हैरान हुई, क्योंकि उसे कभी आभास ही नहीं हुआ था कि वह देवयानी से ईर्ष्या रखती है।

देवयानी और पायरादंगा में बचपन में बिताई गरमियों की छुट्टियों को याद करते ही राधिका के चेहरे पर मुसकान आ गई।

"चैतू ने देवयानी के बारे में तुम्हें बताया था ?" राधिका ने पूछा और सोचने लगी कि वह क्या-क्या बताए और क्या-क्या छिपा जाए! वह जानती थी कि उसका भाई कभी जान-बूझकर तो कोई बात नहीं छिपाता। अगर वह कोई बात नहीं बताता है तो कुछ सोचकर ही नहीं बताता था।

"पुलिस ने जब उनके गुप्त अड्डे पर छापा मारा था तो बंदूक की गोली से समरजीत की मौत हो गई थी।" राधिका ने बताया और अपने सामने रखीं साड़ियाँ देखने लगी। "क्या तुम देवयानी से मिली हो ?" जारा ने पूछा; लेकिन उसकी आवाज में ईर्ष्या का भाव नहीं छिप सका, जिससे वह खुद भी हैरान हुई, क्योंकि उसे कभी आभास ही नहीं हुआ था कि वह देवयानी से ईर्ष्या रखती है।

"बस, इतना ही बताया कि देवयानी उसका पहला आकर्षण और उसका पहला प्यार थी।" जारा ने खुलकर बता दिया।

"देवयानी शैतान की नानी थी। उसने चैतन्य को भी खुराफाती बना दिया था। दोनों मिलकर दिन भर योजना बनाते रहते थे कि पड़ोस के बच्चों और बड़ों के साथ किस तरह से खुराफातें करना है, मजाक बनाना है। उसने उसे कई बातें सिखाईं, जिनमें तैरना भी शामिल था। कई तरह से वह तुम्हारे जैसी ही थी, उसकी शारीरिक अक्षमता से बिल्कुल बेपरवाह और आँखें मूँदनेवाली। वह जैसा था, उसे स्वीकार था।" राधिका की आवाज में

उत्साह दिख रहा था, क्योंकि उसे अपने बचपन के खुशनुमा दिनों की याद आने लगी थी।

"जब देवयानी का अपहरण हुआ और उसे हमसे दूर ले जाया गया तो हम सबके दिल टूट गए थे। चैतू का तो और बुरा हाल था। उसने तय किया था कि वह उसकी तलाश कभी बंद नहीं करेगा और उसे वापस घर लाकर रहेगा। उसने उसका भी पता लगा लिया था, लेकिन तब तक देवयानी के लिए सबकुछ बदल चुका था। उसके बच्चे हैं और उसने अपहरण करनेवाले के साथ ही जिंदगी बिताने का निश्चय कर लिया था। इससे चैतू टूट गया था; लेकिन साथ ही उसका यह संकल्प भी मजबूत हो गया कि वह ऐसे समाज की रचना करेगा, जहाँ महिलाएँ सुरक्षित व सम्मानित महसूस करें और विविधता को केवल स्वीकार्य ही न किया जाए, बल्कि उसका आदर भी हो, जिसमें सभी धर्मों के अधिकार बराबर हों।" राधिका ने अपनी बात पूरी की। इसके साथ ही उसने सफेद सुनहरी जरीवाली लाल साड़ी की ओर इशारा करते हुए जारा से उसे देखने को कहा।

जब देवयानी का अपहरण हुआ और उसे हमसे दूर ले जाया गया तो हम सबके दिल टूट गए थे। चैतू का तो और बुरा हाल था। उसने तय किया था कि वह उसकी तलाश कभी बंद नहीं करेगा और उसे वापस घर लाकर रहेगा। उसने उसका भी पता लगा लिया था, लेकिन तब तक देवयानी के लिए सबकुछ बदल चुका था। उसके बच्चे हैं और उसने अपहरण करनेवाले के साथ ही जिंदगी बिताने का निश्चय कर लिया था।

"चैतन्य ने और मैंने इन बातों पर बहुत ज्यादा चर्चा व बहस की है। खासतौर पर विभिन्न आतंकवादी संगठनों द्वारा यजीदी समुदाय के हाल के धार्मिक उत्पीड़न को देखते हुए! धार्मिक सहिष्णुता का विषय मुझे अपने दिल के बहुत करीब लगता है।" कहकर जारा रुक गई, क्योंकि देवयानी के साथ बहुत कम उम्र में जो कुछ हुआ था, उसने उसे पूरी तरह से समझ लिया था। उसका दिल उस छोटी बच्ची के बारे में सोचकर भर आया था, जिसका अपहरण तब हुआ था, जब वह बमुश्किल दस-बारह साल की रही होगी। इसका कारण भी मुख्य तौर पर यही था कि उस लड़की और उसके परिवार को आसपास के अन्य धार्मिक समुदायों का सहारा नहीं मिला था।

दुकान के मालिक ने लाल साड़ी उठाई और अपने हाथ पर फैलाकर उसे पूरा खोलकर दिखाया।

"बहुत सुंदर साड़ी है!" जारा और राधिका—दोनों के मुँह से एकदम से निकल पड़ा। राधिका ने साड़ी पैक करवाई और पैसे चुकाए। इसके बाद दोनों फिर से शाम की धूप में बाहर निकल आईं। बाजार में अपेक्षाकृत ठंडक हो गई थी। पहले जो भीड़

दुकानदारों और पर्यटकों की थी, उसकी जगह अब स्थानीय परिवारों एवं बच्चों ने ले ली थी, जो सड़क किनारे के ठेलों पर खाने-पीने आ रहे थे।

"अब हमें वापस पोखरण के लिए निकल लेना चाहिए। आज मेहँदी की रात है और तुम्हारी हथेलियों, बाँहों व पैरों पर मेहँदी लगाई जाएगी। मेरी एक पक्की सहेली मेहँदी की डिजाइनें बनाने के लिए आ रही है। वह बहुत क्रिएटिव है और जानी-मानी आर्टिस्ट है। उम्मीद है कि तुम्हें उसकी डिजाइन पसंद आएँगी।" राधिका ने विस्तार से बता दिया कि समारोह में क्या-क्या होना है और क्या पोखरण वापस पहुँचने पर उस रात होना है।

अब हमें वापस पोखरण के लिए निकल लेना चाहिए। आज मेहँदी की रात है और तुम्हारी हथेलियों, बाँहों व पैरों पर मेहँदी लगाई जाएगी। मेरी एक पक्की सहेली मेहँदी की डिजाइनें बनाने के लिए आ रही है। वह बहुत क्रिएटिव है और जानी-मानी आर्टिस्ट है। उम्मीद है कि तुम्हें उसकी डिजाइन पसंद आएँगी।

"शॉपिंग कराने और चैतन्य के बचपन की कहानियाँ सुनाने के लिए शुक्रिया!" जारा ने भावुक होकर राधिका को गले से लगा लिया।

"अब हम लोग एक ही परिवार के हैं, इसलिए इस बारे में बिल्कुल कुछ भी मत सोचो। शुक्रिया तो मुझे तुम्हें कहना चाहिए कि तुमने चैतू की जिंदगी में मुसकान और खुशियाँ फिर से ला दीं।"

पापा को श्रद्धांजलि देने के लिए दीदी विवाह मंडप और विवाह समारोह को किसी मंदिर या परंपरागत मैरिज हाउस के बजाय उस नहर के किनारे करना चाहती थीं, जिसे पापा ने अपनी जिंदगी में डिजाइन किया था और बनाया था। तुरंत ही पड़ोसियों और लगभग सारे कस्बे के लोगों ने विवाह के कामकाज में मदद करने तथा हाथ बँटाने का निश्चय कर लिया। करीब आधा किलोमीटर की दूरी पर नहर किनारे रंगीन झिलमिलाती लाइटें लगाई गईं, जो नहर के ताजा बह रहे पानी के ऊपर शामियाने का काम कर रही थीं। शाम को जैसे ही सूरज अस्त हुआ, सजावटी लाइटें जल गईं, जिससे पृष्ठभूमि के इक्का-दुक्का खेजरी पेड़ों की परछाइयों वाले रेगिस्तान के झिलमिलाते क्षितिज पर एक जादुई वातावरण छा गया। सर्दियों के मौसम की ठंडी हवा में अस्थायी रसोई में बन रहे भोजन की सुगंध फैल रही थी।

"बबलू, क्या तुम चैतू के दोस्तों—रॉब और कृष्ण को जयपुर एयरपोर्ट से ले आओगे? उनकी फ्लाइट लेट थी, लेकिन अब तक तो आ गई होगी।" रमेश ने पूछा।

रमेश समारोह के सारे कामों को सँभाल रहे थे और बबलू लोगों को लाने-ले जाने के लिए तैयार था; जबकि दीदी जारा को लाल साड़ी पहनाने और सारे जेवर पहनाने में लगी थीं, जिनमें नथ एवं दोनों बाँहों में चूड़ियाँ शामिल थीं। दुलहन का सिर और चेहरा परंपरागत पल्लू से ढका हुआ था।

"जब तुम घोड़े पर सवार होकर मंडप की तरफ जाओगे तो मैं तुम्हारे साथ रहूँगा।" बबलू ने ऐलान कर दिया और बता दिया कि वह समारोह के लिए मुझे घोड़े पर बैठाएगा।

"पालकी घर की तरफ लाओ!" राधिका पालकी दरवाजे के पास बुलाने के लिए चिल्लाई, ताकि जारा को मंडप में ले जाया जा सके।

जारा नाक की बाली पहने, चेहरे पर पल्लू ओढ़े उस लाल साड़ी में बहुत सुंदर लग रही थी। इधर मैं बबलू के साथ घोड़े पर बैठकर मंडप में जाने लगा था और बबलू मुझे सँभाले था। मैंने इस सारी शानो-शौकत को मंजूरी दे दी थी, क्योंकि मुझे पता था कि इससे दीदी खुश होंगी और कस्बे के लोगों को भी अच्छा लगेगा। मुझे इस बात की खुशी थी कि विवाह का यह कार्यक्रम पोखरण में, वह भी नहर के किनारे हो रहा था।

जारा नाक की बाली पहने, चेहरे पर पल्लू ओढ़े उस लाल साड़ी में बहुत सुंदर लग रही थी। इधर मैं बबलू के साथ घोड़े पर बैठकर मंडप में जाने लगा था और बबलू मुझे सँभाले था। मैंने इस सारी शानो-शौकत को मंजूरी दे दी थी, क्योंकि मुझे पता था कि इससे दीदी खुश होंगी और कस्बे के लोगों को भी अच्छा लगेगा। मुझे इस बात की खुशी थी कि विवाह का यह कार्यक्रम पोखरण में, वह भी नहर के किनारे हो रहा था। नहर के करीब पहुँचकर अचानक मुझे पापा बहुत करीब महसूस होने लगे। ऐसा मैंने पहले कभी महसूस नहीं किया था। इससे मुझे एक तरह की पूर्णता का अहसास हुआ और एक तरह की शांति मेरे ऊपर छा गई, जिससे मुझे उन भयानक परिस्थितियों को भुलाने में मदद मिली, जिनमें पापा की मौत हुई थी। मैं जानता था कि अब वे एक अलग और अधिक सुखी जगह पहुँच चुके हैं और वह मुझे आगे बढ़ता देखना चाहते थे, अपना और अपने आसपास के लोगों का भविष्य बेहतर बनाते देखना चाहते थे।

मंडप में कुछ रस्मों एवं मंत्रोच्चार के बाद पुरोहित ने जारा की साड़ी के पल्लू और मेरे गले में पड़े शॉल के बीच गाँठ लगा दी तथा हमसे हवन की अग्नि के सात फेरे लगाने का इशारा किया। जब हम दोनों ने अग्नि के फेरे लेने शुरू किए तो आसपास दौड़-भाग कर रहे बच्चों समेत सभी मेहमान खड़े हो गए और शुभकामनाओं व आशीर्वाद के प्रतीक

रूप में हमारे ऊपर गुलाब की पँखुड़ियों और चावल की बारिश करने लगे।

इस तरह से, भारतीय या राजस्थानी रीति-रिवाजों से हम दोनों का दूसरी बार विवाह हुआ!

"हम अपना हनीमून रात में रेगिस्तान के बीच एक तंबू में मनाने जा रहे हैं। तैयारियों के बारे में मैं पहले ही राधिका से बात कर चुकी हूँ।" जारा ने मुझे बताया। अब हम लोग सारे इकट्ठे मेहमानों की तालियों और बधाइयों के बीच मंडप से बाहर ले जाए जा रहे थे।

जारा का पोखरण और रेगिस्तान को देखने का नजरिया यहाँ अपनी ज्यादातर जिंदगी बितानेवाले लोगों के नजरिए से बहुत अलग था। रेगिस्तान की यात्रा में, काले सितारों भरे आसमान के नीचे सोने में, गरम व धूल भरे बाजारों में खरीदारी करने में और यहाँ तक कि कस्बे के लेआउट एवं प्लान को देखने में भी जादू और रोमांच का अहसास किया था।

वैसे तो मैं इसी जगह पर पला-बढ़ा था, लेकिन रेगिस्तान के बीच में इससे पहले कभी नहीं सोया था। यह भी एक विडंबना ही है कि कोई बाहर से आकर हमारी आँखें खोलता है और हमें बताता है कि हमारे आसपास कितनी अनोखी व मजेदार चीजें हैं! निकट रहते हुए भी हमें उनका अहसास नहीं हो पाता।

ज़ारा का पोखरण और रेगिस्तान को देखने का नजरिया यहाँ अपनी ज्यादातर जिंदगी बितानेवाले लोगों के नजरिए से बहुत अलग था। रेगिस्तान की यात्रा में, काले सितारों भरे आसमान के नीचे सोने में, गरम व धूल भरे बाजारों में खरीदारी करने में और यहाँ तक कि कस्बे के लेआउट एवं प्लान को देखने में भी जादू और रोमांच का अहसास किया था।

"तुम्हारे परिवार के साथ समय बिताने और पोखरण के बारे में जानने में मुझे बहुत मजा आया!" जारा यह कहते हुए तंबू में मुझसे लिपट गई। वह तंबू कस्बे और आबादी से कुछ मील दूर लगाया गया था। वहाँ पर केवल हम दोनों थे, रेगिस्तान था, ठंडी हवा थी, साफ व बादल-रहित रात का आसमान था और एकदम शांति थी।

"राधिका दीदी तो बहुत ही कमाल की हैं और तुम्हें बहुत ज्यादा प्यार करती हैं। इतनी चिंता करनेवाली, इतना प्यार करनेवाली बहन पाना सचमुच तुम्हारे लिए सौभाग्य की बात है!" वह कहे जा रही थी।

"जब मैं बच्चा था, तभी से वह मुझे सँभालती आ रही हैं। वही मेरा परिवार हैं और उनके बिना मैं जिंदगी बिताने की कल्पना तक नहीं कर सकता।" मुझे अपने बीते दिनों की सारी बातें याद आने लगी थीं, जब वह मुझे उठाती थीं और चलना सिखाती थीं।

"शक्लो-सूरत, भाषाओं, जीवन-शैलियों, धार्मिक मान्यताओं के लिहाज से इस

जगह बहुत ज्यादा विविधता है; लेकिन कोई भी किसी दूसरे को नीचा दिखाने की कोशिश नहीं करता है और न ही किसी से कोई भेदभाव करता है। सबसे अहम बात, न कोई इस आधार पर किसी के बारे में कोई पूर्व धारणा बनाए है कि वह बाकी लोगों से अलग है। यहाँ विविधता को स्वीकार तो किया ही जाता है, भले ही बहुत ज्यादा स्वागत न किया जाता हो, जो कि यूरोप या अमेरिका में रहने की तुलना में बेहतर तरीका है, जहाँ विविधता को सबसे अच्छे तरीके से सहन किया जाता है।"

जारा फिर से उसी विषय में खो गई, जो उसके दिल के करीब था।

"आज की रात के लिए तो यह कुछ ज्यादा गंभीर टॉपिक हो गया, यार। तुम्हें नहीं लगता?" मैं उसे कुछ हँसी-मजाक और हलकी-फुलकी बातों की ओर मोड़ने की कोशिश करता हुआ मुसकराया।

"हा-हा-हा!" वह अपनी उँगलियों से मेरे होंठों को छूते हुए हँस पड़ी।

"अभी मुझे एक बात कहनी है और फिर मैं चुप हो जाऊँगी।" उसने मुसकराते हुए अपना बोलना जारी रखा। वह अपने मन में आए विचार को छोड़ने को राजी नहीं थी।

"आज की रात के लिए तो यह कुछ ज्यादा गंभीर टॉपिक हो गया, यार। तुम्हें नहीं लगता?" मैं उसे कुछ हँसी-मजाक और हलकी-फुलकी बातों की ओर मोड़ने की कोशिश करता हुआ मुसकराया।

"हा-हा-हा!" वह अपनी उँगलियों से मेरे होंठों को छूते हुए हँस पड़ी।

"अभी मुझे एक बात कहनी है और फिर मैं चुप हो जाऊँगी।" उसने मुसकराते हुए अपना बोलना जारी रखा। वह अपने मन में आए विचार को छोड़ने को राजी नहीं थी।

"पिछले कुछ दिनों में मैंने इस जगह को और यहाँ के लोगों को अच्छी तरह से जान लिया है। तुम्हें पता है, मुझे लगता है, पोखरण में भारत का लास वेगास या उससे भी कहीं ज्यादा बनने की क्षमता मौजूद है। यह ऐसी जीवन-शैली और संस्कृति का प्रकाश-स्तंभ भी हो सकता है, जहाँ विविधता का सम्मान किया जाता है और भारत की ओर से बाकी दुनिया को संदेश दे सकता है कि वह विश्व में पहचान बना चुका है और केवल स्वार्थपूर्ण तरीके से अपनी जरूरतें भर पूरी नहीं करता, बल्कि जरूरतमंदों की मदद भी अपनी मेजबानी और विशाल हृदय के साथ करता है, मसलन दुनिया के शरणार्थियों को स्वीकार करता है और अन्य जगहों पर धार्मिक उत्पीड़न का शिकार होनेवालों को शरण देता है। यह सब यहाँ युगों से चुपचाप होता आ रहा है; लेकिन इसे और ज्यादा औपचारिक तरीके से किया जा सकता है और इसे बाकी दुनिया में प्रचारित किया जा सकता है।" जारा पोखरण और उसके आसपास के इलाके के लिए अपनी भावनाओं एवं

उत्साह पर नियंत्रण नहीं कर पा रही थी तथा लगातार बोले जा रही थी।

"हो सकता है; हालाँकि, मैं इस बारे में निश्चिंत नहीं हूँ कि राष्ट्र और आबादी के तौर पर भारत के पास इस संगठित मोर्चे को दुनिया में बाकी सबके सामने पेश करने की क्षमता है। भारत में सबकुछ, बिना किसी योजना के, जैविक रूप से पैदा होता है और अस्तित्व में आता है।" यह कहने के बाद मुझे अहसास हुआ कि मैं इस देश और यहाँ के लोगों के प्रति उसके आशावाद एवं उसकी सराहना को बिना किसी मतलब के कमजोर कर रहा हूँ।

हो सकता है; हालाँकि, मैं इस बारे में निश्चिंत नहीं हूँ कि राष्ट्र और आबादी के तौर पर भारत के पास इस संगठित मोर्चे को दुनिया में बाकी सबके सामने पेश करने की क्षमता है। भारत में सबकुछ, बिना किसी योजना के, जैविक रूप से पैदा होता है और अस्तित्व में आता है।

"अगर तुम मेरी नजरों से देखोगे तो तुम्हें दिखेगा। बाहरी होने के नाते मैं देख सकती हूँ कि अव्यवस्था के बावजूद इस जगह एक स्थिरता है, शांति है। सबसे ज्यादा जरूरी बात, लोग यहाँ प्रसन्न और संतुष्ट हैं। किसी दूसरे जीवन में और हो सकता है, किसी वैकल्पिक ब्रह्मांड में भारत एक आदर्श जगह होगा, जहाँ यजीदी समुदाय बाकी धर्मों के साथ शांतिपूर्ण तरीके से रह सके और फल-फूल भी सके।" उसकी आँखें सितारों से आगे देख रही थीं और बोलते समय उसे पता था कि दुनिया में इतना आसान समाधान पहले से तैयार नहीं मिलता, कम-से-कम हमारे जीवनकाल में तो नहीं।

जब आप मस्ती कर रहे होते हैं तो समय तेजी से उड़ता है और जब चीजें आमतौर पर हमारे तरीके से हो रही हों तो सबकुछ तेजी से अतीत होता प्रतीत होता है।

वर्ष 2015 का आरंभ था और हमारे विवाह को करीब तीन साल बीत चुके थे। तभी रॉब और कृष्ण चौड़ी मुसकराहटों की किरणें फेंकते मेरे ऑफिस में घुसे, "हमारे पास तुम्हारे लिए बहुत बड़ी खबर है!" कृष्ण अपने उत्साह को सँभाल नहीं पा रहा था।

ठीक उसी समय जारा ने भी मेरे ऑफिस में आने का निश्चय किया था। उस दिन वह अपने व्यस्त कार्यक्रम के बीच छुट्टी लेकर मेरे साथ लंच करने का समय निकाल पाई थी।

"यहाँ आते समय रास्ते में मैंने कुछ सैंडविच ले ली थीं। तुम दोनों से मिलकर अच्छा लगा।" उसने मेरे ऑफिस में रॉब और कृष्ण की तरफ देखते हुए कहा।

"एकदम सही समय पर आईं, जारा! मेरे पास तुम सबके लिए बहुत ही बेहतरीन खबर है!" कृष्ण बोल पड़ा।

"अरे वाह! तब तो आज लंच में बहुत मजा आएगा। तुम्हारे बाद मेरे पास भी तुम सबके लिए एक खुशखबरी है।" जारा ने भी कहा और कृष्ण की खबर सुनने का इंतजार करने लगी।

रॉब और कृष्ण उस सोशल मीडिया माइनिंग सॉफ्टवेयर का अनुवाद कर रहे थे, जो हम लोग एक सॉफ्टवेयर कंपनी में पिछले कुछ वर्षों से डेवलप कर रहे थे। यह मेरा शौक भी था और कक्षा में पढ़ाने के अलावा अपने दोस्तों तथा उद्योग के लोगों के साथ शामिल रहने का मेरा तरीका भी था। मुझे अच्छी तरह से मालूम था कि कृष्ण और रॉब जो खबर देने वाले हैं, वह किसी-न-किसी तरह से उस कंपनी से ही संबंधित होगी। मेरी ज्यादा उत्सुकता उस खबर में थी, जो जारा देने वाली थी।

रॉब और कृष्ण उस सोशल मीडिया माइनिंग सॉफ्टवेयर का अनुवाद कर रहे थे, जो हम लोग एक सॉफ्टवेयर कंपनी में पिछले कुछ वर्षों से डेवलप कर रहे थे। यह मेरा शौक भी था और कक्षा में पढ़ाने के अलावा अपने दोस्तों तथा उद्योग के लोगों के साथ शामिल रहने का मेरा तरीका भी था।

"जैसा कि तुम्हें पता है, सोशल मीडिया और मार्केटिंग रिसर्च की कुछ सबसे बड़ी कंपनियाँ भारी-भरकम के बदले हमारे एल्गोरिद्म और सॉफ्टवेयर के लिए हमसे संपर्क करती रही हैं। आज हमें दुनिया की सबसे बड़ी मार्केटिंग रिसर्च एवं पोलिंग कंपनी का सबसे अच्छा ऑफर मिला है।" कृष्ण हमेशा की तरह अपनी बातों को बढ़ा-चढ़ाकर और नाटकीय तरीके से बोलता जा रहा था।

"उन्होंने बहुत सारा धन देने का ऑफर किया है। तुम सुनने को तैयार हो?" वह मुसकराहट फेंकते हुए थोड़ी देर के लिए रुका और कमरे में मौजूद हरेक व्यक्ति की ओर देखने लगा।

"बताओ न, कृष्ण! मैं यहाँ सस्पेंस से मरी जा रही हूँ। जो भी बात है, जल्दी बताओ।" जारा उस पर झपट पड़ी।

"हमारी कंपनी को 50 करोड़ डॉलर का ऑफर मिला है। इसका मतलब यह हुआ कि रॉब को एवं मुझे करीब 10-10 करोड़ मिलेंगे और चैतन्य को तो 25 करोड़ आसानी से मिल जाएँगे। हमारे सभी रिसर्च एसोसिएट तो अभी कॉलेज के छात्र ही हैं, लेकिन वे भी करोड़पति बन जाएँगे!" आखिरकार, उसने पूरी खबर सुना ही दी।

मुझे और ज्यादा धन की जरूरत तो थी नहीं। मैं जो चाहता था, वह सब मेरे पास था ही। रॉब व कृष्ण को खुश देखने और हमारे रिसर्च एसोसिएट्स की जिंदगी बनने

के खयाल से मुझे यह ऑफर ज्यादा अच्छा लगा। बुनियादी जरूरतें पूरी होने के बाद अतिरिक्त धन से कोई अतिरिक्त खुशी तो मिलती नहीं है। मेरे लिए खुशी की बात यह थी कि वह पूँजी उस कस्बे में जा रही थी, जिसने मुझे काफी कुछ दिया था।

"तुम तीनों को बधाइयाँ। तुम लोग जितने जीनियस हो, कड़ी मेहनत करते हो, उस हिसाब से इसके काबिल हो।" जारा उठकर आई और मुझे जोर से गले लगा लिया।

"अब तुम्हारी बारी है, जान। तुम कौन सी खबर देने वाली हो ?" मैं जारा का चेहरा पढ़ने की कोशिश कर रहा था, ताकि समझ सकूँ कि वह क्या खबर सुनाने वाली थी! हो सकता है, उसके अर्बन प्लानिंग रिसर्च की ग्रांट मंजूर हो गई हो, जिसके लिए वह पिछले छह महीने से लगी थी।

"अब तुम्हारी बारी है, जान। तुम कौन सी खबर देने वाली हो ?" मैं जारा का चेहरा पढ़ने की कोशिश कर रहा था, ताकि समझ सकूँ कि वह क्या खबर सुनाने वाली थी! हो सकता है, उसके अर्बन प्लानिंग रिसर्च की ग्रांट मंजूर हो गई हो, जिसके लिए वह पिछले छह महीने से लगी थी।

"मैं प्रेगनेंट हूँ। हम दोनों मम्मी-पापा बनने जा रहे हैं!" जारा खुशी से उछल पड़ी और मेरी प्रतिक्रिया जानने के लिए मेरी आँखों में झाँकने लगी।

मैं हद से ज्यादा खुश था और मेरे पास बोलने के लिए शब्द नहीं थे। निश्चित रूप से, यह मेरी जिंदगी का सबसे अच्छा दिन था; जबकि मुझे डर भी लग रहा था, क्योंकि अंदर से मेरा मन जानता था कि अपनी जिंदगी में मुझे सुख नहीं मिलता है। मेरे हिसाब से चीजें अच्छी नहीं होतीं और जब कभी होती भी हैं तो इसका अर्थ होता है कि बुरा वक्त आसपास है और कभी भी मेरे ऊपर झपट्टा मार सकता है।

मेरा मन बहुत तेजी से भाग रहा था और उन सारे विकल्पों का पता करने की कोशिश कर रहा था, जहाँ जारा और नरीन हो सकती थीं। टी.वी. पर सीरिया में हर तरफ मार-काट और उपद्रव की खबरें भरी पड़ी थीं, क्योंकि अलेप्पो से शुरू हुए दंगे पूरे देश में फैल गए थे। देश भर की फोन लाइनें जाम हो गई थीं, क्योंकि दंगाइयों ने संचार साधनों पर भी हमला बोल दिया था।

समय बीतता जा रहा था और कोई चारा नहीं था, इसलिए मैंने प्राइवेट जासूस जॉन रैडक्लिफ से संपर्क किया, जो अब काफी हद तक मेरे दोस्त बन चुके थे और देवयानी का पता लगाने तथा उससे मेरी बात कराने के बाद से लगातार मेरे संपर्क में रहते थे।

"जॉन, मुझे आपकी मदद की जरूरत है।" मैंने काँपती आवाज में उनसे कहा।

"क्या हुआ ?" जॉन बहुत ज्यादा हँसी-मजाक करनेवालों में नहीं थे और न ही वह अपनी बातचीत या निर्णय में किसी तरह की भावनाओं को हावी होने देते थे, हालाँकि उन्होंने मेरी आवाज की कँपकँपाहट को समझ तो लिया होगा, लेकिन न तो ऐसा कोई संकेत दिया और न ही इस पर कोई खास ध्यान दिया।

मैंने उन्हें स्काइप कॉल से लेकर नरीन के होटल रूप में भागे आने और जारा को अपने साथ ले जाने तक की पूरी बात बता दी।

"वह कहाँ ठहरी हुई थी ?" जॉन तुरंत प्राइवेट जासूस के अपने असली रूप में आकर पूछने लगे।

"वह मंसूरिया होटल में थी, अलेप्पो के पुराने शहर में।" मैं क्या बोलता रहा था, बदहवासी में मुझे खुद पता नहीं चल रहा था।

"तुम मुझे जारा और नरीन—दोनों की नई तसवीरें भेजो। सीरिया में मेरे कुछ आदमी हैं। मैं उनसे अभी बात करता हूँ। चौबीस घंटे दो और मैं तुम्हें जारा का पता-ठिकाना बताता हूँ। अगर मेरे आदमी उनका पता नहीं लगा पाए तो मैं खुद फ्लाइट से इस्तांबुल जाऊँगा और वहाँ से सीरिया पहुँच जाऊँगा। हम उन्हें वापस ले आएँगे, चैतन्य।" उस समय पहली बार मुझे जॉन की आवाज में भावनाओं का असर दिखाई दिया।

"क्या हुआ ?" जॉन बहुत ज्यादा हँसी-मजाक करनेवालों में नहीं थे और न ही वह अपनी बातचीत या निर्णय में किसी तरह की भावनाओं को हावी होने देते थे, हालाँकि उन्होंने मेरी आवाज की कँपकँपाहट को समझ तो लिया होगा, लेकिन न तो ऐसा कोई संकेत दिया और न ही इस पर कोई खास ध्यान दिया।

अचानक जॉन के इन शब्दों से मुझे राहत मिली, क्योंकि तब तक मुझे किसी से कोई मदद मिलती नहीं दिख रही थी। उस समय वह मेरे लिए भगवान् थे। तूफानी समुद्र में उछलती लहरों के बीच वही मेरे नाव थे।

मैं जारा के बारे में जानकारी के लिए जॉन का इंतजार करने लगा। इंतजार का वह समय लग रहा था, जैसे कभी खत्म ही होने वाला न हो।

□

9

प्यार और जंग में सब जायज है

(2015-2019)

"मैं साँस नहीं ले पा रही हूँ...मदद करो कोई, प्लीज हेल्प!" उसने अँधेरे में हर तरफ हाथ-पैर चलाना और टटोलना शुरू किया, ताकि वह किसी तरह से प्लास्टिक के बॉडी बैग जैसी चीज से बाहर निकल सके, जिसमें उसने होश में आने पर अपने को पाया था।

उसे कुछ दूरी पर कुछ हलचल सुनाई दी, जिसे सुनकर उसने हाथ-पैर चलाना बंद कर दिया और आनेवाली आवाज को ध्यान से सुनने लगी कि वह कैसी आवाज थी और कहाँ से आ रही थी? पहले तो वह एक ही व्यक्ति के कदमों की आहट लगी, लेकिन जल्द ही उसमें तीन या चार लोगों के पैरों की पदचाप शामिल हो गई। उसे महसूस हुआ कि वे सारे लोग उसके चारों ओर खड़े हो गए हैं और उन्होंने एक हाथ ने उसके बॉडी बैग को पकड़ा तथा उसकी जिप खोलने लगे।

"कौन हो तुम? प्लीज मुझे मत मारो!" हमलावरों से विनती करने की कोशिश करते समय उसकी आवाज लगभग चीख की तरह लग रही थी। उसके मन में चल रहा था कि वह आखिर इस बॉडी बैग में कैसे बंद हुई? आखिरी बात उसे जो याद थी, वह यह कि वह जयपुर में एक ई-कॉमर्स कंपनी में नौकरी के लिए इंटरव्यू दे रही थी। दिल्ली से वह खासतौर पर उस इंटरव्यू के लिए ही फ्लाइट से जयपुर आई थी।

धीरे-धीरे वह बाहर निकल रही थी, लेकिन उसका दिमाग तेजी से चल रहा था। क्या उसे बेहोश हुए बहुत ज्यादा समय बीत चुका है?

वह कितने दिनों से इस बॉडी बैग में बंद थी?

"रिलेक्स! फड़फड़ाओ मत और कुछ देर ऐसे ही रहो। हम लोग तुम्हें बैग से निकलने में मदद करेंगे।" आरामदायक और मजबूत मर्दाना आवाज ने उसे शांत करने की कोशिश की।

हालाँकि, उसकी आवाज शांत और दोस्ताना लग रही थी, लेकिन अब उसे किसी पर भरोसा नहीं रह गया था।

"जॉन, जिप खोलने में मेरी जरा मदद करना!" यह भी वही आरामदायक आवाज थी।

आखिरकार, अब कम-से-कम उसे एक नाम तो मिला, जिसे वह दिमाग में रख सकती थी। इसके साथ ही उसका डरा हुआ मन समझने की कोशिश कर रहा था कि आखिर उसके आसपास और उसके साथ हो क्या रहा था!

आखिरकार, थोड़ी जद्दोजहद के बाद बॉडी बैग की जिप धीरे से खुली तो उसकी आँखों में आसपास की सफेद रोशनी भर गई। उसकी पुतलियाँ चकाचौंध करनेवाली रोशनी के कारण सिकुड़ने लगी थीं। यह बिल्कुल सुबह की रोशनी जैसा लग रहा था कि तभी उसने देखा कि उन एकदम सफेद दीवारों में कहीं भी कोई खिड़की नहीं थी, छत भी सफेद थी और सफेद टाइल्स का फर्श था। वह एक बड़े कमरे या कहें, फुटबॉल के मैदान के आकार का एक बड़ा सा भंडार गृह था, जो दोनों ओर सैकड़ों फीट तक फैला हुआ था।

जब उसकी आँखें चमक की अभ्यस्त हुईं, तब वह अपने आसपास मौजूद लोगों के चेहरों पर नजर डाल पाई। आसपास देखने पर उसे पाँच चेहरे दिखे। वह लगभग उतने ही लोगों को समझ रही थी; लेकिन वह तब एकदम चकित रह गई, जब उसकी नजर एक महिला के चेहरे पर पड़ी। एक तरह से वह अपने मन को सबसे बुरी स्थिति के लिए तैयार कर रही थी; लेकिन उन हमलावरों में एक महिला को पाकर उसे कुछ उम्मीद की किरण दिखाई दी। वह यथार्थवादी थी और अपनी मौजूदा स्थिति को वह समझ चुकी थी, जिसके अनुसार कोई उम्मीद उसे नजर नहीं आती दिखी, फिर चाहे वह महिला हमलावर उसमें शामिल थी या नहीं।

जब उसकी आँखें चमक की अभ्यस्त हुईं, तब वह अपने आसपास मौजूद लोगों के चेहरों पर नजर डाल पाई। आसपास देखने पर उसे पाँच चेहरे दिखे। वह लगभग उतने ही लोगों को समझ रही थी; लेकिन वह तब एकदम चकित रह गई, जब उसकी नजर एक महिला के चेहरे पर पड़ी। एक तरह से वह अपने मन को सबसे बुरी स्थिति के लिए तैयार कर रही थी; लेकिन उन हमलावरों में एक महिला को पाकर उसे कुछ उम्मीद की किरण दिखाई दी।

जब उसके पैर बॉडी बैग से बाहर निकले तो उसने उठने की कोशिश की, लेकिन उसके पैर एक इंच भी नहीं हिल सके। उसे लगा, जैसे उसके पैरों को लकवा मार गया हो।

"अभी तुम उठने लायक नहीं हुई हो। ड्रग्स का असर पूरी तरह से खत्म हो जाएगा, तब तुम अपने हाथ-पैर चला सकोगी।" वही आरामदायक आवाज उसे सुनाई पड़ी। उसने देखा, वह करीब 30 साल की उम्र का लंबा और एथलीट की तरह सौष्ठव का हलके बालोंवाला आदमी था। वह किडनैपर या बुरा आदमी तो नहीं लग रहा था, बल्कि उसका चेहरा काफी दोस्ताना व खुला था और बिना एक शब्द बोले भी उसकी आँखों में दया और सहजता झलकती थी।

"मैं रणवीर हूँ। भगवान् का शुक्रिया कि आखिर तुम होश में आ गईं। हम सब तुम्हारे लिए चिंतित हो रहे थे।" उसने अपना हाथ बढ़ाया।

नहीं, हम तुम्हारे ऊपर नहीं हँस रहे हैं, बल्कि हालात की विडंबना पर हँस रहे हैं। बात यह है कि हम लोग भी ठीक उसी तरह से यहाँ लाए गए थे, जिस तरह से तुम यहाँ लाई गई हो। हमें अहसास है कि तुम अभी होश में आ रही हो, और नए माहौल में ढलने में तुम्हें अभी कुछ वक्त लगेगा। अब हम लोगों को इजाजत दो कि हम तुम्हें दीवार का सहारा देकर उठा दें, ताकि तुम कुछ खा सको और तुम्हारे अंदर कुछ ताकत आ सके।

"तुमने मुझे किडनैप किया, ड्रग्स दी, यहाँ ले आए और तुम उम्मीद करते हो कि मैं तुम्हारी दोस्त बन जाऊँ!" अपने होश सँभालते हुए उसने अपना गुस्सा जाहिर करने की कोशिश की।

"क्या!" रणवीर और अन्य लोग आश्चर्यचकित लग रहे थे, "तुम यह समझ रही हो कि हम लोगों ने तुम्हें किडनैप किया है?"

"हाँ!"

"हा-हा!" रणवीर कुछ शिष्ट तरीके से हँस दिया, जबकि बाकी भी मुसकराने लगे, "नहीं, हम तुम्हारे ऊपर नहीं हँस रहे हैं, बल्कि हालात की विडंबना पर हँस रहे हैं। बात यह है कि हम लोग भी ठीक उसी तरह से यहाँ लाए गए थे, जिस तरह से तुम यहाँ लाई गई हो। हमें अहसास है कि तुम अभी होश में आ रही हो, और नए माहौल में ढलने में तुम्हें अभी कुछ वक्त लगेगा। अब हम लोगों को इजाजत दो कि हम तुम्हें दीवार का सहारा देकर उठा दें, ताकि तुम कुछ खा सको और तुम्हारे अंदर कुछ ताकत आ सके।"

उसका दिमाग लगातार भाग रहा था और इस नई जानकारी को समझने की कोशिश कर रहा था। होश में आने के बाद पहली बार वह कुछ कम डरी, लेकिन ज्यादा भ्रमित लग रही थी।

उसके कुछ कहने से पहले ही रणवीर और उस महिला ने एक-एक तरफ से उसके दोनों हाथ पकड़े और उसके कमजोर शरीर को उठाया तथा दीवार के सहारे टिका

दिया। अब वह ध्यान से और सामान्य तरीके से देख सकती थी। उसने महसूस किया कि वह जितना पहले सोच रही थी, वह कमरा उससे काफी बड़ा है और उसकी छत भी सामान्य से ऊँची है। उसे ऐसा महसूस हुआ, जैसे वह बेहद चिकनी सफेद दीवारों, सफेद फर्श और सफेद छतवाले किसी आयताकार चर्च में हो, जिसमें किसी भी तरफ सहारे के लिए एक भी खंभा नहीं था, जो समूचे कमरे पर एक साथ नजर डालने में किसी तरह की बाधा खड़ी कर सकता हो। हालाँकि, कमरा रोशनी से उसी तरह से भरा था, जैसी कि दिन की रोशनी होती है; लेकिन लाइट तो कहीं एक भी नहीं दिख रही थी, नजरों से छिपी हुई थी और प्राकृतिक धूप का आभास करा रही थी। सफेद दीवारों की एकरसता को तोड़ सकनेवाली एक भी खिड़की नहीं थी, जिससे उसके दिमाग ने नतीजा निकाला कि उसके चारों तरफ यह आर्टिफिशियल लाइट ही होनी चाहिए। अत: ऐसे में उसे पता नहीं चल पा रहा था कि उस समय रात थी या दिन था।

उसकी आँखें समूचे स्थान को देख रही थीं। उसे वह गाढ़े नीले रंग का बॉडी बैग भी दिया, जिसमें से वह बाहर निकली थी। फर्श पर पड़े उसे बॉडी बैग के ठीक दाईं ओर उसे ऐसे ही पाँच और बॉडी बैग पड़े दिखे। 'शायद ये लोग सच बोल रहे हैं।' वह सोचने लगी थी। तब तक उसने अपने शरीर की कुछ शक्ति भी जुटा ली थी और वह अब कमरे में मौजूद रणवीर एवं अन्य लोगों से आँखों में आँखें डालकर बात कर सकती थी।

उसकी आँखें समूचे स्थान को देख रही थीं। उसे वह गाढ़े नीले रंग का बॉडी बैग भी दिया, जिसमें से वह बाहर निकली थी। फर्श पर पड़े उसे बॉडी बैग के ठीक दाईं ओर उसे ऐसे ही पाँच और बॉडी बैग पड़े दिखे। 'शायद ये लोग सच बोल रहे हैं।' वह सोचने लगी थी। तब तक उसने अपने शरीर की कुछ शक्ति भी जुटा ली थी और वह अब कमरे में मौजूद रणवीर एवं अन्य लोगों से आँखों में आँखें डालकर बात कर सकती थी।

"मैं प्रिया हूँ!" आखिरकार, वह धीरे से बोली और उसने अपना हाथ रणवीर की ओर बढ़ा दिया। उन लोगों पर संदेह करने के कारण वह लज्जित महसूस कर रही थी। रणवीर उसकी तरफ देखकर गर्मजोशी से मुसकराया। वह यह देखकर हैरान थी कि इस तरह की स्थिति में भी वह एकदम शांतचित्त बना हुआ था और अपने आसपास के लोगों को भी सहज बना रहा था।

"उन लोगों ने तुम्हें शायद कुछ ज्यादा ड्रग्स दे दी होगी, तभी तुम पर उसका असर हम लोगों पर हुए असर से लगभग सात या आठ घंटे ज्यादा रहा।" रणवीर ने कहा तो बाकी लोग उसकी तरफ देखने लगे।

"तुम लोग यहाँ कब से हो?" प्रिया ने स्थिति को समझने की कोशिश करते हुए

पूछा, जबकि उसकी सर्वाधिक ताजा स्मृतियाँ धीरे-धीरे उसके दिमाग में पीछे की ओर जा रही थीं।

"पक्का तो नहीं बता सकते। इस कमरे में कोई घड़ी नहीं है, लेकिन हमें नहीं लगता कि हम लोग यहाँ चौबीस घंटे से ज्यादा समय से होंगे।" उस कमरे में मौजूद एकमात्र अन्य महिला अपने स्वर को शांत करने की कोशिश करते हुए बोली।

"मैं नागश्री हूँ।" उसने प्रिया से हाथ मिलाया।

उस समय कमरे में मौजूद बाकी तीन लोगों ने प्रिया को अपना परिचय दिया। वे थे जॉन, संजीव और अहमद। यह स्पष्ट था कि उनमें से किसी को पता नहीं था कि आगे क्या होने वाला है तथा उन्हें क्या और कैसे करना चाहिए!

"हमने इन चारों दीवारों का एक-एक इंच छान मारा है, लेकिन हमें बाहर निकलने का एक भी रास्ता नहीं मिला है।" जॉन ने बताया, "यहाँ पर बाहर निकलने का कोई रास्ता भले ही न हो, लेकिन खाने-पीने का सामान पर्याप्त मात्रा में रखा हुआ है, जिसके सहारे हम साल नहीं तो कई महीने तो आसानी से गुजार सकते हैं। हमें जो भी यहाँ लाया है, उसने सारी योजना बहुत दिमाग से बनाई है। चलो, मैं तुम्हें पहले कुछ पानी देता हूँ।"

"क्या तुम लोगों ने इस जगह से निकलने की कोशिश की?" प्रिया फटी-फटी सी आवाज में बोली। वह अपने सूखे व फटे होंठों को महसूस करने में जुटी थी। "मेरा गला सूख रहा है। क्या पीने के लिए कुछ है?" होश में आते ही उसे अचानक प्यास महसूस होने लगी थी।

"हमने इन चारों दीवारों का एक-एक इंच छान मारा है, लेकिन हमें बाहर निकलने का एक भी रास्ता नहीं मिला है।" जॉन ने बताया, "यहाँ पर बाहर निकलने का कोई रास्ता भले ही न हो, लेकिन खाने-पीने का सामान पर्याप्त मात्रा में रखा हुआ है, जिसके सहारे हम साल नहीं तो कई महीने तो आसानी से गुजार सकते हैं। हमें जो भी यहाँ लाया है, उसने सारी योजना बहुत दिमाग से बनाई है। चलो, मैं तुम्हें पहले कुछ पानी देता हूँ।" यह कहते हुए वह कमरे की दूसरी तरफ चला गया।

वह दूसरी तरफ की दीवार के पास गया, जहाँ से एक तरफ उसे एक अँधेरा कमरा दिखाई दिया। जब जॉन उस कमरे में गया तो वहाँ से रोशनी अपने आप आने लगी। चर्च के आकार का कमरा होने के बावजूद प्रिया वहाँ खाने-पीने का सामान और बाकी सामान रखा देख पा रही थी।

"लो, तुम पानी पियो! मैंने इसमें कुछ बर्फ भी मिला दी है। उस कमरे में एक फ्रिज भी रखा है।" जॉन ने यह कहते हुए पानी का गिलास प्रिया की ओर बढ़ा दिया।

"उस कमरे के साथ में दो अन्य कमरे भी हैं—एक में छह बिस्तर हैं और दूसरे में दो बाथरूम हैं। खाने-पीने के सामान की मात्रा, बिस्तर और बाथरूम समेत इस सारे इंतजाम को देखते हुए ऐसा लगता है कि हमें यहाँ लानेवाले का इरादा हमें यहाँ से जल्दी जाने देने का नहीं है।" जॉन ने आगे बताया।

"बात यह है कि क्या वे हमें यहाँ से जाने देना चाहते भी हैं या नहीं?" संजीव अपनी आवाज में छिपी चिंता को न दिखाने की कोशिश करता हुआ आश्चर्य जताता हुआ बोला।

"उस कमरे में दीवार पर वह बड़ी और काली सी चीज क्या है?" प्रिया ने जॉन से पूछा।

"वह एक बहुत बड़ा टी.वी. है, लेकिन हम उसे चला नहीं पाए हैं। लगता नहीं कि वह काम करता है। हालाँकि, मुझे संदेह है कि जिस तरीके से हर चीज यहाँ पर किसी-न-किसी कारण से है, वैसे ही यह भी किसी कारण से ही है। हमें बस, यह देखना है कि यह चलेगा कैसे?" जॉन ने उत्तर दिया। वह उस जगह के पीछे लगाए गए दिमाग की प्रशंसा छिपाने की कोशिश कर रहा था।

"वह एक बहुत बड़ा टी.वी. है, लेकिन हम उसे चला नहीं पाए हैं। लगता नहीं कि वह काम करता है। हालाँकि, मुझे संदेह है कि जिस तरीके से हर चीज यहाँ पर किसी-न-किसी कारण से है, वैसे ही यह भी किसी कारण से ही है। हमें बस, यह देखना है कि यह चलेगा कैसे?" जॉन ने उत्तर दिया। वह उस जगह के पीछे लगाए गए दिमाग की प्रशंसा छिपाने की कोशिश कर रहा था।

"मुझे उठने में मदद करो!" प्रिया ने जॉन का हाथ पकड़ा और दोनों टी.वी. की ओर चल पड़े तो अन्य लोग भी उनके पीछे-पीछे चल दिए। जैसे ही उनमें से आखिरी व्यक्ति टी.वी. के निकट पहुँचा तो हलकी सी क्लिक की आवाज के साथ टी.वी. का काला स्क्रीन चमक उठा। तभी फर्श में एक दरवाजा खिसका, जिससे भविष्य की एक आरामकुरसी दिखाई दी।

वह सफेद कुरसी देखने में किसी डेंटिस्ट की चेयर का हाईटेक वर्जन लग रही थी, जिसमें बहुत आरामदेह सिरहाना था, जबकि हाथ व पैर रखने के लिए जगह इस तरह से डिजाइन की गई थी कि व्यक्ति अपनी जगह बना रहे और सेंसर डायल ऐसी मशीन की तरह लग रहे थे, जो हृदय गति, ब्लड प्रेशर, टेंपरेचर और दिमाग की गतिविधि नापने के लिए हों।

"हम्म! मैंने फोरेंसिक साइंस और क्रिमिनोलॉजी की कुछ पढ़ाई की है। इस कुरसी में लगे तमाम सेंसरों के आधार पर मैं कह सकती हूँ कि यह कुरसी झूठ का पता

लगानेवाली साधारण पुरानी पोलीग्राफ मशीन का भविष्य का रूप लगती है।" नागश्री ने कुछ तेज स्वर में कहा।

वे लोग जिस हालत में फँसे थे, उसमें एक-दूसरे की बात का पूरी तरह से भरोसा करने के अलावा उनके पास कोई और चारा नहीं था। उनमें से कोई भी छिपे रूप में असली किडनैपर भी हो सकता था।

"अहमद, तुम ठीक तो हो न?" रणवीर ने अहमद को सँभाला, जो एकदम गिरने ही वाला था।

"मुझे इंसुलिन का इंजेक्शन लेना है।" अहमद मुश्किल से इतना ही बोल पाया। रणवीर ने उसे आराम से पकड़ा और धीरे से फर्श पर लिटा दिया। बाकी सब लोगों का भी ध्यान अहमद की तरफ चला गया।

"मैं कहाँ हूँ?" मैं धीरे से अपनी आँखें खोलते हुए केवल इतना ही बोल पाया। मैंने खुद को अस्पताल के बिस्तर जैसी जगह पर पाया, जहाँ बहुत सारे पाइप व सुइयाँ मेरे हाथ-पैरों में लगी थीं और हृदय की निगरानी करनेवाले इलेक्ट्रॉड मेरे सीने पर चिपके थे।

मैं दीदी को देखकर खुश तो हुआ था, लेकिन साथ ही यह जानकर चकित भी था कि वह भारत से बोस्टन आई थीं। हालाँकि, मुझे याद नहीं आ रहा था कि मैं अस्पताल कैसे पहुँचा, लेकिन मुझे अपने गले में एक गाँठ-सी महसूस हुई। साथ ही काफी उदासी भी मेरे ऊपर छा गई थी, क्योंकि मैं जान गया था कि कुछ-न-कुछ बुरा हुआ है, जिस वजह से मुझे अस्पताल लाया गया।

"चैतू, मैं बहुत खुश हूँ कि तुम आखिरकार जाग गए। हम लोगों को तुम्हारी बहुत चिंता हो रही थी।" दीदी ने पास आकर मुझे गले से लगा लिया।

"तुम यहाँ कैसे आईं? कब आईं तुम यहाँ?" मैं दीदी को देखकर खुश तो हुआ था, लेकिन साथ ही यह जानकर चकित भी था कि वह भारत से बोस्टन आई थीं। हालाँकि, मुझे याद नहीं आ रहा था कि मैं अस्पताल कैसे पहुँचा, लेकिन मुझे अपने गले में एक गाँठ-सी महसूस हुई। साथ ही काफी उदासी भी मेरे ऊपर छा गई थी, क्योंकि मैं जान गया था कि कुछ-न-कुछ बुरा हुआ है, जिस वजह से मुझे अस्पताल लाया गया।

"एक सप्ताह पहले जब ये लोग तुम्हें अस्पताल लाए, तभी कृष्ण ने मुझे फोन किया था।" दीदी मेरे बगल में बैठ गईं और मेरे माथे पर हाथ फिराने लगीं तथा मेरे चेहरे

पर आए बालों को पीछे करके सँवारने लगी थीं।

"क्या मैं एक सप्ताह से अस्पताल में हूँ ?" मैं आश्चर्य में पड़ गया था। ऐसा मेरे साथ पहली बार हुआ था, जब मुझे समय का ही बोध न रहा हो।

"तुम्हें नर्वस ब्रेकडाउन हुआ था और तुम कोमा में चले गए थे। तुम्हारा इलाज करनेवाले न्यूरोलॉजिस्ट ने यही पाया। तुम्हारा ब्रेन खुद को बंद होने से बचाने की कोशिश कर रहा था।" दीदी ने मुझे अस्पताल लाए जाने की सारी बात बताई।

"जारा कहाँ है ?" मैंने उसे तलाशते हुए कमरे में यहाँ-वहाँ देखते हुए पूछा।

"तुम्हें याद नहीं है, नहीं है न ?" दीदी ने गहरी चिंता में मेरी ओर देखते हुए पूछा।

तभी भारी दु:ख एवं उदासी ने मुझे घेर लिया और सारी यादें वापस आने लगीं। जारा का अलेप्पो जाना, ओल्ड सिटी में ऐतिहासिक होटल में ठहरना, दंगे भड़कना, उसका व नरीन का दंगों में फँस जाना और उनका पता लगाने तथा सुरक्षित अमेरिका लाने के लिए मेरा जॉन रैडक्लिफ से मदद माँगना।

"मुझे जॉन से बात करनी है। अब तक उन्होंने जारा और नरीन का पता लगा लिया होगा।" मैंने बिस्तर से उठने और जॉन को कॉल करने के लिए फोन उठाने की कोशिश की।

"जॉन से तो तुम पहले ही बात कर चुके हो, चैतू।" दीदी ने मुझे समझाने की और बिस्तर पर लेटे रहने के लिए पकड़ने की कोशिश की।

"जॉन से तो तुम पहले ही बात कर चुके हो, चैतू।" दीदी ने मुझे समझाने की और बिस्तर पर लेटे रहने के लिए पकड़ने की कोशिश की।

"मैंने बात की!" मैं हैरान था, क्योंकि मुझे ऐसा कुछ याद नहीं था। लेकिन तभी मेरे गले की गाँठ कुछ बड़ी सी महसूस हुई, क्योंकि मुझे लगा कि जॉन से मिलनेवाली खबर अच्छी नहीं थी।

"मैंने बात की!" मैं हैरान था, क्योंकि मुझे ऐसा कुछ याद नहीं था। लेकिन तभी मेरे गले की गाँठ कुछ बड़ी सी महसूस हुई, क्योंकि मुझे लगा कि जॉन से मिलनेवाली खबर अच्छी नहीं थी।

"हाँ। सीरिया में जॉन के एजेंट ने जारा व नरीन का पता लगा लिया था और जॉन उनको वापस अमेरिका लाने के लिए फ्लाइट से खुद जाने वाला था। इसी बीच वहाँ दंगे फिर तेज हो गए। जिस इमारत में जारा छिपी हुई थी, वहाँ भारी बम विस्फोट हुआ और पूरी इमारत ढह गई।" दीदी ने बेकाबू होकर रोना शुरू कर दिया था। "उस विस्फोट में कोई नहीं बचा।" आँसुओं के बीच वह सुबकते हुए बोलती जा रही थीं।

मेरे दिमाग ने काम करना बंद कर दिया था। मुझे कुछ भी समझ नहीं आ रहा था और मेरे जीने की इच्छा ही खत्म हो गई थी। उठने या कहीं जाने या कुछ करने का मेरे

पास कोई कारण नहीं रह गया था। मुझे समझ नहीं आ रहा था कि मैं अपना क्या करूँ? जारा की तसवीर मेरे दिमाग में तैरती रहती थी—ग्रोसरी स्टोर में हुई पहली मुलाकात से लेकर आखिरी स्काइप कॉल तक, जब उसने बहुत उत्साहित होकर हमारे बच्चे की पहली किक के बारे में मुझे बताया था।

मेरी आँखों से आँसू बहने लगे थे। दीदी ने मुझे जोर से गले लगा लिया था। कोई कुछ नहीं बोल रहा था। मेरे बगल में बैठी दीदी धीरे-धीरे सुबक रही थीं और मैं नींद तथा बेहोशी में आ-जा रहा था।

एक पल में कैसे क्या हो जाता है! यह कुछ इस तरह से था, जैसे कि मेरे नीचे की जमीन एकाएक गायब हो गई हो!

> ***अस्पताल के कमरे के दरवाजे पर दस्तक हुई, क्योंकि सुबह के राउंड में न्यूरोलॉजिस्ट मेरे कमरे में आ गया था। जिस पल उसने मुझे जागे देखा, वह मुसकराने लगा और खुश होकर बोला, "तुम्हें वापस पाकर अच्छा लगा!" "कैसा लग रहा है?" पिछली रात की नर्स की रिपोर्ट देखते हुए उसने पूछा और मेरे शरीर के अंगों की जानकारी लेने लगा।***

खट! खट!

अस्पताल के कमरे के दरवाजे पर दस्तक हुई, क्योंकि सुबह के राउंड में न्यूरोलॉजिस्ट मेरे कमरे में आ गया था। जिस पल उसने मुझे जागे देखा, वह मुसकराने लगा और खुश होकर बोला, "तुम्हें वापस पाकर अच्छा लगा!"

"कैसा लग रहा है?" पिछली रात की नर्स की रिपोर्ट देखते हुए उसने पूछा और मेरे शरीर के अंगों की जानकारी लेने लगा।

"तुम्हारे सभी अंग ठीक लगते हैं। तुम्हारे ब्रेन की एम.आर.आई. स्केन में कुछ था, जिसके लिए मुझे गहराई से देखना पड़ेगा, ताकि मैं एकदम निश्चिंत हो जाऊँ कि तुम्हारा स्वास्थ्य एकदम ठीक है। हम एक और दिन तुम्हें अस्पताल में निगरानी में रखेंगे और कल इसी वक्त तक तुम घर जाने के लिए तैयार हो जाओ।" वह बोलता गया। कमरे से बाहर जाने से पहले उसने नरम स्वर में कहा, "जो नुकसान तुम्हें हुआ है, उसके लिए मुझे बहुत दुःख है।"

अगले दिन अस्पताल से मेरी छुट्टी हो गई। कृष्ण दीदी व मुझे वापस घर ले जाने के लिए आया।

"मुझे नहीं लगता कि मैं और जी पाऊँगा।" मैं अपने आप से कह रहा था।

"तुम्हें जीने की राह तलाशनी होगी। एक तुम्हीं नहीं हो, जो इस तरह के दुःख को झेल रहे हो।" दीदी हमेशा मेरी ताकत और सहजता का स्तंभ रहती थीं; हालाँकि, इस बात से मुझे खीझ पैदा हो रही थी कि वे मेरी इस बात से सहमत नहीं हैं कि मुझे यह सब

तुरंत ही खत्म कर देना चाहिए। न तो वे और न ही कोई और यह समझ रहा था कि उस समय मैं किस हालत से गुजर रहा था!

"दर्द इतना ज्यादा है कि मैं चाहता हूँ कि मैं बेहोश ही हो जाऊँ और किसी चीज का अहसास मुझे न हो।" मैं अपने आप से हमेशा के लिए दूर हो जाना चाहता था।

"जब मम्मी की मौत हुई तो पापा बहुत तकलीफ से गुजरे थे। तब भी उन्होंने आगे बढ़ना जारी रखा और हार नहीं मानी।" दीदी मुझे उस रास्ते पर जाने ही नहीं देना चाहती थीं।

"जीने के लिए मेरे पास कोई तो कारण होना चाहिए, जिसके लिए मैं हर सुबह बिस्तर से उठ सकूँ; और इस समय मेरे पास कोई कारण नहीं है।" उस समय मुझे विश्वास नहीं था कि उस मामले में दीदी या कोई और कुछ ऐसा कह सकता था, जिससे मेरा मन बदल जाता।

"जीने का कारण खुद तुम्हारे पास आ जाएगा। कुछ समय तो दो! पापा नहीं चाहते थे कि जब जिंदगी में कठिनाई आए तो तुम हार मान लो।" दीदी इस बारे में एकदम निश्चिंत थीं और मेरा दिल जानता था कि वह सही हैं। मैं जानता था कि जारा की याद में, दीदी के लिए और जिंदगी के इस उपहार के लिए मुझे जीने का तरीका खोजना होगा।

"जीने के लिए मेरे पास कोई तो कारण होना चाहिए, जिसके लिए मैं हर सुबह बिस्तर से उठ सकूँ; और इस समय मेरे पास कोई कारण नहीं है।" उस समय मुझे विश्वास नहीं था कि उस मामले में दीदी या कोई और कुछ ऐसा कह सकता था, जिससे मेरा मन बदल जाता।

"जॉन और प्रिया, क्या तुम खाने के कमरे में और फ्रिज में इंसुलिन के इंजेक्शन देखोगे?" रणवीर ने बहुत जल्दबाजी में कहा और अहमद का सिर तकिए पर रखने की कोशिश करने लगा।

"संजीव, तुम बेडरूम में देखो।" वह बोलता जा रहा था।

"नागश्री, तुम तो डॉक्टर हो। तुम अहमद के पास रुको और मैं बाथरूम एवं दवाओं की अलमारी देखता हूँ, शायद उनमें कहीं कुछ मिल जाए।" रणवीर कभी भी अपना आपा नहीं खोता था। ऐसा लग रहा था कि जैसे बिना डरे या ओवर रिएक्ट करे, अव्यवस्था दूर करना उसे आता था।

नागश्री अहमद के पास आई, जिसका चेहरा अब काफी पीला पड़ता जा रहा था और उसके बदन में कँपकँपाहट होने लगी थी। नागश्री ने उसकी नब्ज देखी और उसकी

आँखों की जाँच की। "यह सदमे में जा रहा है। हमें तुरंत ही इंसुलिन की जरूरत है!"

"मिल गई!" प्रिया एकदम से उत्साह में आकर चिल्ला पड़ी, क्योंकि उसे फ्रिज में एक इंसुलिन मिल गई थी। वह नागश्री के पास भागी चली आई।

नागश्री ने प्रिया से इंजेक्शन लिया और उसकी दाईं जाँघ में लगा दिया। कुछ ही मिनटों बाद अहमद का रंग सामान्य हो गया और उसकी कँपकँपी भी बंद हो गई।

"तुम्हें कब-कब इसकी जरूरत पड़ती है?" अहमद के सामान्य होते ही और खुद को सँभालते ही प्रिया ने उससे पूछा।

"हर दिन एक बार।" उसने जवाब दिया।

"तुम्हें कब-कब इसकी जरूरत पड़ती है?" अहमद के सामान्य होते ही और खुद को सँभालते ही प्रिया ने उससे पूछा।
"हर दिन एक बार।" उसने जवाब दिया।
"फ्रिज में इसे मिलाकर कुल पाँच इंजेक्शन थे।" प्रिया ने कहा, "यह मानते हुए कि उन्होंने सबकुछ ढंग से सोच-विचार किया होगा। इसलिए हमें यहाँ लानेवाले का इरादा अगर ज्यादा नहीं तो कम-से-कम पाँच दिन हमें यहाँ रखने का तो होगा ही।"

"फ्रिज में इसे मिलाकर कुल पाँच इंजेक्शन थे।" प्रिया ने कहा, "यह मानते हुए कि उन्होंने सबकुछ ढंग से सोच-विचार किया होगा। इसलिए हमें यहाँ लानेवाले का इरादा अगर ज्यादा नहीं तो कम-से-कम पाँच दिन हमें यहाँ रखने का तो होगा ही।"

अहमद की मेडिकल इमरजेंसी दूर करने की आपा-धापी और उत्साह की जगह अचानक ही इस अहसास ने ले ली कि वे सब काफी लंबे समय तक बंधक रहने वाले हैं और हो सकता है, यहाँ से जीवित वापस निकल ही न पाएँ।

"ठीक है, जितना हम सोच रहे हैं, यह उतना बुरा भी नहीं है। हम सब मिलकर यहाँ से बाहर निकलने का रास्ता निकाल लेंगे। मुझे यकीन है।" रणवीर ने ही सबसे पहले चुप्पी तोड़ी और वह जानता था कि कैसे लोगों को प्रेरित करना है और जिंदगी में सकारात्मक बातों की ओर उनका ध्यान लगाना है।

"प्रिया, क्या तुमने किडनैपर्स को देखा था? तुम पर उन्होंने कहाँ हमला किया था?" रणवीर ने पूछा।

"बहुत मुश्किल है बताना। मैंने उन्हें नहीं देखा और न ही मुझे याद है कि उन्होंने मुझ पर कब हमला किया था!" उसने जवाब दिया।

"जब तुम इस बॉडी बैग में जागीं, उसके पहले तुम्हें आखिरी बात यही याद है कि तुम जयपुर में इंटरव्यू दे रही थीं?" जॉन ने प्रिया से पूछा।

"हाँ। तुम्हें कैसे पता ?" वह उसकी बात सुनकर हैरान रह गई थी।

"हम सबके साथ भी यही हुआ है। अलग-अलग तारीखों और समय पर हम सबको नौकरी के लिए उसी इंटरनेट कंपनी द्वारा राजपूताना होटल, जयपुर में बुलाया गया था और हमें 'बबलू' नाम के एक आकर्षक व्यक्ति ने एक्जीक्यूटिव सुइट में बैठाया था। जब हम लोग इंटरव्यू का इंतजार कर रहे थे, तभी बबलू ने हम लोगों को कुछ ठंडा पीने को दिया था और उसके बाद यहाँ इस कमरे में जागने तक की हमारी वही आखिरी याद है।" पाँचों लोगों के बोलने से पहले ही जॉन ने सबके अनुभव संक्षेप में प्रिया को सुना दिए।

"मेरा अनुभव भी बिल्कुल यही है। मुझे याद है कि जब मैं इंटरव्यू शुरू होने का बेसब्री से इंतजार कर रही थी, तभी बबलू ने मुझे तरबूज का ठंडा रस दिया था।" प्रिया ने बात समाप्त की।

"मुझे लगता है कि इस पुख्ता सबूत के आधार पर हम सब आराम से यह नतीजा निकाल सकते हैं कि हमें या तो बबलू ने किडनैप किया है या नौकरी के इंटरव्यू के लिए बुलानेवाली उस इंटरनेट कंपनी के लोगों ने।" संजीव ने निष्कर्ष निकाला।

"क्या किडनैपर्स ने हमें ऐसे ही मनमाने तरीके से निशाना बना लिया या फिर, जैसा कि यहाँ सबकुछ व्यवस्थित है, उसी तरह से उन्होंने हमें खासतौर पर पहचानकर निशाना बनाया और यह सब उनकी किसी बड़ी योजना का हिस्सा है ?" काफी देर से चुपचाप सुन रहे अहमद ने किडनैपिंग के पीछे की कहानी का अनुमान जताया।

"मेरा अनुभव भी बिल्कुल यही है। मुझे याद है कि जब मैं इंटरव्यू शुरू होने का बेसब्री से इंतजार कर रही थी, तभी बबलू ने मुझे तरबूज का ठंडा रस दिया था।" प्रिया ने बात समाप्त की।

"मुझे लगता है कि इस पुख्ता सबूत के आधार पर हम सब आराम से यह नतीजा निकाल सकते हैं कि हमें या तो बबलू ने किडनैप किया है या नौकरी के इंटरव्यू के लिए बुलानेवाली उस इंटरनेट कंपनी के लोगों ने।" संजीव ने निष्कर्ष निकाला।

"उस सवाल का जवाब देने के लिए हमें पहले यह समझना होगा कि क्या हम लोगों में कोई और समान बात है ?" रणवीर ने काफी सोच-विचारकर संतुलित अंदाज में अपनी बात रखी, "हो सकता है, हम लोग अपने-अपने बैकग्राउंड के बारे में बताएँ, ताकि पता लगे कि हम लोगों के बीच और क्या कनेक्शन है !" उसने बोलना जारी रखा।

"पूछताछ करने के लिए यह सही जगह लगती है। तुम्हीं क्यों नहीं शुरू करते हो ?" प्रिया अब पूरी तरह से सँभलकर अपने मूल रूप में आ चुकी थी।

"ठीक है, मैं सबसे पहले शुरू करता हूँ।" रणवीर ने जवाब दिया, "मेरा पूरा नाम रणवीर आयंगार है। मैं चेन्नई में पला-बढ़ा हूँ। आई.आई.टी., खड़गपुर से मैंने इंजीनियरिंग में ग्रेजुएशन की, आर्किटेक्चर में डॉक्टरेट की, जिसमें पर्यावरण के अनुकूल प्रोजेक्ट बनाने पर विशेष जोर था। कॉलेज में मैं अपनी क्रिकेट टीम का कप्तान होता था। मेरा विवाह कोमल आयंगार से हुआ है और हम दोनों लद्दाख में रहते हैं। मेरा कभी किसी से कोई झगड़ा या बड़ा विवाद नहीं रहा है और न ही ऐसा कोई खास दुश्मन है।" रणवीर इतना कहकर रुक गया।

"लद्दाख में पानी ले जानेवाले ट्रकों का कारोबार करनेवाले व्यवसायी हो सकते हैं। हो सकता है, वे मुझे मेरे काम से रोकना चाहते हों, जो मैं आर्टिफिशियल ग्लेशियर वाले इलाके में जल-स्तर सुधारने के लिए कर रहा हूँ; क्योंकि इससे उनके ट्रकों से पानी पहुँचाने के मुनाफेदार कारोबार पर बुरा असर पड़ सकता है। किडनैपर्स की मुझमें दिलचस्पी लेने का एक और संभावित कारण मेरे पिता सुब्रमण्यम आयंगार हो सकते हैं, जो कि राजनेता हैं और सांसद हैं।" रणवीर कमरे में चारों तरफ देखता हुआ बोला। उसकी निगाहें दूसरों की प्रतिक्रिया जानने की कोशिश कर रही थीं और समझना चाह रही थीं कि उसकी बताई बातों में क्या किसी और के साथ कोई समानता है! इसके बाद वह जॉन की तरफ देखने लगा।

"लद्दाख में पानी ले जानेवाले ट्रकों का कारोबार करनेवाले व्यवसायी हो सकते हैं। हो सकता है, वे मुझे मेरे काम से रोकना चाहते हों, जो मैं आर्टिफिशियल ग्लेशियर वाले इलाके में जल-स्तर सुधारने के लिए कर रहा हूँ; क्योंकि इससे उनके ट्रकों से पानी पहुँचाने के मुनाफेदार कारोबार पर बुरा असर पड़ सकता है। किडनैपर्स की मुझमें दिलचस्पी लेने का एक और संभावित कारण मेरे पिता सुब्रमण्यम आयंगार हो सकते हैं, जो कि राजनेता हैं और सांसद हैं।"

"मेरा पूरा नाम जॉन वर्गीज है। मैं इतिहास का छात्र हूँ और मेरा बैकग्राउंड नगरपालिका के मामलों के प्रबंधन का रहा है, जिसमें कचरा-प्रबंधन एवं नगर नियोजन शामिल है। मैं कोचीन में पला-बढ़ा हूँ और अब भी वहीं रहता हूँ तथा काम करता हूँ। मुझे नहीं लगता कि मेरे काम में या मेरी निजी जिंदगी में ऐसा कुछ है कि कोई मुझसे इस हद तक नफरत करे।" जॉन रणवीर की ओर देखते हुए बोला। "मुझे टेक्नोलॉजी से प्यार है और बहुत सारी जानकारी भी है इस बारे में, इसलिए टी.वी. शोज पर भी आता रहता हूँ। हो सकता है, किसी को मेरी शक्ल या आवाज पसंद न हो।" जॉन कुछ-कुछ मजाक करता हुआ बोला।

"मैं प्रिया पंत हूँ। मैं ज्यादातर दिल्ली में पली-बढ़ी हूँ। सेंट स्टीफेंस कॉलेज

से मैंने ग्रेजुएशन की है। मैं केंद्र सरकार के सिविल सेवा विभाग में काम करती हूँ, जिसमें पब्लिक और इकोनॉमिक पॉलिसी पर फोकस है मेरा काम। मैं महिलाओं एवं समलैंगिकों के अधिकारों समेत व्यापक नागरिक अधिकार आंदोलनों में भी शामिल रही हूँ। इसके नतीजे में मुझे राजनीतिक दलों के साथ-साथ धार्मिक संगठनों से कई बार धमकियाँ भी मिलती रही हैं। हो सकता है, उन्हीं पागलों में से किसी की हरकत हो यह, जो मेरे पीछे पड़ा हो।" प्रिया उन सबकी तरफ देखते हुए बोली। यह स्पष्ट था कि उसके लिए यह सब किसी बड़े आश्चर्य की बात नहीं थी।

"संजीव हेगड़े।" प्रिया की बात खत्म होने पर संजीव ने अपने बारे में बताना शुरू किया।

"मैं एक खोजी पत्रकार हूँ। प्रशंसकों की मेल्स भी मेरे पास आती हैं और मुझसे नफरत करनेवालों की भी। ऐसे में, यह ऐसे ही किसी नफरती की हरकत हो सकती है, जो मुझे इस काम से रोकना चाहता हो। अब तक मैंने जो सुना, उसके आधार पर मुझे लगता है कि रणवीर और प्रिया का भी वैसा ही बैकग्राउंड है, या कम-से-कम राजनीतिक या धार्मिक बदले का शिकार होने की वजह उन दोनों के पास भी है। जॉन, तुम्हारा बैकग्राउंड इस प्रोफाइल में फिट नहीं बैठता। इसलिए, ऐसे में सवाल यही बचता है कि जॉन को भी नुकसान पहुँचाने की इच्छा रखनेवाला कौन हो सकता है?" संजीव का दिमाग इस पहेली को सुलझाने में तेजी से जुटा था।

मैं एक खोजी पत्रकार हूँ। प्रशंसकों की मेल्स भी मेरे पास आती हैं और मुझसे नफरत करनेवालों की भी। ऐसे में, यह ऐसे ही किसी नफरती की हरकत हो सकती है, जो मुझे इस काम से रोकना चाहता हो। अब तक मैंने जो सुना, उसके आधार पर मुझे लगता है कि रणवीर और प्रिया का भी वैसा ही बैकग्राउंड है, या कम-से-कम राजनीतिक या धार्मिक बदले का शिकार होने की वजह उन दोनों के पास भी है।

"क्या तुम्हें अपनी कोई पुरानी घटना याद है, जिसका संबंध किसी राजनीतिक या धार्मिक संगठन से रहा हो?" संजीव ने जॉन की तरफ देखते हुए पूछा।

"हम्म!" जॉन ने अपना माथा खुजलाया, जैसे कि वह पुरानी घटनाओं को याद करने की कोशिश कर रहा हो।

"हमारे घर में जिस एक बड़ी घटना का जिक्र होता था, वह '70 के दशक के पोखरण परमाणु परीक्षण की थी। मेरे पिता सैम वर्गीज उस परीक्षण से संबंधित सामान लाने-ले जाने के काम के प्रोजेक्ट मैनेजर थे।" जॉन ने संजीव की बात का जवाब दिया।

पोखरण और '70 के दशक के परमाणु परीक्षण का जिक्र सुनकर संजीव का चेहरा

दमकने लगा। "हाँ, यह हो सकता है।" संजीव खड़ा हो गया, जैसे कि उसे पहेली का हल मिल गया हो, "मेरी माँ रजनी हेगड़े पहले पोखरण परमाणु परीक्षण का 'टाइम्स ऑफ इंडिया' की तरफ से कवरेज करनेवाली प्रमुख पत्रकार थीं, इसलिए जॉन, वह लिंक तुम्हें और मुझे इस किडनैपिंग से जोड़ता दिखता है।" संजीव का दिमाग तेजी से चल रहा था।

"जब मैं बच्चा था, तब हमारे रात के भोजन के समय उस परमाणु परीक्षण के बारे में बहुत चर्चा हुआ करती थी। मेरे दिमाग में सारे पात्र और विस्फोट के बाद की सारी घटनाएँ स्थायी रूप से जमी हुई हैं। जब कभी मेरी माँ इस बारे में बात करती थीं तो उनमें देशभक्ति के गौरव की बड़ी भावना होती थी। लेकिन उन्हें इस बात का खेद भी था कि वह विस्फोट के बाद होनेवाले संभावित रेडियो एक्टिव विकरण के बारे में आगे रिपोर्ट या कम-से-कम खोजबीन नहीं कर सकीं।" संजीव की नजरें ऊपर कहीं टिक गई थीं, जैसे कि वह बचपन के दिनों को याद कर रहा हो।

जब मैं बच्चा था, तब हमारे रात के भोजन के समय उस परमाणु परीक्षण के बारे में बहुत चर्चा हुआ करती थी। मेरे दिमाग में सारे पात्र और विस्फोट के बाद की सारी घटनाएँ स्थायी रूप से जमी हुई हैं। जब कभी मेरी माँ इस बारे में बात करती थीं तो उनमें देशभक्ति के गौरव की बड़ी भावना होती थी।

"उन्होंने ब्लास्ट के कुछ ही सेकंड बाद उसके वीडियो फुटेज देखे थे, जिसमें उन्होंने नोटिस किया था कि गड्ढे से एक छोटा-सा बादल निकला था। केवल एक और व्यक्ति ने उस बादल को नोटिस किया था, जो पूरे प्रोजेक्ट के चीफ साइंटिस्ट थे, हालाँकि, इसके बारे कोई खबर नहीं दी गई और न ही कोई जाँच हुई। विस्फोट के बाद देश भर में देशभक्ति का जो माहौल बना, उसमें सब दब गया था।" संजीव ने अपने दिमाग में आए और ज्यादा ब्योरे को बताना जारी रखा।

"और हाँ, उस रेडियो एक्टिव क्लाउड को नोटिस करनेवाले उस चीफ साइंटिस्ट का नाम था सुब्रमण्यम आयंगार।" बोलते हुए उसे अहसास हुआ कि यह तो रणवीर के पिता हैं तो वह रुक गया।

"सही बात है, संजीव। मेरे पिता 'स्माइलिंग बुद्धा' परमाणु परीक्षण कार्यक्रम के चीफ साइंटिस्ट थे।" रणवीर ने संजीव के दावे की पुष्टि कर दी, "जब मैं छोटा था, तब तुम्हारी माँ के विपरीत, मेरे पिता इस बारे में ज्यादा बात नहीं करते थे और यहाँ तक कि राजनीति में आने के बाद तो वे उस परीक्षण से और ज्यादा दूरी बनाकर रखने लगे; और हो सकता है, उस रेडियो एक्टिव रिसाव से उनका कुछ संबंध हो।"

"मेरे पिता नरेंद्र पंत 'स्माइलिंग बुद्धा' को लीड करनेवाले चीफ आर्मी ऑफिसर

थे।" प्रिया ने बीच में बोलकर रणवीर, जॉन एवं संजीव से अपना कनेक्शन स्पष्ट कर दिया।

"मेरे पिता श्रीनाथ रेड्डी कैंट एरिया के चीफ थे, जिन्होंने परमाणु परीक्षण के लिए पोखरण टेस्ट साइट के इस्तेमाल की अनुमति दी थी।" नागश्री ने भी पोखरण से अपना कनेक्शन जोड़ दिया।

"मेरे पिता बलबीर बक्शी 'स्माइलिंग बुद्धा' बम को पूरी गोपनीयता के साथ ट्रांबे से पोखरण लाने के प्रभारी थे।" अहमद ने भी बता डाला।

"मेरे पिता श्रीनाथ रेड्डी कैंट एरिया के चीफ थे, जिन्होंने परमाणु परीक्षण के लिए पोखरण टेस्ट साइट के इस्तेमाल की अनुमति दी थी।" नागश्री ने भी पोखरण से अपना कनेक्शन जोड़ दिया। "मेरे पिता बलबीर बक्शी 'स्माइलिंग बुद्धा' बम को पूरी गोपनीयता के साथ ट्रांबे से पोखरण लाने के प्रभारी थे।" अहमद ने भी बता डाला।

"यह स्पष्ट हो सकता है, लेकिन ऐसा लगता है कि हम सब किसी-न-किसी तरह से पोखरण परमाणु परीक्षण से जुड़े हैं।" संजीव का दिमाग बहुत तेजी से इन सारे नए संबंधों के बारे में सोच रहा था, जो अभी-अभी सामने आए थे।

उन लोगों ने किडनैपर्स के मकसदों की चर्चा की। रणवीर खड़ा हो गया और जमीन के नीचे दिख रही सफेद कुरसी की ओर बढ़ गया।

"हो सकता है, उस पॉलीग्राफ चेयर में हमारे यहाँ से निकल भागने की चाभी हो।" वह जैसे अपने आप से ही बोल रहा था।

"हैलो।" आखिरकार, मैंने दीदी को फोन किया।

दीदी से मिले छह माह से ज्यादा समय हो चुका था, जब मैं कोमा से ठीक हो रहा था और वह बोस्टन आई थीं। हर दिन बीतने पर जारा को खोने की तकलीफ और दुःख कम होता जा रहा था। हालाँकि, मैं चाहता था कि वह दर्द उतना ही तेज बना रहे, लेकिन दुःख की बात थी कि ऐसा हो नहीं रहा था। जारा की याद से दूर होना मुझे कतई पसंद नहीं था, जबकि मैं ऐसा न होने देने के लिए भरसक प्रयास कर रहा था।

"हैलो, चैतू! तुम कैसे हो?" दीदी ने चिंता भरी आवाज में जवाब दिया।

"तुम सही कह रही थीं। मेरे पास आगे बढ़ने का कारण आ चुका है।" मैं अस्पताल में दीदी के साथ हुई बातचीत को याद करते हुए बोला।

"ऐसा क्या हुआ?" वह सावधानीपूर्वक उत्सुक थीं और नहीं चाहती थीं कि ऐसा कुछ हो, जिससे मेरी मानसिक स्थिति की स्थिरता फिर गड़बड़ हो जाए।

"जारा को पोखरण में बहुत भारी संभावनाएँ दिखती थीं। वह मानती थी कि इस रेगिस्तानी जमीन को चमकती टाउनशिप के रूप में बनाया जाए, जहाँ पर दुनिया भर के यजीदी शरणार्थियों और अन्य शरणार्थियों का स्वागत हो।" मैंने जवाब दिया। "सही नेतृत्व के साथ, ऐसी बस्ती को ऐसा बनाया जा सकता है, जो शरणार्थियों को स्वीकार करने से भी ज्यादा कुछ हो सकती है। यह नए पोखरण की राह हो सकती है, जो कि इस क्षेत्र के लिए और समूचे देश के लिए बेहतर होगी।" पोखरण के पुनर्निर्माण के विचार ने मेरे अंदर जीने की नई इच्छा पैदा की है और मैं केवल साँस लेने एवं जिंदा बने रहने से आगे जाकर सारे समय प्लानिंग कर रहा था और उस पर काम कर रहा था।"

जमीन के बारे में मैं पहले ही आगे बढ़ चुका हूँ। जैसा कि तुम्हें मालूम है, यह सब होने के पहले से ही मैं भारत स्थित एक इंटरनेट ई-कॉमर्स कंपनी के साथ काम कर रहा था। उस कंपनी के लिए मैंने पोखरण के पास करीब 100 वर्ग किलोमीटर की निर्जन रेगिस्तानी जमीन ले ली है। मोटे तौर पर, करीब दस बाय दस किलोमीटर की जमीन होगी, जो कि मैनहट्टन शहर की दोगुनी होगी।

"वह बहुत बड़ा काम है। तुम्हें जमीन चाहिए, लोगों की मदद चाहिए और साथ ही सरकारी नौकरशाही से निपटना भी होगा। यह सब तुम कैसे करोगे?" दीदी हमेशा दयालु रहती थीं, लेकिन व्यावहारिक भी रहती थीं।

"जमीन के बारे में मैं पहले ही आगे बढ़ चुका हूँ। जैसा कि तुम्हें मालूम है, यह सब होने के पहले से ही मैं भारत स्थित एक इंटरनेट ई-कॉमर्स कंपनी के साथ काम कर रहा था। उस कंपनी के लिए मैंने पोखरण के पास करीब 100 वर्ग किलोमीटर की निर्जन रेगिस्तानी जमीन ले ली है। मोटे तौर पर, करीब दस बाय दस किलोमीटर की जमीन होगी, जो कि मैनहट्टन शहर की दोगुनी होगी। वह जमीन रेगिस्तान के बीचोबीच एक स्वतंत्र और प्रगतिशील महानगर बसाने के लिए अच्छी-खासी पर्याप्त होगी, जो कि दुनिया भर के शरणार्थियों के लिए आशा का प्रकाश-स्तंभ होगा और जिसकी आदर्श जीवन-शैली होगी, जिसकी शेष भारत आकांक्षा कर सकता है। जारा यही चाहती थी।

"मुझे अहसास है कि मेरे पास इतना समय नहीं होगा कि मैं ये सब खुद पूरा कर पाऊँ; लेकिन कम-से-कम काम तो मैं शुरू कर ही सकता हूँ।" मैं बोलता जा रहा था और अपनी चिंताएँ दीदी को बताता जा रहा था, "इसी कारण मैं युवा व प्रतिभाशाली लोगों की भरती करूँगा, जो पोखरण के कर्जदार भी होंगे। वे उन्हीं लोगों के बेटे-बेटियाँ

होंगे, जिन्होंने पोखरण परमाणु परीक्षण में अहम भूमिका निभाई थी।"

"इस काम के लिए तुम्हें वे लोग मिलेंगे कहाँ से? क्या वे इस तरह के काम में दिलचस्पी लेंगे?" दीदी को संदेह था।

"नहीं। बहुत संभावना है कि उन्हें ऐसे किसी काम में रुचि नहीं होगी और खासतौर पर मेरे कहने से तो कतई नहीं। वे एकदम मना कर देंगे। इसीलिए उनके इंटरव्यू लेने, भरती करने और एक अंडरग्राउंड गोदाम में उन्हें ट्रेनिंग देने के लिए मुझे तुम्हारी मदद की जरूरत पड़ेगी। उस ई-कॉमर्स स्टार्टअप के लिए मैं अंडरग्राउंड गोदाम बनवा चुका हूँ।" मैंने अपनी भारी-भरकम योजना विस्तार से बताई।

"नहीं। बहुत संभावना है कि उन्हें ऐसे किसी काम में रुचि नहीं होगी और खासतौर पर मेरे कहने से तो कतई नहीं। वे एकदम मना कर देंगे। इसीलिए उनके इंटरव्यू लेने, भरती करने और एक अंडरग्राउंड गोदाम में उन्हें ट्रेनिंग देने के लिए मुझे तुम्हारी मदद की जरूरत पड़ेगी। उस ई-कॉमर्स स्टार्टअप के लिए मैं अंडरग्राउंड गोदाम बनवा चुका हूँ।" मैंने अपनी भारी-भरकम योजना विस्तार से बताई।

"और अगर उन्होंने नौकरी का ऑफर स्वीकार न किया तो?" दीदी ने पूछा।

"उनके पास मना करने का ऑप्शन नहीं होगा। सालों पहले समरजीत और दादा साहेब के साथ रहने से मुझे यह सीखने को मिल गया था कि इन जिद्दी नेताओं को कैसे ठीक करना है। इसके लिए उन्हें कुछ समय के लिए एक बंद गुफा में रखना होता है। मैं उन लोगों के साथ ऐसा ही करने वाला हूँ और उन्हें तभी छोड़ूँगा, जब वे इस काम के लिए तैयार हो जाएँगे।" उस समय मुझे समझ में आया कि मैं अच्छी व बुरी रेखा के बीच चल रहा हूँ। लेकिन मेरी सोच यही थी कि प्यार और जंग में सब जायज है।

दूसरी तरफ से लंबी चुप्पी के बाद "मैं तुम्हारी क्या मदद कर सकती हूँ?" दीदी ने पूछा।

"मैं चाहता हूँ कि तुम छह कैंडीडेट्स के इंटरव्यू लो। मैंने पहले से ही उनकी पहचान कर ली है, जिनका बैकग्राउंड पोखरण का है। उनकी मानसिकता सही है और पोखरण का कायाकल्प करने की उनमें क्षमता है। उनके जुनून और अब तक उन्होंने जो किया है, उसे देखकर यह कहा जा सकता है कि वे इस यादगार काम के लिए बिल्कुल सही हैं।

"उनमें से एक अद्भुत लीडर है, जिसने लद्दाख में पहले से ही कायाकल्प करना शुरू कर दिया है; दूसरा दमदार अर्थशास्त्री है, जिसके अंदर समाजों में क्रांतिकारी सुधार लाने की तीव्र इच्छा है; एक और भी है, जो स्पेशल इकोनॉमिक जोन डेवलप करने में

शामिल रहा है—और अगर हम उन्हें एक साथ काम पर लगा सकें तो ऐसी उम्मीद है कि चमकते पोखरण का जारा का सपना जरूर पूरा होगा।" मैं बोलता जा रहा था।

"मैं जयपुर के राजपूताना होटल में एक एक्जीक्यूटिव सुइट रिजर्व करा दूँगा, जहाँ तुम इन कैंडीडेट्स से मिलना। इंटरव्यू के लिए बुलावा उन कैंडीडेट्स तक पहुँच जाएगा और उन्हें इसके लिए राजपूताना होटल में आना होगा, जहाँ पर तुम उनसे मिलोगी।" मैंने कैंडीडेट्स के वहाँ पहुँचने के तरीके का ब्योरा बताया।

"मैं जयपुर के राजपूताना होटल में एक एक्जीक्यूटिव सुइट रिजर्व करा दूँगा, जहाँ तुम इन कैंडीडेट्स से मिलना। इंटरव्यू के लिए बुलावा उन कैंडीडेट्स तक पहुँच जाएगा और उन्हें इसके लिए राजपूताना होटल में आना होगा, जहाँ पर तुम उनसे मिलोगी।" मैंने कैंडीडेट्स के वहाँ पहुँचने के तरीके का ब्योरा बताया।

"जब वे लोग इंटरव्यू के लिए आएँगे, तब बबलू उन्हें नींद की गोलियों की सुरक्षित डोज दे देगा। उसके बाद उसे बता दिया गया है कि उसे किस तरह से उन कैंडीडेट्स को पोखरण में बने अंडरग्राउंड गोदामों में से एक में ले जाना है। मैं जानता था कि यह तरीका सर्वोत्तम नहीं है, लेकिन मेरे पास बहुत ज्यादा समय नहीं था। बेसब्र वक्त के लिए बेसब्र उपाय ही अपनाने पड़ते हैं।"

"तुम 'टुथ चेयर' को देखना चाहते हो, जो हम लोग तुम्हारे लिए बना रहे थे?" कृष्ण ने मेरे लिविंग रूम में आते और मुसकराते हुए ऐलान किया।

कृष्ण और रॉब एक ऐसी इमर्शिव वर्चुअल रियलिटी चेयर बनाने में लगे थे, जिससे लोग कंप्यूटर के अंदर मौजूद वर्चुअल वर्ल्ड के साथ बातचीत का पूरा अनुभव हासिल कर सकेंगे। उस चेयर में सेंसर लगे होंगे, जो कि शरीर की स्थिति और आसन के साथ-साथ उँगलियों, बाँहों एवं पैरों के आकार का भी हिसाब रखेंगे, ताकि उसे किसी वर्चुअल वर्ल्ड में प्रस्तुत किया जा सके। वर्चुअल वर्ल्ड में हर इंटरेक्शन को प्ले करनेवाले प्रवर्तक होंगे, जैसे कि पेड़ की शाखा के किसी खिलाड़ी की बाँह को छूने पर उसे वास्तविक जगत् का आभास होता है।

वीडियो गेमिंग और सोशल मीडिया कंपनियों ने इस चेयर में बहुत दिलचस्पी दिखाई थी, क्योंकि इसके अंदर लोगों के इंटरनेट पर बात करने के तरीकों को एकदम बदलकर रख देने की क्षमता थी। वे इंटरनेट पर होनेवाली बातचीत को एकदम घर पर

होनेवाली असल जिंदगी की बातचीत के समान करने वाली थी।

जब उन्हें पोखरण के पुनर्निर्माण की योजना का पता चला तो उन्होंने 'ट्रुथ चेयर' बनाने में मदद करने का प्रस्ताव किया था। यह नाम कृष्ण ने ही दिया था, क्योंकि वह सीट बता सकती थी कि इस पर बैठनेवाला सच बोल रहा है या नहीं!

जब मैं अपनी व्हीलचेयर को धकेलता हुआ कृष्ण और रॉब के पीछे-पीछे लैब में पहुँचा तो हमें एक बड़ा बिस्तर-सा दिखाई दिया, जो सफेद चादर से ढका था।

"वह रही!" कृष्ण ने सफेद चादर का एक सिरा पकड़कर खींच दिया और सजी-धजी चेयर सामने आ गई।

वह भविष्य की किसी टॉर्चर चेयर जैसी लग रही थी, जिसमें बहुत सारे तार व सेंसर उसके अगल-बगल और नीचे लगे थे। हालाँकि, यह किसी आरामदायक कुरसी से बहुत दूर की बात थी, लेकिन वीडियो गेम खेलते समय या सोशल मीडिया एकाउंट चलाते समय कोई भी उसमें डूब सकता था। मेरी दिलचस्पी इसमें ज्यादा थी कि यह चेयर यह पता लगाने में सक्षम है या नहीं कि व्यक्ति सच बोल रहा है?

वह भविष्य की किसी टॉर्चर चेयर जैसी लग रही थी, जिसमें बहुत सारे तार व सेंसर उसके अगल-बगल और नीचे लगे थे। हालाँकि, यह किसी आरामदायक कुरसी से बहुत दूर की बात थी, लेकिन वीडियो गेम खेलते समय या सोशल मीडिया एकाउंट चलाते समय कोई भी उसमें डूब सकता था। मेरी दिलचस्पी इसमें ज्यादा थी कि यह चेयर यह पता लगाने में सक्षम है या नहीं कि व्यक्ति सच बोल रहा है?

"तारों पर या तकिया या आराम पर ध्यान मत दो। हमारे पास एक बहुत अच्छी डिजाइन इंटर्न है, जिसके पास इसे बहुत आसान बनाने के बहुत अच्छे विचार हैं और जब उसका काम पूरा हो जाएगा, तब यह आरामदायक आरामकुरसी या ला-जेड-बॉय काउच की तरह दिखेगी।" रॉब ने मेरे चेहरे के भावों को देखते हुए जवाब दिया, जबकि कृष्ण चेयर की पावर ऑन करने में लगा था।

"मुझे पता है, तुम लोग बहुत जल्दी इस चेयर की सुंदरता का ध्यान रखोगे। मैं तो केवल यह चाहता हूँ कि यह कितना अच्छा काम करती है और इसे ऑपरेट करना कितना आसान है!" मैंने अपनी चिंता जाहिर की, क्योंकि इस कुरसी को दो-तीन सप्ताह के अंदर ही पोखरण भेजा जाना था।

"अरे रॉब, तुम इस चेयर पर बैठकर दिखाओ न!" कृष्ण ने रॉब से चेयर का डेमो दिखाने को कहा।

जैसे ही रॉब उस चेयर पर बैठा, एक तरह से वह चेयर सजीव हो उठी। उसके

इलेक्ट्रॉड और हत्थे से हाथों-पैरों और उँगलियों के पास पहुँच गए। उसके सिर पर एक इलेक्ट्रॉड कैप आ गई।

"अब तुम्हें इससे कोई 'हाँ' या 'न' में उत्तरवाला सवाल पूछना है।" कृष्ण नटखट मुसकान के साथ बोलता जा रहा था।

"तुम सवाल पूछना चाहोगे?" उसने मुझसे पूछा

"यह शुभ काम तुम ही क्यों नहीं करते? तुम्हारे अंदर सवाल पूछने का उत्साह दिख भी रहा है।" मैं भी कृष्ण की ओर देखकर मुसकराया।

"रॉब, क्या तुम मानते हो कि कृष्ण तुमसे स्मार्ट है?" मुसकराते हुए कृष्ण ने रॉब से पूछा, क्योंकि उसे पता था कि रॉब यह बात कभी स्वीकार नहीं करेगा।

□

10

पोखरण का पुनर्निर्माण

(2015-2019)

"तुम इतनी जिद क्यों कर रही हो?" रणवीर ने नाराजगी के साथ प्रिया की ओर देखते हुए कहा। एकमात्र वही थी, जो दूसरी बार भी पॉलीग्राफ चेयर टेस्ट में फेल हुई थी। इस बार सारे लोग टेस्ट पास कर गए थे, लेकिन प्रिया ही रह गई थी। उस कमरे से वे लोग बाहर निकलने की कगार पर ही थे।

प्रिया खुद को सँभाल नहीं पाई और रोने लगी, जिससे वह खुद भी हैरान हो रही थी। हो सकता है, यह उस कमरे में बंद रहने के कारण तनाव का असर हो या फिर, इस बात का असर हो कि एकमात्र वही है, जिसके कारण वे सब बाहर नहीं जा पा रहे थे।

"मैं तुम लोगों से सहमत होने के लिए बहुत बेताब हूँ।" वह रोते हुए ही बोली, "लेकिन यह चेयर इतनी सेंसिटिव है कि मेरे मन का थोड़ा-सा भी संदेह या झूठ फौरन पकड़ लेती है। अब चेयर का टेस्ट पास करने का एकमात्र रास्ता यही है कि मैं अपने मन की सारी बातें तुम लोगों को बता दूँ। आशा है कि तुम लोग मुझसे सहमत होगे।"

नागश्री आगे बढ़ी और प्रिया के बगल में बैठ गई तथा उसके गले में अपना हाथ डालकर उसे शांत करने लगी, क्योंकि प्रिया उस कमरे में मौजूद सभी लोगों की नाराजगी का कारण दिख रही थी।

"पिछले पाँच दिनों में हम सारे लोग इस बात पर सहमत हो चुके हैं कि इक्कीसवीं सदी के लिए पोखरण के पुनर्निर्माण का सबसे अच्छा तरीका अमेरिका के स्थापना-सिद्धांतों पर उसकी बुनियाद रखना है, जो हैं—जीवन, स्वतंत्रता, सुख की खोज—मानव जीवन को पवित्र रखना, व्यक्तिगत अधिकारों एवं स्वतंत्रता की उत्साहपूर्वक रक्षा करना और हर किसी को स्वतंत्र रूप से काम करने देना तथा अपने सुख की खोज में काम करना।" रणवीर ने अपनी आवाज नरम करते हुए कहा, क्योंकि उसे अहसास हुआ था कि प्रिया भी पॉलिग्राफिक चेयर का टेस्ट पास न कर पाने से उतनी ही परेशान है।

"इन सिद्धांतों में से किसके साथ तुम्हें सहमत होने में दिक्कत है?" रणवीर को

पता था कि उनका समय समाप्त होता जा रहा है। अहमद को अगला इंसुलिन इंजेक्शन लेने के लिए बारह घंटे और बचे थे तथा आखिरी इंजेक्शन का इस्तेमाल उस दिन पहले ही किया जा चुका था।

"तुम इसकी इतनी ज्यादा परवाह क्यों करती हो कि दूसरों के विचारों से तुम सहमत हो या नहीं? शांत रहो और चेयर पर बैठकर बस, 'हाँ' बोल दो।" संजीव प्रिया की ओर देखता हुआ बोला, क्योंकि उसे शुरू से ही इस पूरी चीज पर संदेह था। उसे शुरू से ही शक था कि किडनैपर उन लोगों को कभी बाहर जाने देंगे और चेयर पर बैठकर कुछ मूर्खतापूर्ण प्रश्नों के उत्तर देने की कोशिश करना और सच बोलना, जो कि मजाक जैसा लग रहा था।

"हम पहले ही इस मशीन के सामने अपने अतीत के बारे में झूठ बोलने की कोशिश कर चुके हैं, संजीव। वह तरीका फिर से अपनाने का कोई मतलब नहीं। अब हमें शॉर्टकट अपनाने और समय नष्ट करने की कोशिश नहीं करनी चाहिए। अगर चेयर या किडनैपर हमें पोखरण के पुनर्निर्माण करने के तरीके पर सहमत करना चाहते हैं तो हमें उनकी बात मान लेनी चाहिए और उम्मीद करनी चाहिए कि हम लोग यहाँ से बाहर निकल पाएँगे और उसके बाद अपनी जिंदगी जिएँगे।" रणवीर जानता था कि संजीव को कैसे शांत करना है, साथ ही सबको आगे बढ़ने पर तैयार करना है।

"हम पहले ही इस मशीन के सामने अपने अतीत के बारे में झूठ बोलने की कोशिश कर चुके हैं, संजीव। वह तरीका फिर से अपनाने का कोई मतलब नहीं। अब हमें शॉर्टकट अपनाने और समय नष्ट करने की कोशिश नहीं करनी चाहिए। अगर चेयर या किडनैपर हमें पोखरण के पुनर्निर्माण करने के तरीके पर सहमत करना चाहते हैं तो हमें उनकी बात मान लेनी चाहिए और उम्मीद करनी चाहिए कि हम लोग यहाँ से बाहर निकल पाएँगे और उसके बाद अपनी जिंदगी जिएँगे।"

"आगे बढ़ो, प्रिया। समय आ गया है कि तुम हमें बताओ कि उन स्थापना-सिद्धांतों में से किस सिद्धांत से सहमत नहीं हो?" रणवीर ने प्रिया और नागश्री की तरफ देखते हुए पूछा।

"मुझे पहले दो सिद्धांतों—सबसे ऊपर मानव जीवन की पवित्रता कायम करने और सभी नागरिकों के अधिकारों एवं स्वतंत्रता की रक्षा करने—से मुझे कोई आपत्ति नहीं है।" प्रिया ने शुरू में नरम स्वर में बोलना शुरू किया, क्योंकि उसे एकदम पता था कि बेसब्र निगाहें उस पर टिकी हुई थीं। उसे यह भी अच्छी तरह से पता था कि इस सबका अंत गरमागरम बहस के रूप में होगा।

"यह जो तीसरा सिद्धांत है—सुख की खोज—इसमें खामी है और इसके अंदर अमीर व गरीब के बीच की खाई को बढ़ानेवाले बीज हैं।" प्रिया बोलती जा रही थी। पूरे कमरे में नजर डालते हुए उसने बहस आगे बढ़ा दी थी।

"यह सिद्धांत मेरे अंदर इतनी तीव्र प्रतिक्रिया पैदा करता है कि मैंने इकोनॉमिक्स में अपनी पोस्ट ग्रेजुएशन की पढ़ाई भी इसी सिद्धांत पर रिसर्च करते हुए की थी। इसका मेरे पिता और रंक से राजा बनने की उनकी कहानी से भी काफी कुछ संबंध है।

"हालाँकि, मेरा बचपन काफी सुविधाओं में बीता और मैं जो चाहती थी, वह मुझे मिल जाता था; लेकिन मेरे पिता का बचपन ऐसा नहीं रहा था। वे बहुत कम उम्र में अनाथ हो गए थे और उन्हें अपने माता-पिता की कोई याद नहीं थी। वे दिल्ली की सड़कों पर पले-बढ़े। उन्हें भूखे रहना और दिल्ली की सर्द रातों में खाली पेट ठंड झेलना याद है।" प्रिया की आँखें कहीं दूर देख रही थीं और उसकी आवाज में एक उदासी झलकने लगी थी।

"वह जीवित रहे और आगे बढ़ते गए तो केवल सड़क पर रहनेवाले अन्य अनाथों की संगति और दोस्ती के कारण। उन बच्चों की और तो कोई देखभाल नहीं करता था, लेकिन वे जरूर एक-दूसरे का खयाल रखते थे। वे कोशिश करते थे कि जो भी खाने का सामान मिले, वह सबके बीच बराबर बाँटा जाए, रातों को सर्दियों से बचे रहें और सारी रात सबकी निगरानी भी करते रहें, ताकि उन्हें कोई नुकसान न पहुँचा सके।" प्रिया बोलती जा रही थी और संजीव तथा जॉन उसकी बात खत्म होने के इंतजार में बेसब्र होने लगे थे।

"वह जीवित रहे और आगे बढ़ते गए तो केवल सड़क पर रहनेवाले अन्य अनाथों की संगति और दोस्ती के कारण। उन बच्चों की और तो कोई देखभाल नहीं करता था, लेकिन वे जरूर एक-दूसरे का खयाल रखते थे। वे कोशिश करते थे कि जो भी खाने का सामान मिले, वह सबके बीच बराबर बाँटा जाए, रातों को सर्दियों से बचे रहें और सारी रात सबकी निगरानी भी करते रहें, ताकि उन्हें कोई नुकसान न पहुँचा सके।"

"वहीं पर उन्हें अपनेपन की भावना समझ में आई। किसी ने उनका खयाल रखा और उनके अंदर लीडरशिप की स्किल पैदा की कि वे हर स्थिति में जीता हुआ महसूस करने लगे। यह उनका सौभाग्य था कि उन्हें सेना के एक पैदल सैनिक ने उठा लिया और उनकी जिंदगी में सफलता का रास्ता दिखाया।" वह बोले जा रही थी।

"यह दुनिया उन्हीं की परवाह करती है, जिनके माँ-बाप होते हैं और सबसे जरूरी, जिनके पास माँ-बाप से मिली धन-दौलत होती है। वे हमेशा कहा करते थे, 'यह जीतने-हारने की स्थिति है, क्योंकि जिन्हें विरासत में धन-दौलत मिली है, उन्हें जिंदगी में जीत

या सफलता बिना किसी कड़ी मेहनत के मिल जाती है और जिनका ऐसा भाग्य नहीं होता कि उनके माँ-बाप हों या कम सफल माँ-बाप हों, उनकी नियति में हारना ही लिखा होता है।' " उसने अपने पिता के शब्द दोहरा दिए।

"लगन, धैर्य और उद्देश्य—जिंदगी में सफलता का रहस्य मैं इन्हें ही मानता हूँ। जिनके माँ-बाप कड़ी मेहनत करते हैं, उनके बच्चों के लिए अपने माँ-बाप की कड़ी मेहनत में हाथ बँटाना बिल्कुल सही है।" रणवीर ने बीच में कहा।

"बस, यही तो मुझे समस्या लगती है।" प्रिया ने तुरंत पलटकर कहा, जिससे कमरे में मौजूद सारे लोग हतप्रभ रह गए। कमरे का कोई भी व्यक्ति रणवीर से इस तरह की रुखाई से नहीं बोलता था, क्योंकि वह सबके लिए बड़े भाई की तरह हो गया था।

"अरे! माँ-बाप के कर्ज और उधारी का उत्तराधिकार स्वीकार्य नहीं होता, क्योंकि उसका अर्थ बँधुआ मजदूरी ही होगा, जिसके बारे में हम सब सहमत हैं कि वह बुराई है और सभ्य समाज में उसकी कोई जगह नहीं है।" वह रुककर गहरी साँस लेने लगी, "उसी हिसाब से, माँ-बाप के धन-दौलत को भी खेल के मैदान में बेईमानी की तरह देखा जाना चाहिए।" अपनी बात का आखिरी हिस्सा कहते-कहते उसकी आवाज तीखी हो गई थी।

"यदि उत्तराधिकार में माँ-बाप की मिली धन-दौलत की जगह उनके कर्ज को रख दिया जाए तो तुम्हें ठीक लगेगा?" प्रिया ने पहले रणवीर और फिर कमरे में मौजूद अन्य लोगों की तरफ देखते हुए पूछा।

"यह तो मानवता को पुराने बँधुआ मजदूरी के दिनों में ले जाने की बात हो गई।" अब तक चुप रहा जॉन बातचीत में शामिल होता हुआ बोला। वह अपने दादा को उनके गाँव में बँधुआ मजदूरी के खिलाफ लड़ते हुए देख चुका था।

"अरे! माँ-बाप के कर्ज और उधारी का उत्तराधिकार स्वीकार्य नहीं होता, क्योंकि उसका अर्थ बँधुआ मजदूरी ही होगा, जिसके बारे में हम सब सहमत हैं कि वह बुराई है और सभ्य समाज में उसकी कोई जगह नहीं है।" वह रुककर गहरी साँस लेने लगी, "उसी हिसाब से, माँ-बाप के धन-दौलत को भी खेल के मैदान में बेईमानी की तरह देखा जाना चाहिए।" अपनी बात का आखिरी हिस्सा कहते-कहते उसकी आवाज तीखी हो गई थी।

"चर्चा को समझने के लिए जिंदगी को एक दौड़ की तरह मान लो, जिसमें हर कोई इस दुनिया में पाए सीमित समय के अंदर अपने लक्ष्य को पाने की कोशिश करता है। हर कोई एक ही जगह से शुरुआत करता है, जो तभी संभव होगा, जब कोई भी दौड़ की शुरुआत में अपने-अपने रनिंग ब्लॉक से न हिले। सबको दौड़ जीतने का निष्पक्ष

मौका मिले।" वह रनिंग ट्रैक और स्टार्टिंग ब्लॉक को समझाने के लिए अपने हाथ हिलाने लगी थी।

"बच्चों को माँ-बाप के धन-दौलत का उत्तराधिकार देकर समाज दौड़ की निष्पक्षता खत्म कर देता है। इस तरह से समझो कि कुछ बच्चों के लिए स्टार्टिंग ब्लॉक आगे कर दिए जाते हैं, जिससे उन्हें उत्तराधिकार में समान धन-दौलत न पानेवाले बच्चों की तुलना में शुरुआत में ही बड़ी बढ़त दिला दी जाती है।" इतना कहकर वह कमरे में मौजूद लोगों की प्रतिक्रिया देखने के लिए कुछ ठहरी।

"तुम्हारा मतलब क्या है?" संजीव ने बेचैन होकर पूछ लिया, क्योंकि वह तो बस, यही चाहता था कि किसी तरह से सब लोग पॉलीग्राफ चेयर का टेस्ट पास करें और जल्दी-से-जल्दी उस जगह से बाहर निकलने की उम्मीद करें।

"बच्चों को माँ-बाप के धन-दौलत का उत्तराधिकार देकर समाज दौड़ की निष्पक्षता खत्म कर देता है। इस तरह से समझो कि कुछ बच्चों के लिए स्टार्टिंग ब्लॉक आगे कर दिए जाते हैं, जिससे उन्हें उत्तराधिकार में समान धन-दौलत न पानेवाले बच्चों की तुलना में शुरुआत में ही बड़ी बढ़त दिला दी जाती है।" इतना कहकर वह कमरे में मौजूद लोगों की प्रतिक्रिया देखने के लिए कुछ ठहरी।

"इक्कीसवीं सदी का समाज अपने सभी नागरिकों के लिए खेल का मैदान समान रूप से तैयार करनेवाला होना चाहिए। जिस तरह से हमने बीसवीं सदी में बँधुआ मजदूरी और माँ-बाप के कर्ज को उनके बच्चों पर लादने का खात्मा किया, हमें इस सदी में उत्तराधिकार भी खत्म करना चाहिए।" प्रिया अपना जवाब देकर संजीव की ओर देखने लगी।

काफी देर की चुप्पी के बाद रणवीर ने सबसे पहले बोलना शुरू किया, "हम्म! तो तुम्हारा मत है कि स्थापना-सिद्धांत में सबके लिए जीवन, स्वतंत्रता और खेल के मैदान की समानता होनी चाहिए?" रणवीर ने एक तरह से बयान देते हुए पूछा। उसकी शुरुआती आपत्तियों के बावजूद यह विचार कि उत्तराधिकार बँधुआ मजदूरी का ही एक काफी बदला हुआ स्वरूप लगता है, सबको सचमुच समान अवसर मुहैया करानेवाले समाज की रचना के बारे में उसके बयान में प्रतिध्वनित हुआ था।

"हाँ।" प्रिया ने तुरंत जवाब दिया। उसकी आवाज में किसी भी तरह की अनिश्चितता या अनिर्णय की झलक नहीं मिल रही थी।

"मुझे इस जगह से बाहर निकलना है। मैं इस जगह और ज्यादा फँसा नहीं रह सकता।" अहमद सफेद पॉलीग्राफ चेयर पर जा बैठा और उसकी हर बात का सामना करने को तैयार हो गया था। तुरंत ही ऐसा लगा, जैसे चेयर में जान आ गई हो। अन्य लोगों ने झटके और घबराहट के साथ देखा कि कुरसी ने अहमद के हाथ, पैर व सीने को इस तरह से बाँध लिया कि उसके लिए हिलना या उठना असंभव हो चुका था।

उसकी दोनों अनामिका उँगलियों में सेंसर लिपट गए। उसके सिर, कनपटी और माथे के चारों तरफ इलेक्ट्रॉड लग गए थे।

"अहमद, क्या तुम कमरे में मौजूद बाकी लोगों से सहमत हो?" चेयर में लगे स्पीकरों से एक मशीनी आवाज निकली।

"मुझे इस जगह से बाहर निकलना है। मैं इस जगह और ज्यादा फँसा नहीं रह सकता।" अहमद सफेद पॉलीग्राफ चेयर पर जा बैठा और उसकी हर बात का सामना करने को तैयार हो गया था। तुरंत ही ऐसा लगा, जैसे चेयर में जान आ गई हो। अन्य लोगों ने झटके और घबराहट के साथ देखा कि कुरसी ने अहमद के हाथ, पैर व सीने को इस तरह से बाँध लिया कि उसके लिए हिलना या उठना असंभव हो चुका था।

"यह तुम्हें मिलनेवाले तीन मौकों में से पहला मौका है।" एक सुर में आवाज जारी थी।

"झूठ बोलने की कोशिश मत करना। इससे कुछ होने वाला नहीं। ये सेंसर तुम्हारे दिल की धड़कन, तुम्हारा ब्लड प्रेशर और तुम्हारे दिमाग की गतिविधि रिकॉर्ड करेंगे कि तुम सच बोल रहे हो या नहीं।" आवाज आती जा रही थी और इधर अहमद को पसीना आने लगा था।

"हाँ या न में जवाब देने के लिए तुम्हारे पास पाँच मिनट हैं।" इतना कहकर आवाज थम गई। अहमद के शरीर से लगे सारे सेंसर एकाएक ऑनलाइन हो गए और जहाँ कहीं कोई सेंसर उसकी त्वचा से संपर्क में आता, वे उसके शरीर के चारों तरफ नीला-सा नरम आभामंडल भेजने लगे।

ठीक उसी समय टी.वी. स्क्रीन चमकने लगा और उस बड़े से स्क्रीन पर मोटे अक्षरों में यह सवाल लिखा था—

पोखरण के पुनर्निर्माण के तरीके पर क्या तुम बाकी लोगों से सहमत हो?

"अहमद, तुम्हें इतनी जल्दी चेयर पर नहीं बैठना चाहिए था। इस सवाल पर हम सबका बहुत ही भिन्न रवैया है। हम लोगों से पहले से चर्चा किए बिना तुम इसका समझाने योग्य जवाब नहीं दे पाओगे और ऐसा कोई तरीका नहीं है कि हम अगले पाँच मिनटों पर इस टॉपिक पर कोई राय बना पाएँ।" अहमद की बेसब्री पर संजीव उसे डाँटने लगा।

"आऊ!" जॉन हलके से चीख पड़ा। वह चेयर की टेक्नोलॉजी की पड़ताल करने में लगा था और जानने की कोशिश कर रहा था कि अहमद को उस मुश्किल स्थिति से कैसे उबारा जाए, जिसमें वह खुद ही जा फँसा था! "अपने ऊपर ज्यादा दबाव मत डालो, अहमद; बल्कि ऐसा लग रहा है, जैसे चेयर की पीठ में कोई जानलेवा इंजेक्शन लगा है, जो चेयर की पीठ की बराबरी पर है।"

"अगले कुछ मिनटों तक हर कोई अहमद को इस कुरसी से सुरक्षित बाहर निकालने पर ध्यान लगाए।" रणवीर चाह रहा था कि हर कोई अहमद को उसकी मौजूदा दुर्दशा से बाहर निकालने के बारे में सोचे।

नागश्री ने अहमद की कलाइयों पर लगे क्लिप खोलने की कोशिश की तो संजीव उसके पैरों को बंधन-मुक्त करने में जुट गया।

"आऊ!" जॉन हलके से चीख पड़ा। वह चेयर की टेक्नोलॉजी की पड़ताल करने में लगा था और जानने की कोशिश कर रहा था कि अहमद को उस मुश्किल स्थिति से कैसे उबारा जाए, जिसमें वह खुद ही जा फँसा था! "अपने ऊपर ज्यादा दबाव मत डालो, अहमद; बल्कि ऐसा लग रहा है, जैसे चेयर की पीठ में कोई जानलेवा इंजेक्शन लगा है, जो चेयर की पीठ की बराबरी पर है।"

"यह आफत बिल्कुल चट्टान की तरह बनी हुई है। इसे अलग करने का कोई तरीका नहीं है।" सबकी राय इस पर एक हो चुकी थी।

"ऐसा लगता है कि अब तुम्हारे पास एकमात्र विकल्प यही है कि तुम चेयर के पूछे सवाल का जवाब दो। हो सकता है, तुम इन सेंसरों को चकमा देने में सफल हो जाओ।" रणवीर भरसक शांत और नियंत्रण में दिखने की कोशिश कर रहा था। वह अहमद की घबराहट को और ज्यादा बढ़ाना नहीं चाहता था।

उस वक्त कमरे में मौजूद हर कोई मुर्दे के समान खामोश था और अहमद बोलने वाला था।

"हाँ!" अहमद ने गहरी साँस ली और टी.वी. तथा चेयर से पूछे गए सवाल का जवाब देते समय अपने समूचे बदन को तनाव-मुक्त रखने की कोशिश की।

चेयर में लगे सेंसर बीप की आवाज निकालते हुए तेजी से ऊपर-नीचे जाने लगे और सेंसर की लाइटें जलने-बुझने लगीं। तभी वही मशीनी आवाज फिर से आई, जिससे सबकी साँसें एक बार फिर थम गईं।

"तुमने झूठ बोला है। तुम्हारे पास दो और मौके हैं।" आवाज ने अपनी बात पूरी की तो बड़ी सी 'हिस्स' की आवाज के साथ ही अहमद पर कसे सारे शिकंजे खुल गए और वह उछलकर चेयर से बाहर आ गया।

"तुम ठीक तो हो न?" अहमद के सँभलते ही नागश्री ने उससे पूछा।

"वैसे तो मैं एकदम ठीक हूँ, बस, मेरा दिल पागलों की तरह धड़क रहा है।" अहमद ने नागश्री की ओर देखते हुए जवाब दिया। अन्य सब भी उसके जवाब का इंतजार कर रहे थे।

"दो बातें तो मुझे अब स्पष्ट हो चुकी हैं," संजीव ने सबकी स्थिति का जायजा लेते हुए खामोशी तोड़ी, "एक तो चेयर के जरिए हमें बाहरी दुनिया में जाने का मौका मिल सकता है, क्योंकि मुझे नहीं लगता कि कोई दूसरा रास्ता हमारे पास मौजूद है।" वह बोलता जा रहा था, "दूसरी बात, हमें टी.वी. के प्रश्न पर मिलकर चर्चा करनी होगी और हम सबको सच्चे दिल से इस बात पर सहमत होना पड़ेगा कि हम पोखरण का पुनर्निर्माण कैसे करेंगे?" वह थोड़ा रुका और बगैर कुछ ज्यादा सोचे फिर बोलने लगा, "हम पोखरण की कोई चिंता करते हैं या नहीं, इससे कुछ मतलब नहीं है।"

"दो बातें तो मुझे अब स्पष्ट हो चुकी हैं," संजीव ने सबकी स्थिति का जायजा लेते हुए खामोशी तोड़ी, "एक तो चेयर के जरिए हमें बाहरी दुनिया में जाने का मौका मिल सकता है, क्योंकि मुझे नहीं लगता कि कोई दूसरा रास्ता हमारे पास मौजूद है।" वह बोलता जा रहा था, "दूसरी बात, हमें टी.वी. के प्रश्न पर मिलकर चर्चा करनी होगी और हम सबको सच्चे दिल से इस बात पर सहमत होना पड़ेगा कि हम पोखरण का पुनर्निर्माण कैसे करेंगे?"

"यह सही कह रहा है। इन अत्याधुनिक सेंसरों से निपटने का एकमात्र तरीका सच बोलना ही है।" नागश्री ने भी कहा।

"और इसका मतलब यह है कि हम सबको एक मत होना पड़ेगा, जो कि हमारी भिन्न-भिन्न धार्मिक व सांस्कृतिक पृष्ठभूमियों को देखते हुए उससे कहीं ज्यादा कठिन है, जो हमें बाहर से दिखता है।" नागश्री ने अपनी बात जारी रखी।

"इन किडनैपर्स का दिमाग बहुत विकृत और क्रूर होगा। समूचा सेटअप और खासकर यह चेयर बहुत ज्यादा टॉर्चर करने के लिए डिजाइन की गई है। जब मैं यहाँ से बाहर निकलूँगा तो किडनैपर्स का पता लगाऊँगा और यह सुनिश्चित करूँगा कि उन्होंने हमें यहाँ रखकर जो गलती की है, उसकी उन्हें सजा भुगतनी पड़े।" चेयर से निकलने के बाद से ही अहमद गुस्से में खौल रहा था।

"हालाँकि, अगर तुम लोग किडनैपर्स का इरादा देखो तो वह काफी अच्छा है, क्योंकि वह पोखरण का पुनर्निर्माण करने का है।" जॉन हमेशा हर बात को तटस्थ तरीके से देखता था और जमीनी बात बोलता था।

"तो अब तुम किडनैपर्स की तरफ हो गए हो? हो सकता है, तुम उन्हीं में शामिल

हो ?" अहमद ने जॉन की तरफ बेहद हिकारत से देखा, क्योंकि जॉन की बात का मतलब निकलता था कि किडनैपर्स के इरादे संभवत: नेक हो सकते हैं।

"ठीक है, दोस्तो। आपस में झगड़ना बंद करो। संजीव ने पहले जो कहा था, उसके आधार पर हम सबको मिलकर काम करना होगा। इस चेयर से निपटना उतना मुश्किल नहीं हो सकता।" रणवीर अहमद और जॉन के बीच की बहस को खत्म करने की कोशिश करते हुए बीच में बोल पड़ा।

"दोस्तो, यहाँ कुछ भी न करें तो कैसा रहेगा? अगर हम यहाँ लंबे समय तक इंतजार ही करते रहें तो हो सकता है, बाहर हमारे लोग हमारा पता लगा लें और हमें यहाँ से निकाल लें।" संजीव ने चेयर पर बैठने और टी.वी. पर आनेवाले प्रश्नों का जवाब देने की कवायद से बचने का एक विकल्प पेश किया, "मुझे निकले चौबीस घंटे से ज्यादा हो चुके हैं और मैं अपनी माँ को जानता हूँ, वह बिना कुछ किए नहीं रह सकतीं। वे मीडिया में उन्माद पैदा कर देंगी, जिसके बाद राजनेताओं को एक्शन लेने पर मजबूर होना पड़ जाएगा।" संजीव इस बात को लेकर एकदम आश्वस्त दिख रहा था कि उसकी माँ उसे छुड़वाए बिना चैन से नहीं बैठेंगी।

"अगर हमें कोई बचाने नहीं आता तो एक बात याद रखना कि हमारे पास अहमद के लिए ज्यादा-से-ज्यादा चार दिनों के लिए इंसुलिन के इंजेक्शन हैं। हमें उसके पहले सर्वसम्मति बनानी होगी या कम-से-कम उसके लिए कोशिश करनी होगी।" रणवीर ने कहा तो संजीव समेत सभी ने सहमति में सिर हिला दिया।

"दोस्तो, यहाँ कुछ भी न करें तो कैसा रहेगा? अगर हम यहाँ लंबे समय तक इंतजार ही करते रहें तो हो सकता है, बाहर हमारे लोग हमारा पता लगा लें और हमें यहाँ से निकाल लें।" संजीव ने चेयर पर बैठने और टी.वी. पर आनेवाले प्रश्नों का जवाब देने की कवायद से बचने का एक विकल्प पेश किया, "मुझे निकले चौबीस घंटे से ज्यादा हो चुके हैं और मैं अपनी माँ को जानता हूँ, वह बिना कुछ किए नहीं रह सकतीं। वे मीडिया में उन्माद पैदा कर देंगी, जिसके बाद राजनेताओं को एक्शन लेने पर मजबूर होना पड़ जाएगा।"

"हम्म! खेल के मैदान को समतल करना और लोगों का अपनी धन-दौलत अपनी संतानों को देने के बजाय समाज को दे जाना।" संजीव प्रिया की संस्थापना-सिद्धांतों की

बात को दूसरी तरह से बोलकर चुप हो गया, "यह हर उस बात के खिलाफ है, जो हम प्रकृति में देखते हैं।"

"हम इनसानों समेत हरेक प्रजाति यहाँ इसीलिए है, क्योंकि उसके माँ-बाप अपनी संतानों के अस्तित्व को सुनिश्चित करने के लिए कड़ी मेहनत करने को और हर तरह का त्याग करने को तैयार थे। अपने बच्चों का संरक्षण करना और भरण-पोषण करना हमारा बुनियादी प्राणिगत स्वभाव है।" संजीव उस विचार को समझने की कोशिश कर रहा था, जिसके हिसाब से लोगों को अपनी संपत्ति अपने बच्चों के बजाय समाज को देनी चाहिए।

"अमेरिका और यूरोप में पाई जानेवाली ब्लैक-लेस-वीवर मकड़ी अपने नवजात चूजों को पोषक आहार देने के लिए अपने शरीर और प्राण तक का बलिदान कर देती है। जब चूजे अंडों से निकलते हैं तो माँएँ आसानी से जाल से निकल सकती हैं; लेकिन वे खुद अपने बच्चों को प्रोत्साहित करती हैं कि वे उनके जिस्म को खा जाएँ।" जॉन एक तरह से अपने आप बीच में कूद पड़ा।

"अमेरिका और यूरोप में पाई जानेवाली ब्लैक-लेस-वीवर मकड़ी अपने नवजात चूजों को पोषक आहार देने के लिए अपने शरीर और प्राण तक का बलिदान कर देती है। जब चूजे अंडों से निकलते हैं तो माँएँ आसानी से जाल से निकल सकती हैं; लेकिन वे खुद अपने बच्चों को प्रोत्साहित करती हैं कि वे उनके जिस्म को खा जाएँ।" जॉन एक तरह से अपने आप बीच में कूद पड़ा।

"इसके अलावा, दुनिया में कहीं भी अगर कोई अपनी धन-दौलत अपने बच्चों को न देना चाहे तो वह इसके लिए स्वतंत्र है। उसको कोई नहीं रोकेगा। समाज में हर किसी को अपनी संपत्ति के साथ ऐसा कराने की जरूरत नहीं है। तुम्हारे माता-पिता तुम्हें अपने उत्तराधिकार से वंचित कर दें तो तुम चाहकर भी कुछ नहीं कर सकतीं।" संजीव ने प्रिया पर व्यक्तिगत हमला करके उसे अपना रुख बदलने पर मजबूर करना चाहा।

"प्रकृति में होता है और हम इनसानों की भी बुनियादी प्रवृत्ति ऐसी ही होती है, तो इसका मतलब यह तो नहीं कि हम उन प्रवृत्तियों के गुलाम बने रहें। मसलन, ज्यादातर सभ्य समाजों में अब, जब भी पुरुष किसी महिला को आकर्षित करने की कोशिश करते हैं तो मरने-मारने पर उतारू नहीं होते; जबकि जानवरों की दुनिया में अब भी यही होता है।" प्रिया ने संजीव की ओर देखते हुए संतुलित अंदाज में जवाब दिया।

"एक और विरोधी उदाहरण लोकतंत्र का ही है, जो प्राणियों की दुनिया में सत्ता एवं नियंत्रण रखने की बुनियादी भावना के खिलाफ है।" वह बोले जा रही थी। वह ऐसे

प्रश्नों का सामना बहुत लंबे समय से करती आ रही थी और अच्छी तरह से उनका जवाब देना जानती थी।

"कल्पना करो, तुम्हें ढाई हजार साल पहले, यानी करीब ईसा पूर्व 500 के काल में फेंक दिया जाए।" वह खड़ी हो गई और टहलने लगी, "हर जगह तुम्हें अपने-अपने राज्यों में दमन के सहारे राज करते राजा-रानियाँ मिलेंगे या इसी तरह के कबीले मिलेंगे, जिनका सरदार दमन के साथ-साथ सत्ता की भूख में बड़े राज्यों या राष्ट्रों के राजाओं और रानियों से किसी भी तरह से कम नहीं होगा। एक राजा से दूसरे राजा में सत्ता का हस्तांतरण उत्तराधिकार के मौकों को छोड़कर कभी शांतिपूर्वक नहीं होता है। समाज के शासन में आम आदमी की कोई भागीदारी नहीं है और हर कोई उतना ही कर सकता है, जितना उसे राजा या रानी या कबीले का सरदार कहता है।" यह कहकर उसने चलना बंद किया और सबकी तरफ मुँह करके खड़ी हो गई।

"एथेंस में क्लीस्थेनेस ने ठीक वैसी ही स्थिति का सामना किया था, जैसी कि अन्य राजा और सरदार उससे पहले कर चुके थे। एथेंस पर सबसे अच्छी तरह से हुकूमत करने के लिए वह प्राणि-जगत् से प्रेरणा लेता था, ताकि सत्ता की निरंतर लड़ाई और खून-खराबे की जगह एथेंस के सभी नागरिकों के लिए ज्यादा शांतिपूर्ण और फलदायी शासन ला सके।" यह कहकर उसने फिर चलना-फिरना शुरू कर दिया, जो कि उसकी आदत थी और व्याख्यान देते समय वह हमेशा यही करती थी।

"एथेंस में क्लीस्थेनेस ने ठीक वैसी ही स्थिति का सामना किया था, जैसी कि अन्य राजा और सरदार उससे पहले कर चुके थे। एथेंस पर सबसे अच्छी तरह से हुकूमत करने के लिए वह प्राणि-जगत् से प्रेरणा लेता था, ताकि सत्ता की निरंतर लड़ाई और खून-खराबे की जगह एथेंस के सभी नागरिकों के लिए ज्यादा शांतिपूर्ण और फलदायी शासन ला सके।" यह कहकर उसने फिर चलना-फिरना शुरू कर दिया, जो कि उसकी आदत थी और व्याख्यान देते समय वह हमेशा यही करती थी।

"वह उन जानवरों को देखता था, जो बड़े समूहों या समुदायों में रहनेवाले थे। उसके विचार से, मधुमक्खियों और चींटियों की बस्तियों की संरचना उस दौर के मानव समाज की संरचना के काफी निकट प्रतीत होती थी। ये दोनों बस्तियाँ पूरी तरह से रानी मधुमक्खी या रानी चींटी के भरण-पोषण एवं देखभाल के लिए समर्पित होती हैं और बस्तियों के अन्य सदस्यों की भलाई का वैसा कोई महत्त्व नहीं होता। वह जानता था कि एथेंस में ऐसा नहीं चल सकता।" बोलते समय वह सबकी आँखों में आँखें डालकर सुनिश्चित कर रही थी कि सब लोग उसकी बात ध्यान से सुनें, "महान् लोग भी चीजों का सामना

उसी तरह से करते हैं और उसी तरह से उन्हें देखते हैं, जैसे कि अन्य लोग करते हैं; लेकिन उनकी प्रतिक्रिया अन्य लोगों की तुलना में भिन्न होती है।" इतना कहकर वह थोड़ा रुक गई, ताकि इस बात का सब लोगों पर अपेक्षित असर हो सके।

"क्लीस्थेनेस ने वही स्थिति देखी, जो कि अन्य राजाओं या रानियों ने उससे पहले देखी थी; लेकिन उसने इससे अलग तरह से निपटने का निर्णय लिया। ज्यादा महत्त्वपूर्ण बात यह थी कि वह समझता था कि लोगों को उसे तोड़ने में दिक्कत होती है, जिसे बनाने या स्थापित करने में उन्होंने मदद की हो। उसने यह सुनिश्चित किया कि अगर राज-काज के निर्णयों में लोगों की बराबर की हिस्सेदारी हो तो वे भी उनमें समान रूप से ही शामिल होंगे और उन निर्णयों को पलटने के बजाय उन्हें लागू करवाने तथा उनका समर्थन करने के लिए काम करेंगे।" उसने प्राचीन एथेंस राज्य की तसवीर प्रस्तुत करनी जारी रखी, जिसमें क्लीस्थेनेस ने रूपांतरकारी शासन व्यवस्था का विकास किया था।

निरंतर सत्ता-संघर्षों और हत्याओं या देश-निकालों का उसका समाधान एथेंस के सभी स्वतंत्र लोगों की सभा का निर्माण करने का था, जिसमें सभी लोगों के पास एक वोट होता था। इसके बाद यह लोग एक्रोपोलिस की छाया में एक छोटी पहाड़ी की चोटी पर दोपहर में नियमित रूप से मिलने-बैठने लगे और अनाज तथा जैतून की कीमतों से लेकर कर-संग्रहण एवं युद्ध की घोषणाओं जैसे एथेंस के सभी मसलों पर चर्चा करने और मतदान करने लगे।

"निरंतर सत्ता-संघर्षों और हत्याओं या देश-निकालों का उसका समाधान एथेंस के सभी स्वतंत्र लोगों की सभा का निर्माण करने का था, जिसमें सभी लोगों के पास एक वोट होता था। इसके बाद यह लोग एक्रोपोलिस की छाया में एक छोटी पहाड़ी की चोटी पर दोपहर में नियमित रूप से मिलने-बैठने लगे और अनाज तथा जैतून की कीमतों से लेकर कर-संग्रहण एवं युद्ध की घोषणाओं जैसे एथेंस के सभी मसलों पर चर्चा करने और मतदान करने लगे। ऐसा इतिहास में पहली बार हुआ था, जब हर व्यक्ति, राजा, संभ्रांत या आम आदमी को देश या शहर की निर्णय प्रक्रिया में बराबरी का प्रतिनिधित्व मिला था। क्लीस्थेनेस के सुधारों ने एथेंस के जीवन के सभी पहलुओं में लगभग तुरंत ही क्रांति ला दी थी। लोगों ने असाधारण उपलब्धि और समृद्धि के युग में प्रवेश किया, क्योंकि उन्होंने एथेंस के नागरिकों की उन क्षमताओं का इस्तेमाल किया, जिनका अब तक इस्तेमाल नहीं हो रहा था।" उसने रुककर एक गहरी साँस ली। गुजरे जमाने के लोगों के बारे में इतनी अच्छी जानकारी देने पर वह खुद भी गर्व महसूस कर रही थी।

"इस तरह से, लोकतंत्र का जन्म हुआ और ढाई हजार साल बाद भी दमनकारी एवं सत्ता के लालची लोगों को लोकतंत्रों पर कब्जा जमाने से रोकने और जनता पर राजशाही या तानाशाही के जरिए अपनी मनमानी थोपने के लिए लगातार संघर्ष जारी है। अगर क्लीस्थेनेस उतने पहले राज्य के मसलों पर सभी नागरिकों को स्वतंत्र और समान प्रतिनिधित्व देकर शासन के स्तर पर समानता ला सका और उस तरीके का रूपांतरण कर सका, जिसमें हम आज रहते हैं तो हमें भी पोखरण के सभी नागरिकों के लिए खेल का मैदान समान करने के काबिल होना चाहिए; क्योंकि वे लोग अपने माँ-बाप का घोंसला छोड़कर अपनी जिंदगी की शुरुआत करनेवाले होंगे तो हर नागरिक की सभी अवसरों तक समान पहुँच होगी, उनकी जिंदगी उन लोगों से भार-मुक्त होगी, जो अन्यथा केवल इस वजह से ज्यादा संसाधनों पर काबिज होते हैं, क्योंकि उन्हें अपने माँ-बाप से धन-दौलत उत्तराधिकार में मिली होती है। ऐसे युग की शुरुआत होगी, जिसमें हर व्यक्ति को अपनी वास्तविक क्षमता पर पहुँचकर निष्पक्ष रूप से काम करने का अवसर मिलेगा।" उसने यह कहकर अपनी बात समाप्त की। वह रणवीर व नागश्री के चेहरों पर सहमति के मजबूत भाव एवं मुसकराहट देख पा रही थी और समझ गई कि उसने उन दोनों को समझा लिया है। वह जानती थी कि संजीव को समझाना बहुत कठिन होगा; लेकिन वह चुनौती का सामना करने को तैयार थी। वह जानती थी कि उसका तर्क सही है और उसके लिए वह लड़ने को तैयार थी।

इस तरह से, लोकतंत्र का जन्म हुआ और ढाई हजार साल बाद भी दमनकारी एवं सत्ता के लालची लोगों को लोकतंत्रों पर कब्जा जमाने से रोकने और जनता पर राजशाही या तानाशाही के जरिए अपनी मनमानी थोपने के लिए लगातार संघर्ष जारी है। अगर क्लीस्थेनेस उतने पहले राज्य के मसलों पर सभी नागरिकों को स्वतंत्र और समान प्रतिनिधित्व देकर शासन के स्तर पर समानता ला सका और उस तरीके का रूपांतरण कर सका"

जैसा कि संजीव ने अनुमान जताया था, उसकी माँ ने चौबीस घंटे के अंदर ही अपने बेटे के गायब होने को लेकर मीडिया में तूफान खड़ा कर दिया था और पुलिस को कारवाई करने पर लगा दिया था। दिल्ली और जोधपुर के अधिकारियों ने जयपुर में एक ही जगह से अगवा किए गए उन छहों लोगों का पता लगाने के लिए एक संयुक्त

समन्वित टास्क फोर्स गठित की, जो नौकरी के साक्षात्कार के लिए बुलाए गए थे।

"अरे, वह देखो। जब भी मैं ये नीचे का बटन दबाता हूँ, उस टी.वी. पर हमें बाहर की दुनिया की खबरें दिखनी शुरू हो जाती हैं।" जॉन काफी उत्साहित लग रहा था, क्योंकि आखिर किसी तरह से वह कैद की एकरसता तोड़ने का उपाय तलाश सका था।

"अरे, यह तो मेरी माँ हैं, जो मीडिया रिपोर्टरों से बात कर रही हैं! वे सब लोग हमारी तलाश में लगे हैं। अब वे जल्द ही हमारा पता लगा लेंगे और हमें यहाँ से निकाल लेंगे।" संजीव की आवाज में उसकी माँ के लिए गर्व झलक रहा था।

"क्या हम उनके पास कोई मैसेज या इ-मेल भेज सकते हैं?" प्रिया ने जॉन से पूछा, जो कि तकनीकी मामलों का अच्छा जानकार लगता था।

"लगता तो नहीं। मैं पहले ही कोशिश कर चुका हूँ। हम इंटरनेट से केवल इन्फॉर्मेशन पा सकते हैं, बाहर मैसेज नहीं भेज सकते।" जॉन ने उत्तर दिया।

"संजीव, अगर उन्होंने हमारा पता लगा लिया और हमें छुड़ा लिया तो यह बहुत बड़ी बात होगी।" रणवीर जानता था कि किस तरह से सभी की प्राथमिकताएँ तय करना है और किस तरह से सबका ध्यान उस पर लगाए रखना है, जो सचमुच महत्त्वपूर्ण है।

"लगता तो नहीं। मैं पहले ही कोशिश कर चुका हूँ। हम इंटरनेट से केवल इन्फॉर्मेशन पा सकते हैं, बाहर मैसेज नहीं भेज सकते।" जॉन ने उत्तर दिया। "संजीव, अगर उन्होंने हमारा पता लगा लिया और हमें छुड़ा लिया तो यह बहुत बड़ी बात होगी।" रणवीर जानता था कि किस तरह से सभी की प्राथमिकताएँ तय करना है और किस तरह से सबका ध्यान उस पर लगाए रखना है, जो सचमुच महत्त्वपूर्ण है।

"आओ, अब हम उस स्थिति पर विचार करें कि वे लोग हमारा पता नहीं लगा पाते। मुझे संदेह है कि हमारे किडनैपर्स हर बात पर विचार कर चुके हैं और पुलिस को भी हमसे दूर रखने का कोई-न-कोई तरीका खोज चुके होंगे।" उसने कहा। उसे भरोसा था कि उन सबको ही कोई-न-कोई रास्ता निकालना होगा।

पिछले पाँच दिनों से वे लोग इन्हीं बातों पर चर्चा व बहस करते आ रहे थे और जल्द ही उन्हें आभास हो गया कि भले ही वे कुल छह लोग ही हैं, लेकिन उनके बीच गंभीर वैचारिक मतभेद हैं। दाँव पर बहुत कुछ लगा था और उनका बचना सबके साथ

मिलकर काम करने और किसी सहमति पर पहुँचने पर निर्भर था।

पॉलीग्राफ चेयर के डर ने निश्चित ही उनके बीच सहमति के स्तर को ऊँचा कर दिया था, जिसे उन्हें हासिल करना जरूरी था। वे सब जानते थे कि यह समझौता झूठा नहीं हो सकता।

उनमें से हरेक बेहद दुराग्रही था और उनकी विभिन्न प्रकार की धार्मिक, सामाजिक एवं आर्थिक पृष्ठभूमियों; देशभक्ति के स्तर और वैश्विक नजरिए को देखते हुए उनका किसी समझौते पर एकमत होना साँप-सीढ़ी के खेल की तरह साबित हो रहा था, जिसमें एक कदम आगे बढ़ते हैं तो दो कदम पीछे हटना पड़ जाता है।

बहुत सी बातों पर सहमति पहले से ही थी, जो स्पष्ट तौर पर बाहर से ही दिख रही थी, जिनमें शहर का प्लान कैसे करना है, हरियाली कैसे कायम रखनी है, किस तरह के व्यापार एवं उद्योगों को प्रोत्साहित करना है और कौन-कौन सी सुविधाएँ या इन्फ्रास्ट्रक्चर बनाए जाने हैं—ये सब शामिल थे। असहमति और परेशानी तब शुरू हुई, जब प्रिया ने प्रश्न उठाया, जो कि एक बुनियादी प्रश्न था—"पोखरण की स्थापना के मूल सिद्धांत क्या होंगे?"

बहुत सी बातों पर सहमति पहले से ही थी, जो स्पष्ट तौर पर बाहर से ही दिख रही थी, जिनमें शहर का प्लान कैसे करना है, हरियाली कैसे कायम रखनी है, किस तरह के व्यापार एवं उद्योगों को प्रोत्साहित करना है और कौन-कौन सी सुविधाएँ या इन्फ्रास्ट्रक्चर बनाए जाने हैं—ये सब शामिल थे। असहमति और परेशानी तब शुरू हुई, जब प्रिया ने प्रश्न उठाया, जो कि एक बुनियादी प्रश्न था—"पोखरण की स्थापना के मूल सिद्धांत क्या होंगे?"

पब्लिक पॉलिसी और इकोनॉमिक्स की उसकी पृष्ठभूमि को देखते हुए प्रिया देशों के स्थापना सिद्धांतों के प्रभाव और ऐसा पोषित समाज देने में सफलता का महत्त्व भलीभाँति समझती थी, जिसमें हर नागरिक को अपनी वास्तविक क्षमता की खोज करने और उसे हासिल करने का अवसर मिले।

"क्या चेयर के प्रश्न के लिए हमें सचमुच विस्तार के उस लेवल तक नीचे जाना पड़ेगा?" अहमद उस गोदाम में फँसे रहने की आशंका से डरे जा रहा था और प्रिया की ओर से आए इस प्रश्न में ग्रुप के बीच उग्र बहस तथा फिर और ज्यादा असहमति की काफी संभावना थी।

"अगर प्रिया या हम में से किसी के लिए कोई प्रश्न महत्त्वपूर्ण है तो हमें चेयर से निपटने के लिए उसका समाधान करना होगा। चुपके से बच निकलने का कोई उपाय नहीं है, क्योंकि वे इलेक्ट्रॉड हमारे दिमाग की बारीक-से-बारीक अनिश्चितता को

पकड़ने में सक्षम हैं।" नागश्री सबको बता देना चाहती थी कि वे सेंसर अत्यंत आधुनिक और परिष्कृत हैं।

"कम्युनिज्म के जरिए क्या हमने सभी नागरिकों के लिए समान अवसर तैयार करने की कोशिश नहीं की है, जिसमें किसी को भी धन इकट्ठा करने की अनुमति नहीं होती? और सोवियत संघ एवं अन्य कम्युनिस्ट देशों के पतन के बाद अब हम जानते हैं कि इस तरह की संरचना और समाज असफल होंगे, क्योंकि इसमें लोगों की प्रेरणा व महत्त्वाकांक्षा समाप्त हो जाती है।" संजीव के अंदर का संदेहवाद यह मानने को तैयार ही नहीं था कि ऐसा प्रयास पहले नहीं किया गया था।

"कम्युनिज्म के जरिए क्या हमने सभी नागरिकों के लिए समान अवसर तैयार करने की कोशिश नहीं की है, जिसमें किसी को भी धन इकट्ठा करने की अनुमति नहीं होती? और सोवियत संघ एवं अन्य कम्युनिस्ट देशों के पतन के बाद अब हम जानते हैं कि इस तरह की संरचना और समाज असफल होंगे, क्योंकि इसमें लोगों की प्रेरणा व महत्त्वाकांक्षा समाप्त हो जाती है।"

"नहीं।" प्रिया की राय एकदम स्पष्ट थी कि उसने या बाहरी दुनिया के उसके सलाहकारों ने जो प्रस्ताव किया है, उसे पहले कभी नहीं आजमाया गया था, कम-से-कम किसी ज्ञात समाज में तो अब तक ऐसा नहीं किया गया था।

"समाज के नागरिक यदि जितना ज्यादा हो सके, उतना धन-दौलत इकट्ठा करने का फैसला करते हैं तो उनको समाज के कानूनों की सीमा में अपने जुनून में लगने और काम को करने की पूरी आजादी होगी। इस संदर्भ में, यह पूँजीवादी लोकतंत्र होगा, ठीक भारत व अमेरिका की तरह और किसी भी तरह से यह कम्युनिज्म जैसा नहीं होगा।" उसने जवाब दिया।

"बस, वे लोग अपने धन-दौलत को अपनी अगली पीढ़ी को विरासत में नहीं दे पाएँगे। हर पीढ़ी को लगभग उसी स्तर से शुरू करना होगा, जिससे समाज के अन्य लोग शुरू करेंगे; क्योंकि लोग अपने माता-पिता के नाम और उपलब्धियों के भरोसे नहीं रह सकेंगे।" उसने रुककर कमरे में सबकी ओर देखा तो पाया कि अहमद ने रणवीर और नागश्री के साथ सहमति में सिर हिला दिया है।

"आज के पूँजीवादी लोकतंत्रों में संपन्नों एवं वंचितों के बीच का अंतर न पाटी जा

सकनेवाली खाई बन चुका है और पीढ़ी-दर-पीढ़ी यह अंतर बढ़ता जा रहा है।" प्रिया ने बात आगे बढ़ाई।

"खेल का मैदान समतल करने और धन-दौलत बच्चों के बजाय राज्य को दिए जाने से संपन्नों व वंचितों के बीच का अंतराल केवल एक पीढ़ी तक सीमित रहेगा, क्योंकि हर अगली पीढ़ी के लिए यह फिर से तय किया जाएगा।" उसने अपनी बात समाप्त की।

"हम क्या करते हैं, इससे कुछ फर्क नहीं पड़ता; क्योंकि निचले स्तर पर गरीब आबादी का एक बड़ा हिस्सा है, जो शीर्ष पर बैठे संपन्न लोगों के छोटे से हिस्से को समर्थन करेगा। आदिकाल से यही होता आ रहा है और इसका कोई इलाज नहीं है।" संजीव ने बीच में दखल दिया।

"हम्म! प्रिया का खेल के मैदान को समतल करने का विचार एकदम संपूर्ण तो नहीं है, लेकिन सदियों से चली आ रही समस्या का एक व्यावहारिक हल देने के काफी निकट है। इतिहास में बहुत सारे उदाहरण हैं, जिनमें संपन्नों और वंचितों के बीच की खाई को पाटने के लिए पुल बनाने के प्रयास किए गए। इन प्रयासों में भारत में आजादी के बाद पैतृक संपत्ति के राष्ट्रीयकरण और इजराइल का निर्माण शामिल हैं। इन सभी उदाहरणों में मुख्य कमी यह थी कि ये केवल एक बार के प्रयास थे। लोगों ने आवधिक आधार पर इस अंतराल को फिर से तय करने पर विचार नहीं किया।" जॉन ने विस्तार से समझाया। प्रिया मुसकराने लगी और खुश हुई कि जॉन ने अपने तथ्यों से उसकी दलील का समर्थन कर ही दिया।

हम्म! प्रिया का खेल के मैदान को समतल करने का विचार एकदम संपूर्ण तो नहीं है, लेकिन सदियों से चली आ रही समस्या का एक व्यावहारिक हल देने के काफी निकट है। इतिहास में बहुत सारे उदाहरण हैं, जिनमें संपन्नों और वंचितों के बीच की खाई को पाटने के लिए पुल बनाने के प्रयास किए गए। इन प्रयासों में भारत में आजादी के बाद पैतृक संपत्ति के राष्ट्रीयकरण और इजराइल का निर्माण शामिल हैं।

"क्या माता-पिता इसमें भी अपने बच्चों की कॉलेज की पढ़ाई का खर्चा उठाएँगे और उनके बड़े होने के बाद भी उन्हें सहायता करते रहेंगे?" जॉन जानना चाहता था कि यह विचार अमल में कैसे लाया जाएगा?

"माता-पिता बच्चों के 21 साल का होने तक उनका खर्च उठाएँ। 21 साल का होने के बाद हर व्यक्ति को अपनी आजीविका खुद कमानी होगी और अपना इंतजाम खुद करना होगा तथा जो लोग काम करने के योग्य नहीं होंगे, उन्हें सरकार मदद करेगी, जैसे कि देश में इस समय समाज-कल्याण सेवाएँ चलती हैं। अंतर इतना रहेगा कि सरकार

के पास उन लोगों की मदद करने के लिए शायद ज्यादा धन होगा, जो खुद अपनी मदद नहीं कर सकते।" उसने जवाब दिया और इस बात को माना कि उम्र की सीमा बातचीत से तय की जा सकती है और अभी उसने केवल उदाहरण के लिए समझाया है।

"जैसा कि लोग कहते हैं, केवल इरादे करने से कुछ नहीं होता, व्यवहार में अमल में लाना भी जरूरी होता है। सारी खूबियों के बावजूद असली मुसीबत अमल की है। खेल के मैदान को व्यावहारिक रूप में कैसे समतल किया जाएगा?" संजीव ने पूछा, लेकिन अब वह प्रिया की सोच की धारा के साथ तालमेल बनाने की कोशिश करता दिख रहा था।

"जब बच्चे 21 साल की उम्र के हो जाएँगे तो उन्हें माता-पिता से मिलनेवाली मदद फौरन बंद हो जाएगी। बच्चों को अपने माता-पिता से जमीन, मकान, सोना-चाँदी या बैंक खातों का उपहार नहीं मिल सकेगा। ज्यादा धन-दौलत वाले माता-पिता की संतानें समाज के सफल और ताकतवर लोगों के नेटवर्क तक फिर भी पहुँच बना लेंगी, जिससे उनके बच्चों को वैसे दूसरे बच्चों पर बढ़त मिल जाएगी, जिनके पास उस तरह के नेटवर्क नहीं होंगे। इसलिए, यह एकदम सटीक समाधान नहीं है, लेकिन आदर्श समाधान के काफी निकट जरूर है।"

प्रिया को यह देखकर खुशी हुई कि संजीव अब 'क्यों' के बजाय 'कैसे' पर बात कर रहा था और प्रिया के अनुभव के हिसाब से वह उसे व्यावहारिक रूप से अपनी ओर कर चुकी थी।

"और माँ-बाप अपनी जिंदगी में जो धन-दौलत इकट्ठा करेंगे, उसका क्या होगा?" जॉन ने अपना आखिरी सवाल पूछ लिया।

"वह सरकार के पास कर राजस्व के रूप में जाएगी, जो कि प्रतिरक्षा के काम आएगी; सड़क, पुल, अस्पताल जैसी बुनियादी अधोसंरचना निर्माण के काम आएगी; शिक्षा, किसानों को सब्सिडी जैसी बुनियादी सुविधाएँ देने के काम आएगी और सरकार जो भी चाहेगी, जरूरत के हिसाब से उसे खर्च करेगी।" उसने समझाया।

□

11

चैतन्य का पत्र

(2019)

"रणवीर को खोजने मैं खुद जा रही हूँ। यहाँ की पुलिस तो बहुत ढीली है। इसके अलावा, जब मेरे पति बाहर समस्या व तकलीफ में हैं तो मैं यहाँ बैठी नहीं रह सकती।" कोमल ने अपने माता-पिता से फोन पर कहा और उन्हें बता दिया कि वह राजस्थान के रेगिस्तानों की तरफ जा रही है।

"तुम्हें उनके पते-ठिकाने की कोई जानकारी है भी? मीडिया की खबरों के आधार पर पुलिस तो किडनैपर्स को पकड़ने के काम में जुटी हुई है ही।" कोमल की माँ अपनी बेटी की सुरक्षा के लिए चिंतित दिख रही थीं। हालाँकि, वह यह भी जानती थीं कि कोमल एक बार जो ठान लेती है तो फिर उसको करके ही दम लेती है और उनकी कोई भी बात उस पर असर नहीं करती है।

"रणवीर और मैंने हमारे दोनों फोनों में जी.पी.एस. ट्रैकिंग ऑन कर ली थी। इसलिए मुझे पता है कि उसका फोन कहाँ है और उसे पता है कि मेरा फोन कहाँ है। रणवीर के फोन से आखिरी संपर्क करीब बारह घंटे पहले हुआ था। उसके बाद वह डेड हो गया था। आखिरी संपर्क के हिसाब से वह जैसलमेर से करीब 50 किलोमीटर दूर दक्षिण-पूर्व दिशा में था, जो बंजर रेगिस्तानी इलाका है। ऑनलाइन मैप के आधार पर मुझे पता चला कि उस इलाके में कोई मकान या इमारतें नहीं हैं।" कोमल ने और ज्यादा ब्योरा देते हुए बताया।

"मैं जानती हूँ कि तुम मेरे रोकने से रुकोगी नहीं, इसलिए प्लीज, अपना ध्यान रखना और हर दिन मुझे फोन करती रहना।" कोमल की माँ ने जवाब दिया।

कोमल रणवीर की तलाश में निकल पड़ेगी, इसकी मैंने अपेक्षा नहीं की थी।

बबलू को मैंने कह दिया था कि उनके मोबाइल फोन ठीक तरह से नष्ट कर दे, ताकि कोई भी उनका पता न लगा सके। बबलू ने उनके फोनों को रेगिस्तान के बीचोबीच कहीं जमीन में दफना दिया था, ताकि पुलिस उनको किसी तरह से ट्रैक न कर पाए।

निश्चित तौर पर, वह उससे बहुत प्यार करती थी कि जिस दिन रणवीर का अपहरण हुआ, उसी दिन वह दिल्ली से कार लेकर निकल पड़ी थी। उस रात रणवीर को उसे फोन करना था, लेकिन जब उसका फोन नहीं आया तो कोमल को आशंका हुई कि कुछ तो गड़बड़ है; और उसने रणवीर के आखिरी मोबाइल फोन सिग्नल का पता करना शुरू कर दिया था।

उनके विवाह को एक साल से ज्यादा हो चुका था। रणवीर उसका सबकुछ था और उसके बिना वह अपनी जिंदगी की कल्पना नहीं कर सकती थी। उसने उसका पता लगाने और सुरक्षित वापस लाने की ठान ली थी और एक तरह से यह उसकी जिंदगी का आखिरी मकसद बन गया था। रेगिस्तान में गाड़ी चलाने और रहने के लिए वह तैयार नहीं थी और जहाँ बबलू ने फोन गाड़ दिए थे, वह काफी दूर था—हर तरह की बस्ती से कई मील दूर था।

जब तक वह उस स्थान पर पहुँची, उसकी गाड़ी के इंजन में धूल भर गई थी और काबुरिटर जाम हो गया था, जिससे उसने काम करना बंद कर दिया था। रेगिस्तान में पानी और भोजन के बिना कुछ दिन रहने के बाद उसे दिशा तक का ज्ञान नहीं रहा और वह खो चुकी थी। इसी भ्रमित अवस्था में वह पाकिस्तान के साथ लगनेवाली नियंत्रण रेखा पार कर गई और उस तरफ से किसी सिपाही ने उस पर गोली चला दी। जब मुझे पता लगा कि कोमल रणवीर की तलाश कर रही थी तो मैंने बबलू से उसका पता लगाने और उसे सुरक्षित वापस लाने को कहा। बबलू ने जितनी जल्दी हो सका, उसका पता लगाने की कोशिश की; लेकिन तब तक बहुत देर हो चुकी थी।

जब तक वह उस स्थान पर पहुँची, उसकी गाड़ी के इंजन में धूल भर गई थी और काबुरिटर जाम हो गया था, जिससे उसने काम करना बंद कर दिया था। रेगिस्तान में पानी और भोजन के बिना कुछ दिन रहने के बाद उसे दिशा तक का ज्ञान नहीं रहा और वह खो चुकी थी। इसी भ्रमित अवस्था में वह पाकिस्तान के साथ लगनेवाली नियंत्रण रेखा पार कर गई और उस तरफ से किसी सिपाही ने उस पर गोली चला दी। जब मुझे पता लगा कि कोमल रणवीर की तलाश कर रही थी तो मैंने बबलू से उसका पता लगाने और उसे सुरक्षित वापस लाने को कहा।

अखबारों व टी.वी. चैनलों पर कोमल की मौत की खबर फैल गई थी और उसकी मौत की परिस्थितियाँ अस्पष्ट थीं। लोग अपहरणकर्ताओं को दोष दे रहे थे।

कोमल की मौत की खबर गोदाम में बड़े स्क्रीन पर दिख रही थी और रणवीर के लिए तो यह सब बहुत तेजी से घटित हो गया था। उसे बिल्कुल यह अपेक्षा नहीं थी

कि कोमल उसकी खोज में निकल पड़ेगी और न ही उसे यह उम्मीद थी कि किडनैपर कोमल के पीछे पड़ जाएँगे। और अब यह देखकर भी उसे यकीन नहीं हो रहा था कि रेगिस्तान में उसे गोली लगी और वह मर गई थी।

हर कोई सन्न रह गया था। किसी को समझ नहीं आ रहा था कि रणवीर को कैसे सांत्वना दे! प्रिया और नागश्री ने आकर रणवीर को गले लगा लिया। आमतौर पर संयत और आश्वस्त रहनेवाले रणवीर का दिमाग सदमे से चकरा रहा था।

"मुझे अब बाहर जाना है। उन लोगों को बाहर निकालना है, जो इस सबके लिए जिम्मेदार हैं!" रणवीर की आवाज ठंडी और भाव-शून्य थी; लेकिन उसे सुनकर हर किसी के बदन में सिहरन दौड़ गई।

"क्या हम सबकी सहमति है ? चलो, उस कमबख्त चेयर से छुटकारा पाने की कोशिश करते हैं।" वह स्पष्ट तौर पर अंदर से खौल रहा था और हर किसी ने सहमति में सिर हिला दिया।

चेयर पर सबसे पहले जानेवाली थी प्रिया और जैसे ही मशीनी आवाज ने पहला प्रश्न पूरा किया, उसने 'हाँ' में जवाब दिया और चेयर ने पुष्टि कर दी कि वह सही बोल रही थी।

चेयर पर सबसे अंत में बैठनेवाला था रणवीर, जो तब तक अपने आपको सँभाल चुका था। अगर वह दुःखी या क्रोधित रहा भी होगा तो कम-से-कम उसके चेहरे पर उसके भाव जाहिर नहीं हो रहे थे और उसने चेयर के प्रश्न का जवाब 'हाँ' में दिया तो चेयर ने पुष्टि कर दी कि वह सच बोल रहा था।

चेयर पर सबसे पहले जानेवाली थी प्रिया और जैसे ही मशीनी आवाज ने पहला प्रश्न पूरा किया, उसने 'हाँ' में जवाब दिया और चेयर ने पुष्टि कर दी कि वह सही बोल रही थी। चेयर पर सबसे अंत में बैठनेवाला था रणवीर, जो तब तक अपने आपको सँभाल चुका था। अगर वह दुःखी या क्रोधित रहा भी होगा तो कम-से-कम उसके चेहरे पर उसके भाव जाहिर नहीं हो रहे थे और उसने चेयर के प्रश्न का जवाब 'हाँ' में दिया तो चेयर ने पुष्टि कर दी कि वह सच बोल रहा था।

जैसे ही रणवीर चेयर से उठा, तभी लुढ़कने की जोर की आवाज आई और समूची दीवार ऊपर उठने लगी और धीरे-धीरे एक रास्ता खुल गया, जो कि एक लंबे कंटेनर ट्रक में माल लादनेवाला रास्ता था। जिस पल वे सब उस माल ढोनेवाले ट्रक में घुसे, तभी वह दरवाजा बंद हो गया और ट्रक तेज रफ्तार से आगे बढ़ने लगा।

करीब एक घंटे चलने के बाद वह ड्राइवर-रहित ट्रक अचानक रुक गया और ट्रक के पीछे के दरवाजे खुल गए। जहाँ तक नजर जा रही थी, सामने सूरज की चमकीली

रोशनी और सूखी रेगिस्तानी बालू ही दिखाई दे रही थी।

और, इस तरह से वे आजाद हो गए थे। अपनी निर्बाध जिंदगी में वापस जाने के लिए वे स्वतंत्र थे और इस सबके पीछे कौन था, इसके बारे में उस ट्रक के अलावा कोई और सुराग उनके पास नहीं था।

किसी काम कर रहे फोन के पास तक पहुँचने में उन्हें कुछ घंटे लगे थे। जैसे ही उन्होंने फोन लगाया था, उन्हें फौरन ही मीडिया और पुलिस ने घेर लिया था।

एक बार जब सब शांत हुआ और सब लोग अपनी-अपनी जिंदगी में वापस चले गए तो प्रिया ने पूछा, "रणवीर, तुम ठीक तो हो न? क्या तुम चाहते हो, मैं तुम्हारे साथ रहूँ?"

"मैं ठीक हो जाऊँगा। नहीं, तुम आगे बढ़ो। मुझे तो बस, यह पता लगाना है कि कोमल की मौत के पीछे कौन है?" उसने जवाब दिया।
"तुम किस हालात से गुजर रहे हो, यह तो समझ पाना मेरे लिए मुश्किल है, लेकिन दो गलत काम मिलकर सही नहीं हो जाते। किडनैपर्स को पकड़ने का काम पुलिस को ही करने दो न!" उसकी आवाज में गहरी चिंता झलक रही थी।

"मैं ठीक हो जाऊँगा। नहीं, तुम आगे बढ़ो। मुझे तो बस, यह पता लगाना है कि कोमल की मौत के पीछे कौन है?" उसने जवाब दिया।

"तुम किस हालात से गुजर रहे हो, यह तो समझ पाना मेरे लिए मुश्किल है, लेकिन दो गलत काम मिलकर सही नहीं हो जाते। किडनैपर्स को पकड़ने का काम पुलिस को ही करने दो न!" उसकी आवाज में गहरी चिंता झलक रही थी।

"यही मुझे करना है। तुम अपनी जिंदगी में वापस लौट जाओ।" उसकी आवाज में निश्चय का भाव प्रतिध्वनित हो रहा था और प्रिया जानती थी कि इस मौके पर वह ऐसा कुछ न कर सकती थी और न ऐसी कोई बात सुन सकती थी, जिसे रणवीर सुनने को तैयार हो।

नए बने दोस्तों की तरह दोनों ने एक-दूसरे से विदा ली और रणवीर सीधे राजपूताना होटल एवं उस एक्जीक्यूटिव सुइट की ओर बढ़ गया, जहाँ से इस सब की शुरुआत हुई थी। उसे भरोसा नहीं था कि वहाँ उसे कुछ या कोई मिलेगा; लेकिन उसे अपने काम की शुरुआत तो वहीं से करनी थी।

रणवीर बबलू को पाकर हैरान रह गया, जो कि उसी सुइट में बैठा हुआ था। बिना

किसी झगड़े या विरोध के बबलू ने अपहरणकर्ताओं के पते बता दिए। रणवीर ने बबलू की बंदूक छीनी और अपहरणकर्ताओं से आमने-सामने मुकाबला करने निकल पड़ा।

रणवीर के दिमाग में एक आवाज आई कि यह सब इतना ही आसान है या फिर, यह कोई चाल हो सकती है? हालाँकि, उसने परवाह नहीं की, क्योंकि उसके पास खोने के लिए कुछ नहीं था। अपहरणकर्ताओं को प्रताड़ित करने और उनकी जान लेने के विचार ने उसे जीवन जीने और साँस लेने का कारण दिया था। इसलिए उसे यह करना ही था।

रणवीर के दिमाग में एक आवाज आई कि यह सब इतना ही आसान है या फिर, यह कोई चाल हो सकती है? हालाँकि, उसने परवाह नहीं की, क्योंकि उसके पास खोने के लिए कुछ नहीं था। अपहरणकर्ताओं को प्रताड़ित करने और उनकी जान लेने के विचार ने उसे जीवन जीने और साँस लेने का कारण दिया था। इसलिए उसे यह करना ही था।

अपेक्षा के एकदम विपरीत, वह एक साधारण सा मकान था, जो कि पोखरण के बाहरी इलाके में बना था। बबलू के बताए अनुसार, वह वहाँ पहुँचा और जैसे ही उसने दरवाजा खोला, उसने व्हीलचेयर पर एक कमजोर बदन को बैठे देखा।

"इतनी देर कैसे लगा दी, रणवीर?" व्हीलचेयर पर बैठे व्यक्ति ने शांत स्वर में पूछा। लेकिन उसके सामने खड़े रणवीर का खून गुस्से से खौल रहा था, क्योंकि इसी आदमी ने उसकी कोमल को उससे दूर किया था। जैसे ही उसकी नफ़रत और गुस्सा उस पर हावी हुए, उसने पाया कि उसके मन में केवल एक बात है कि व्हीलचेयर पर बैठे इस आदमी की जान लेनी है। उसने बंदूक उठाई और निशाना साधते हुए चैतन्य को गोली मार दी। गोली लगते ही वह फर्श पर लुढ़क गया।

उत्तर की ओर से आनेवाली ठंडी हवा ने पूरे परिसर को एक-दो फीट बर्फ से ढक दिया था और चैपल के चारों ओर नीचे लटकती मेहराबों तथा आमतौर पर चमकनेवाली खाइयों को कवर कर लिया था। क्रेस्गे ऑडिटोरियम और लंदन के चौड़ी पत्तीवाले तथा सर्दी एवं हालिया बर्फबारी से झड़े पत्तोंवाले पेड़ों के दो बागों के बीच बसी वह शंक्वाकार खिड़की-रहित इमारत बाहर से दिखनेवाली लाल ईंटों की अपनी संरचना के कारण चारों तरफ फैले सफेद बर्फीले पाउडर के बीच एकदम विपरीत रंग में लग रही थी। अगर कोई स्मारक सेवा करनी हो तो चैतन्य मेमोरियल सर्विस अपने गैर-सांप्रदायिक

चरित्र के और किसी एक धर्म से संबद्धता न होने के कारण एम.आई.टी. चैपल एक बिल्कुल सही जगह प्रतीत होता था।

ठंड और बर्फ के बावजूद चैपल में काले लंबे कोट व हैट लगाए बड़ी संख्या में लोग मौजूद थे, जिनमें अध्यापक, चैतन्य के पूर्व एवं वर्तमान छात्र, यजीदी काउंसिल के सदस्य और वर्षों में चैतन्य से परिचित हुए कई सारे लोग शामिल थे। चैपल में जिस तरह से भीड़ आनी शुरू हुई थी, उस हिसाब से करीब सौ लोगों के बैठाने की क्षमता बहुत कम थी। जल्द ही वह स्टैंडिंग रूम में तब्दील हो गया, जहाँ लोग अपने स्वर्ग सिधारे प्रियजनों को श्रद्धांजलि देने के लिए बाहर तक खड़े थे।

उसकी खिड़की-रहित आंतरिक डिजाइन में बीच में एक मंच पर बनी चौकी पर चैतन्य की एक बड़ी तसवीर लगी थी। चौकी के ठीक पीछे चमकीली प्लेटों वाली लंबी धातु की एक संरचना थी, जो पार्श्व में ऐसा आभास देती थी, जैसे कोई छत में गोलाकार छेद से कोई ऊपर आसमान में आरोहण कर रहा हो। चैतन्य के स्पष्ट विरोधी निर्देशों के बावजूद कृष्ण और रॉब अपने स्वर्गीय मित्र के सम्मान में 30 वर्षों से इस स्मारक सेवा का आयोजन करते आ रहे थे।

ठंड और बर्फ के बावजूद चैपल में काले लंबे कोट व हैट लगाए बड़ी संख्या में लोग मौजूद थे, जिनमें अध्यापक, चैतन्य के पूर्व एवं वर्तमान छात्र, यजीदी काउंसिल के सदस्य और वर्षों में चैतन्य से परिचित हुए कई सारे लोग शामिल थे। चैपल में जिस तरह से भीड़ आनी शुरू हुई थी, उस हिसाब से करीब सौ लोगों के बैठाने की क्षमता बहुत कम थी।

"ऐसा लगता है, जैसे यह कल की ही बात हो, जब कृष्ण और मैं चैतन्य को लेने लोगन एयरपोर्ट पहुँचे थे। यहाँ एकत्र हुए आप में से ज्यादातर लोग शैक्षणिक क्षेत्र में और व्यापार जगत् में उनके योगदान से परिचित हैं। इसलिए वह सब दोहराकर मैं समय नष्ट नहीं करूँगा। इसके अलावा, अगर वह यहाँ होते तो अपनी प्रशंसा करने से मुझे एकदम मना कर देते।" रॉब मंच पर पोडियम के पीछे से बोला।

"दूसरों की सेवा की अथक इच्छा, जटिलता के प्रति उनका प्रेम और अनियंत्रित आशावाद चैतन्य का परिचय बतानेवाले गुण थे। उनके जीवन में हर बड़े फैसले को खुद के बजाय दूसरों के लिए और समाज के लिए बनाए मूल्य के खिलाफ आँका गया। मुझे याद है कि जब उन्होंने अपने परमाणु विखंडन का सॉफ्टवेयर 'नॉर्थरॉप ग्रुमैन' को बेचने का फैसला किया था तो वह कितनी मानसिक पीड़ा से गुजरे थे, क्योंकि वह यह सुनिश्चित करना चाहते थे कि इससे मूल्य-निर्माण हो और वह विनाश में शामिल न हों। विशेष रूप से हमारे पूँजीवादी समाज में ज्यादातर लोग मानते हैं कि

व्यक्तिगत धन एवं वैभव अर्जित करने से कॅरियर सफल होगा और अंततः जीवन में खुशी मिलेगी। अपने जीवन के माध्यम से चैतन्य ने दिखाया कि अच्छे काम की खोज से कॅरियर की सफलता मिल सकती है और मिलेगी तथा किसी दूसरे तरीके से ऐसा नहीं होगा।" रॉब अपने सामने रखे कागज पर लिखे नोट्स देखने के लिए कुछ समय के लिए रुका। भाषण देने में वह कभी सहज नहीं रहा था; लेकिन आज उसका सारा डर एकदम गायब हो चुका था।

"कठिनाइयों से उनको सचमुच प्यार करने का उपहार मिला हुआ था। बड़ी समस्याओं को सुलझाने और उनका हल निकालकर उनका व्यावहारिक इस्तेमाल प्रदान करने की चैतन्य की क्षमता सचमुच एक उपहार थी और सौभाग्य से, मैं भी उसका हिस्सा रहा हूँ—चाहे वह समान मॉडल का विकास करना हो, जो परमाणु विस्फोट जैसी बड़ी घटनाओं के नतीजों की भविष्यवाणी कर सकता है या ट्वीट्स ब्लॉग्स, मैसेज समेत हमारे सोशल मीडिया के इंटरेक्शन के जरिए हम जो रोज बड़ा भारी डाटा पैदा करते हैं, उसकी प्रोसेसिंग हो, उनके लिए सब आसान था। मुझे विश्वास है कि कृष्ण मेरी बात से सहमत होगा कि हम दोनों को अगर चैतन्य से मिलने और उनके साथ काम करने का सौभाग्य न मिला होता तो हम अपने कॅरियर संबंधी सफलता और भौतिक सफलता अर्जित नहीं कर पाते।" रॉब ने कृष्ण की ओर देखते हुए कहा, जो आँखों में आँसू लिये 'हाँ' में सिर हिला रहा था। अब रॉब पर अचानक उदासी छा गई, जिससे उसका गला रुँध गया; लेकिन उसने खुद को सँभाल लिया था।

कठिनाइयों से उनको सचमुच प्यार करने का उपहार मिला हुआ था। बड़ी समस्याओं को सुलझाने और उनका हल निकालकर उनका व्यावहारिक इस्तेमाल प्रदान करने की चैतन्य की क्षमता सचमुच एक उपहार थी और सौभाग्य से, मैं भी उसका हिस्सा रहा हूँ—चाहे वह समान मॉडल का विकास करना हो, जो परमाणु विस्फोट जैसी बड़ी घटनाओं के नतीजों की भविष्यवाणी कर सकता है या ट्वीट्स ब्लॉग्स, मैसेज समेत हमारे सोशल मीडिया के इंटरेक्शन के जरिए हम जो रोज बड़ा भारी डाटा पैदा करते हैं, उसकी प्रोसेसिंग हो, उनके लिए सब आसान था।

"मैं जो कहने वाला हूँ, उसे अपने भारी भारतीय लहजे में बोलनेवाले वह पहला व्यक्ति होते। उसके साथ रहकर मैंने सीखा कि किस तरह से शिकायत करना बंद करूँ और सुखी जीवन जीना शुरू करूँ। वह इतना भर नहीं बोलते थे, बल्कि वह जिस तरह से जीते थे, उसने मेरे दिमाग को खोल दिया था। अपनी जिंदगी में उन्होंने बहुत कुछ सहा था—चाहे उनकी शारीरिक स्थिति हो या उनकी जिंदगी में विभिन्न स्तरों पर

अपने प्रियजनों को खोने की बात रही हो। उनके साथ जो-जो घटनाएँ हुईं, उनमें से कोई एक भी हमारे साथ हुई होती तो हम में से सबसे मजबूत व्यक्ति भी टूट जाता; लेकिन एक वह थे, जो सबकुछ सहने के बाद भी अगले दिन मुसकराते हुए जिंदगी का सामना करने को तैयार मिलते थे। वह उम्मीदों व आशावाद से भरपूर थे और मैं उनके कारण ही आज इतना ज्यादा सुखी हूँ।" रॉब ने अपने अस्पष्ट लेखनी में लिखे नोट को मोड़कर अपने कोट की बाईं ऊपरी जेब में रखते हुए अपने भाषण का समापन किया।

जब रॉब पोडियम से हटा तो कुछ लोगों ने तालियाँ बजाईं, जिनमें से ज्यादातर चैतन्य के वर्तमान छात्र थे; लेकिन जल्द ही तालियाँ बंद हो गईं, क्योंकि कोई आश्वस्त नहीं था कि श्रद्धांजलि समारोह में ऐसा करना ठीक होता है या नहीं। स्मारक सेवा के कार्यक्रम का संचालन कर रहा कृष्ण पोडियम के पास आया।

"आप लोगों को अपनी तालियाँ बंद करने की जरूरत नहीं थी। चैतन्य के लिए वे एकदम सही थीं, क्योंकि वह अकसर कहा करते थे, 'कृष्ण, जिंदगी और मौत—दोनों का जश्न मनाना चाहिए।' हमारी बातचीत में जब भी मौत का विषय उठता था, वह आज के ईरान के एक कबीले का, दुनिया के होरोडोटस के इतिहास का जिक्र करते थे, जो अपने में से किसी के मरने पर खुश होकर जश्न मनाते हैं। ऐसा करके वे मरनेवाले के प्रति निरादर नहीं करते, बल्कि उनका मानना है कि मौत किसी अच्छी तरह से जी हुई जिंदगी की पराकाष्ठा है और चैतन्य ने निश्चित ही अपना जीवन अच्छी तरह से जिया।" पोडियम पर जाकर कृष्ण ने वहाँ मौजूद लोगों को संबोधित करते हुए कहा।

"आप लोगों को अपनी तालियाँ बंद करने की जरूरत नहीं थी। चैतन्य के लिए वे एकदम सही थीं, क्योंकि वह अकसर कहा करते थे, 'कृष्ण, जिंदगी और मौत—दोनों का जश्न मनाना चाहिए।' हमारी बातचीत में जब भी मौत का विषय उठता था, वह आज के ईरान के एक कबीले का, दुनिया के होरोडोटस के इतिहास का जिक्र करते थे, जो अपने में से किसी के मरने पर खुश होकर जश्न मनाते हैं। ऐसा करके वे मरनेवाले के प्रति निरादर नहीं करते, बल्कि उनका मानना है कि मौत किसी अच्छी तरह से जी हुई जिंदगी की पराकाष्ठा है और चैतन्य ने निश्चित ही अपना जीवन अच्छी तरह से जिया।"

"अब मैं चैतन्य की बड़ी बहन राधिका को आमंत्रित करना चाहता हूँ। उन्हें यहाँ आज अपने बीच पाकर हम लोग बहुत खुश हैं, जो चैतन्य के भारत में गृह नगर पोखरण से आई हैं।" यह कहकर उसने पोडियम से हटकर राधिका को आने की जगह दी।

राधिका वहाँ खड़ी थी। कद तो उसका पाँच फीट दो इंच का ही था, लेकिन वह काफी मजबूत थी। कृष्ण ने उसके लिए माइक्रोफोन नीचे कर दिया।

"घटनाओं ने चैतन्य को चुना था, उसने घटनाओं को नहीं चुना था।" राधिका ने बिना किसी हिचक के बोलना शुरू कर दिया, क्योंकि उसका मन भावनाओं से भरा था। अपने आँसू रोकने के लिए उसे बहुत कोशिश करनी पड़ी, क्योंकि उसका चैतू नहीं चाहता था कि वह उसकी मौत पर आँसू बहाए या उदास महसूस करे।

"वह अपनी मौत के दिन को दुःख का नहीं, जश्न का दिन बनाना चाहता था। अपने भारी मन के बावजूद मैं पूरी कोशिश करूँगी कि अपने चैतन्य के जीवन के बारे में सकारात्मकता और आशावाद की बात करूँ।" उसने बात आगे बढ़ाई।

"मैं तब दस साल की थी, जब चैतन्य पैदा हुआ और मैंने उसे अपने हाथों में उठाया था। वह मेरी जिंदगी का सबसे खुशी का भी दिन था और सबसे ज्यादा दुःख का दिन भी। हमारी माँ बच्चे के जन्म के दौरान गुजर गई थीं और इस तरह से, मैं चैतन्य की माँ भी बन गई और बहन भी।" उसने थोड़ा रुककर पूरे कमरे की ओर नजर डाली।

"वह बहुत मस्त बच्चा था, अथक ऊर्जा से भरपूर। वह मुझे व्यस्त रखता था और हमारे घर को बेहद जरूरी खुशी एवं प्रसन्नता से भरे रखता था।" वह बोलती जा रही थी, "करीब 40 साल तक वह मेरा छोटा भाई और मेरा बेस्ट फ्रेंड रहा। उसे अपने से पहले दुनिया से जाते देखना मेरे लिए सबसे ज्यादा दुःख की बात है और मैं नहीं चाहती कि मेरे सबसे बड़े दुश्मनों के साथ भी ऐसा हो।" बोलते-बोलते उसकी आँखें भर आई थीं।

"वह बहुत मस्त बच्चा था, अथक ऊर्जा से भरपूर। वह मुझे व्यस्त रखता था और हमारे घर को बेहद जरूरी खुशी एवं प्रसन्नता से भरे रखता था।" वह बोलती जा रही थी, "करीब 40 साल तक वह मेरा छोटा भाई और मेरा बेस्ट फ्रेंड रहा। उसे अपने से पहले दुनिया से जाते देखना मेरे लिए सबसे ज्यादा दुःख की बात है और मैं नहीं चाहती कि मेरे सबसे बड़े दुश्मनों के साथ भी ऐसा हो।" बोलते-बोलते उसकी आँखें भर आई थीं।

"चैतन्य के पास किसी भी समस्या की जड़ तक पहुँचने की अनोखी क्षमता थी। वह अपने आसपास की दुनिया को इसी नजरिए से देखता था। सड़क पर चलते समय जब कोई मोटर वाहन चालक सड़क के किसी गड्ढे से बचने के लिए एकदम से हमारा रास्ता काट देता है तो ज्यादातर लोग उस चालक पर गुस्सा करने लगते हैं, क्योंकि उनकी आँखें और मन केवल वही देख पाते हैं। इसके बजाय, चैतन्य का मानना था कि हमारा गुस्सा नगरपालिका के अध्यक्ष या उस इलाके की सड़क के निर्माण या

देख-रेख के लिए जिम्मेदार अधिकारी पर निकलना चाहिए।" राधिका तय किए हुए थी कि वह उन्हीं बातों को बोलेगी, जो चैतन्य के लिए महत्त्वपूर्ण होती थीं।

"जब मेरे पिता परमाणु परीक्षण के विकिरण की सच्चाई का पता लगाने की कोशिश कर रहे थे, तब राजनेताओं ने उनकी हत्या करवा दी थी। इसी तरह से, चैतन्य के दोस्त समरजीत की पुलिस के हाथों मौत हुई थी। दोनों ही मामलों में उसने घृणित कृत्य को सीधे अंजाम देनेवालों पर गुस्सा नहीं किया, क्योंकि वह तो उन्हें लक्षण मात्र मानता था। वह जानता था कि मीडिया ने परमाणु परीक्षण के बारे में सच्चाई न दिखाकर अपना काम नहीं किया। इसी तरह से राष्ट्रीयकृत जमीन के वितरण के काम में लापरवाही के कारण समरजीत जैसे नेता हुए, जिन्होंने गरीबों और वंचितों को न्याय दिलाने के लिए मामला अपने हाथों में लिया। वह समस्याओं की जड़ों को दूर करना चाहता था। केवल लक्षणों का इलाज करने में उसकी दिलचस्पी नहीं थी।" चैतन्य जिन मुद्दों के लिए लड़ता था और जिन पर विश्वास करता था, उनका जिक्र करते समय राधिका के स्वर में गर्व स्पष्ट झलक रहा था।

"उसके ऊपर जितनी भी कठिनाइयाँ आईं, वे सब उसे और ज्यादा मजबूत बनाती गईं तथा सारी दिक्कतों के बावजूद अपनी जिंदगी का अर्थ और उद्‌देश्य तलाशने के लिए उसे ज्यादा संकल्पित करती गईं। वह शरमीला बच्चा था, लेकिन बाद में बड़े होकर वह मजबूत व्यक्तित्व का स्वामी बना और जब वह मात्र 16 वर्ष की उम्र में एम.आई.टी. में आया, तब जटिल समस्याओं का मुकाबला करता था और उन्हें हल करता था।" चैतन्य के मात्र 16 साल की उम्र में एम.आई. टी. आने की बात सुनकर हॉल में लोग आपस में चर्चा करने लगे तो राधिका थोड़ी देर के लिए चुप हो गई।

उसके ऊपर जितनी भी कठिनाइयाँ आईं, वे सब उसे और ज्यादा मजबूत बनाती गईं तथा सारी दिक्कतों के बावजूद अपनी जिंदगी का अर्थ और उद्‌देश्य तलाशने के लिए उसे ज्यादा संकल्पित करती गईं। वह शरमीला बच्चा था, लेकिन बाद में बड़े होकर वह मजबूत व्यक्तित्व का स्वामी बना और जब वह मात्र 16 वर्ष की उम्र में एम.आई.टी. में आया, तब जटिल समस्याओं का मुकाबला करता था और उन्हें हल करता था।

"वह एक बार ठान लेता था तो कभी पीछे नहीं हटता था, फिर चाहे कितना भी कठिन काम क्यों न हो।" शोरगुल थमने पर उसने अपनी बात दोबारा शुरू की, "सबसे ज्यादा खुश वह तब था, जब जारा से मिला था। वह उसकी जिंदगी का प्यार थी और जब वह सीरिया में हुए दंगों के दौरान उससे दूर चली गई तो वह जानता था कि समस्या

की मूल जड़ वास्तव में यह है कि यजीदी लोगों के पास कोई एक जगह ऐसी नहीं है, जिसे वे सचमुच अपना घर कह सकें। अगर उनके पास ऐसी कोई जगह होती तो आज जारा जिंदा होती।" राधिका जारा के प्रति प्यार जताते हुए बोली। उसे जयपुर में जारा के साथ बाजार में बिताया गया समय याद आने लगा था, "इन सारी घटनाओं ने मिलकर उसे प्रेरणा दी कि वह पोखरण का पुनर्निर्माण करे, जो कि जारा की याद में यजीदियों के लिए शरण-स्थल हो और ऐसा स्थान भी हो, जहाँ हर कोई अपने सपनों को पूरा कर सके और अपनी क्षमताओं का पूरा इस्तेमाल कर सके। वह चाहता था कि मैं यह बात हर उस व्यक्ति को बताऊँ, जो उस उद्देश्य में मदद करने के काबिल हो और इच्छुक हो। उसे निश्चित ही यह जानकर खुशी होती कि मैं उसका संदेश यहाँ आप सबको दे रही हूँ।" उसने पहचान लिया था कि यह भीड़ चैतू के मकसद के लिए समर्थन जुटाने और उसका संदेश प्रसारित करने के लिए सबसे उपयुक्त जगह थी।

"अपनी मौत में भी उसने हार नहीं मानी। पापा यह जानकर गर्व करते।" राधिका ने मुसकराते हुए अपनी बात समाप्त की। उसे नन्हे चैतन्य की याद आ रही थी, जो डाइनिंग चेयर पर बैठने के लिए जूझ रहा था और परमवीर इंतजार कर रहे थे तथा कोने से उसे देख रहे थे।

जब वह पोडियम से हटी तो पूरे चैपल में तालियाँ गूँजने लगीं और तालियाँ बजानेवालों में वे लोग भी शुमार थे, जो अंदर जगह न मिल पाने के कारण बाहर सर्दी में खड़े थे। तालियों की गड़गड़ाहट काफी देर तक जारी रही और सबके चेहरों पर मुसकराहट आ गई, क्योंकि राधिका ने सबको संकेत दे दिया था कि चैतन्य मेमोरियल सर्विस को दुःख या उदासी का नहीं, बल्कि जश्न और खुशी का दिन मनाना था।

जब वह पोडियम से हटी तो पूरे चैपल में तालियाँ गूँजने लगीं और तालियाँ बजानेवालों में वे लोग भी शुमार थे, जो अंदर जगह न मिल पाने के कारण बाहर सर्दी में खड़े थे। तालियों की गड़गड़ाहट काफी देर तक जारी रही और सबके चेहरों पर मुसकराहट आ गई, क्योंकि राधिका ने सबको संकेत दे दिया था कि चैतन्य मेमोरियल सर्विस को दुःख या उदासी का नहीं, बल्कि जश्न और खुशी का दिन मनाना था।

एक माह बाद

जब रणवीर बाहर निकलने ही वाला था कि उसकी निगाह उसके दरवाजे के बाहर दाईं ओर एक बड़े पैकेज पर पड़ी। उसके अंदर चैतन्य का एक पत्र था।

प्रिय रणवीर,

जब तुम यह पत्र पढ़ रहे होगे, तब तक मैं मर चुका होऊँगा।

मैं जानता हूँ कि मैंने जो किया है, उसके लिए तुम अब भी नाराज और गुस्सा होगे। मैं अपहरण की पूरी जिम्मेदारी और दोष स्वीकार करता हूँ; लेकिन इस काम में कोमल को या किसी और को किसी तरह का नुकसान पहुँचाने का मेरा इरादा नहीं था।

खबरों में और मीडिया में कुछ भी कहा जाए, लेकिन सच यह है कि कोमल को मैंने नहीं मारा। लेकिन जब तुम हाथ में बंदूक लिये मुझे ढूँढ़ते आए, तब मैंने यह बात नहीं कही थी। इस दुःख से मुझे बाहर निकालने के लिए शुक्रिया।

इस समय अगर तुम्हें मुझे मारने पर कोई अपराध-बोध हो रहा है तो प्लीज, ऐसा कुछ मत महसूस करो। जारा को खोने के बाद जब मैं कोमा में चला गया था तो डॉक्टरों ने मुझमें ब्रेन कैंसर की लास्ट स्टेज पाई थी। अगर तुम मुझे गोली नहीं भी मारते तो कैंसर मुझे किसी-न-किसी तरह से मार ही देता। फर्क यह होता कि तब मेरी मौत कुछ धीमी और ज्यादा दर्दनाक होती।

मेरे वकील पहले ही यह सुनिश्चित कर चुके हैं कि मेरी मौत का तुमसे किसी तरह से कोई संबंध नहीं होगा। इसलिए तुम्हें यह चिंता करने की जरूरत कतई नहीं है कि पुलिस तुम्हें पकड़ेगी या कोई और तुम्हारे पीछे पड़ेगा।

तुम छह लोगों में से मैंने तुम्हें ही यह पत्र लिखने का फैसला किया, क्योंकि अगर पोखरण का पुनर्निर्माण कोई कर सकता है और थोड़े से भी यजीदी लोगों को आश्रय कोई दिला सकता है तो वह तुम ही हो। तुम एक स्वाभाविक नेता हो, दयालु हो और तुम्हारे अंदर भारी धैर्य व लगन है कि तुम भारत जैसे देश में सामने आनेवाली सारे बाधाओं से निपट सकते हो। लद्दाख में आर्टिफिशियल ग्लेशियर की पहल के जरिए तुम यह साबित कर ही चुके हो।

नहीं, तुम्हें एकदम शून्य से शुरुआत नहीं करनी है। मैं तुम्हारे काबिल हाथों में पोखरण के पास 100 वर्ग किलोमीटर क्षेत्रफल की एक रेगिस्तानी जमीन, कुछ गोदाम और 1,000 करोड़ रुपए सौंपे जा रहा हूँ, जो तुम्हें अच्छी तरह से शुरुआत करने और सारे संसाधन जुटाने के लिए पर्याप्त होंगे।

यह जमीन और यह धन अब तुम्हारा है और इसमें कोई शर्त नहीं है। हालाँकि, मेरी हार्दिक इच्छा यही है कि तुम इसका इस्तेमाल पोखरण के पुनर्निर्माण में करो और ऐसा केवल इसलिए नहीं कि यह तुम्हें परमाणु परीक्षण की भरपाई करने का मौका देगा, जिसका हिस्सा तुम्हारे पिता थे, बल्कि इसलिए भी ऐसा करो, क्योंकि इससे तुम्हें भी दोबारा जीने का कारण मिलेगा।

मैं जीवन, स्वतंत्रता और खेल का समतल मैदान—इन स्थापना-सिद्धांतों में यकीन करता हूँ, जिनको तुम छहों लोगों ने बंद कमरे में तैयार किया था और सब उन पर सहमत हुए थे। ये सिद्धांत पोखरण में एक प्रगतिशील समाज के निर्माण का आधार बनने के लिए बिल्कुल सही हैं।

निश्चित ही, ये सब करना आसान नहीं है, लेकिन वह तो हर काम के साथ ऐसा ही होता है।

इसके अलावा, मैं यह भी नहीं चाहता कि पोखरण में हर शरणार्थी को शरण दी जाए। केवल उनको शरण दी जाए, जो इन स्थापना-सिद्धांतों पर सहमत हों और इसके लिए तुम्हारे पास वह पॉलिग्राफिक चेयर होगी ही, जो तुम्हारे लिए सीमा नियंत्रण एवं प्रवासी नियंत्रण साधन का काम करेगी, ताकि तुम केवल उन लोगों को नागरिकता दे सको, जो स्वतंत्र चिंतन करनेवाले हों और स्थापना-सिद्धांतों से पूरी तरह सहमत हों। अगर तुम पॉलिग्राफिक चेयर का इस्तेमाल करोगे तो कृष्ण व रॉब ने भविष्य में इसके काम में तुम्हारी मदद करने पर सहमति दे दी है। ऐसी चेयर्स बनानेवाले असली दिमाग और आविष्कारक वे ही हैं। इस काम में तुम्हारी मदद करके उन्हें बहुत ज्यादा खुशी होगी।

जारा पोखरण के पास दस बाय दस किलोमीटर के जमीनी इलाके में एक ऐसा सुनियोजित शहर बनाने के पीछे जुनूनी थी, जो अमेरिका के लास वेगास को टक्कर दे सके। वह जमीन अब तुम्हारी है। उसने विस्तृत टाउन प्लान्स तैयार किए थे, जो मैं अपने वकीलों के पास छोड़े जा रहा हूँ। अगर तुम उनका इस्तेमाल करने का निश्चय करो तो तुम देखोगे कि उन प्लान्स में गलियाँ व सड़कें एकदम सीधी कतार में हैं और चौराहे एकदम समकोण पर हैं। सड़कों का यह ग्रिड पैटर्न देखकर मेरे पिता बहुत खुश होते, क्योंकि जब वे जर्मनी गए थे तो वहाँ इस तरह की संरचना देखकर वे बहुत प्रभावित हुए थे; और जैसा कि वे कहा भी करते थे, 'इससे कस्बा वास्तव में जितना बड़ा है, उससे कहीं ज्यादा बड़ा दिखता है।'

अब तुम जैसा करना चाहो, करो, यह तुम्हारा फैसला होगा और तुम जिस दिशा में भी बढ़ना चाहो, मेरी शुभकामनाएँ तुम्हारे साथ हैं।

जहाँ तक मेरा सवाल है, मैं जानता हूँ कि मैं अपनी जिंदगी के प्यार से मिलने जा रहा हूँ और इसके लिए मैं तुम्हारा सदैव शुक्रगुजार रहूँगा। मैं हमेशा जारा को खुश देखना चाहता था और चाहता था कि पोखरण के लोगों की जिंदगी बेहतर बने।

शुभकामनाओं सहित,

—चैतन्य

पत्र पढ़ना समाप्त करते-करते रणवीर के गालों पर आँसू लुढ़कने लगे थे। उसने कभी नहीं सोचा था कि अपहरणकर्ता के लिए उसके मन में गुस्से के अलावा कोई और भाव पैदा होगा; लेकिन इस पत्र से सबकुछ बदल चुका था। और, कोमल की मौत के बाद से पहली बार, उसके अंदर आशा जाग्रत् हुई थी और उसे जीवन जीने के लिए कारण मिला था। उसने प्रिया, जॉन और अन्य लोगों को पोखरण आने के लिए फोन कर दिया। फोन रखते ही उसने अपने चेहरे पर मुसकराहट के साथ चमकीले उजले दिन में कदम रखा और उसके होंठों पर केवल यही शब्द थे—"चलो, पोखरण का पुनर्निर्माण करें!"

□□□